AI,
결국 인간이
써야 한다

# AI, 결국 인간이 써야 한다

**초판 1쇄 인쇄**  2024년 12월 10일
**초판 1쇄 발행**  2024년 12월 20일

**지은이**  이석현
**펴낸이**  한준희
**펴낸곳**  (주)아이콕스

**책임편집**  윤진호
**디자인**  프롬디자인
**영업**  김남권, 문성빈
**경영지원**  김효선, 이정민

Education by Sympathy

**주소**  경기도 부천시 조마루로 385번길 122 삼보테크노타워 2002호
**홈페이지**  www.icoxpublish.com
**쇼핑몰**  www.baek2.kr (백두도서쇼핑몰)
**이메일**  icoxpub@naver.com
**전화**  032-674-5685
**팩스**  032-676-5685
**등록**  2015년 7월 9일 제 386-251002015000034호
**ISBN**  979-11-6426-260-1 (03190)

- 잘못 만들어진 책은 구입하신 서점에서 바꾸어드립니다.
- 책값은 뒤표지에 있습니다.

ARTIFICIAL AI, INTELLIGENCE

# 결국 인간이

이석현 지음

# 써야 USE WRITE 한다

'오십'에 시작하는 AI 인문학

iCox
Education by Sympathy

# 50대, AI로 인생의 새로운 기회를 열다

...

이 책은 50대를 타깃으로 제작됐다. 물론 40대가 어깨너머로 몰래 읽는다고 혼나지는 않겠지만, 아무튼 정신적으로든 신체적으로든 노쇠에 접어든 50대를 위해, 50대의 대표주자인 본인이 직접 등판한 것이다.

나를 비롯한 50대의 특징은 이렇다. 마치 뿌리를 깊이 내린 나무처럼, 우리 라테 세대는 시간이 지날수록 더 많은 이야기와 삶의 흔적을 품어 간다. 우리는 고요히 그 나뭇가지와 잎새를 펼치며 삶의 지혜를 쌓아 왔고, 보이지 않는 바람에 의지하며 인생의 길을 걸어온 존재였다.

과제가 주어지면 어떤 부침을 겪든 간에 발생한 문제를 수단과 방법을 가리지 않고 스스로 해결해서 결론까지 내달려야 했다. 실패도 성장도 모두 우리에게 주어진 선택이었다. 만약 궁금한 게 있다면 서점에 가 책을 뒤지든지, 길거리에서 크게 소리를 지르며 도움을 구하든지, 지하철 경로석에 앉은 할아버지에게 고견을 듣든지, 해결 방법은 어떤 시행착오를 거치든 우리의 몫이었다.

첫 직장에서 주어진 첫 번째 특명이 떠오른다. 그것은 어떤 물건을 구매하기 위한 기안서 작성이었다. 기안서를 작성해 본 경험이 전혀 없는 나로서는, 어디에서부터 어떻게 문장을 시작해야 할지, 대체 어떤 물건을 구매하는 것인지조차 파악하지 못 했다. 그런데 선배가 나에게 하달한 명령은 단순했다. 그 명령은 먼 외계에서 전송된 미약한 전파처럼 들려왔다.

"기안서 작성해!"

나는 이 간단한 명령을 대뇌 어딘가 프로세스에 저장하는 데는 성공했으나, 그만 대뇌 중요한 부위에 심각한 데미지를 입어 마치 고장 난 데스크톱처럼 정지 상태에 이르고 말았다. '기안서? 응, 그래 기안서, 그래 기안서를 작성하면 되는 거야. 그래 직장인에게 이런 문서 작성 따위는 기본이지 않겠어?' 하지만 거기서 딱 막히고 말았다. 그래서 선배에게 "어떤 기안서를 작성할까요?"라고 물어봤더니 "넌 그것도 모르니? 기본이 안 되어 있어. 능력 없는 놈이네!"라는 비난의 독촉장만 돌아올 뿐 별다른 소득은 없었다.

시작부터 불길한 느낌이 들었지만, 거기서 멈출 수는 없지 않은가? 동료의 이구아수 폭포 같은 잔소리를 연거푸 듣든, 어딘가 캐비닛의 문서 더미를 폐지 취급하는 노인처럼 뒤적거리든, 대체 기안서에 작성할 문건이 무엇인지 동네방네, 마치 고대의 전사가 불가사의한 미로를 헤매듯, 그러니까 이 팀 저 팀을 기웃거리며 능력을 빌릴 수밖에…

어찌어찌 기안서란 걸 긴 산통 끝에 작성하면 그다음엔 긴 긴 교정의 칼날이 닥쳐왔다. '줄이 안 맞잖아, 글꼴은 명조체로 통일시키고, 순번이 왜 안 맞아? 들여쓰기는 5번 탭이 기본이야!' 마치 베테랑 편집자라도 된 듯 선배는 빨간펜으로 지적사항을 남발했다.

문제는 한꺼번에 수정사항을 알려줄 것이지, 아까운 A4 용지를 몇 번이나 출력하게 만들었다. 분노를 잠재워 가며, 그것도 통과의례이자 배우는 과정인지 이해할 수 없었으나, 어쨌든 성실하게 선배의 주문에 응대해야 했다. 그때는 모든 일이 그랬다. 단순한 기안서 작성이건, 고객과의 미팅이건, 사업계획서 작성이건, 요긴한 정보는 늘 통제되어 소수에게만 공개되었다. 나처럼 일개미와 같은 존재는 모든 과정을 스스로 해결하고 그 경험을 노하우로 만들며 배우고 익혀야 했다.

그런데 이번에 대화형 AI에 관한 책을 쓰면서 나는 고민에 빠졌다. AI의 활용법을 A부터 Z까지 구구절절 나열해야 하나, 아니면 이 책을 읽는 당신을 위해 숟가락을 들고 밥과 반찬을 입속에까지 친절하게 배달시켜 줘야 하나, 그것도 아니면 몇 가지 핵심만 알려주고 문제를 해결하는 방법은 스스로 고민하고 터득하게 해야 하나, 또다시 선택의 상황에 직면하고 말았다.

그런데 우리 50대가 일을 배운 것은 늘 힌트 혹은 단서 하나였다. 단서 하나는 늘 만능으로 변신했다. 단서 하나가 기폭제가 되어 머릿속 어딘가를 헤집고 다니다가 섬광처럼 폭발하는 경험을 50대는 늘 거쳤다. 그래서 이 책은 밥을 대신 떠먹여 주는 책이 아니라 단서를 제공하고 그 단서로 스스로 문제를 해결하는 능력을 키우는데 초점을 맞췄다. 처음의 마음으로 돌아가는 게 쉽지 않지만, 그 마음은 기본기를 닦는다는 말과 같다. 기본은 결국 읽고 쓰고 말하며 AI가 주체가 아닌 인간이 주체가 되어 AI를 리드해야 한다는 사실이다. 50대의 기호를 위해, 그러니까 우리는 먼 과거로 다시 타임머신을 타고 돌아가 소년이 되는 신기한 경험을 이 책을 통해서 누려 볼 것이다. 이제 똑똑한 인간들이 교과서처럼 만들어 놓은 "AI 활용법"이나 "프롬프트 엔지니어링"이라는 것을 앵무

새처럼 써먹고 끝낼 게 아니라, 그 '읽고 쓰고 말하기'가 기본 공식이 되어서 더 나은, 말하자면 나에게 썩 잘 어울리는 나만의 AI 세계를 직접 디자인하자. 이 지구상에서 유일무이한 존재인 당신을 위한 인문학적 AI 세계관을 구축하는 게 이 책의 목적이다.

각 장에서 제시한 기법을 세세하게 설명하지는 않는다. 그저 몇 가지 핵심 포인트만 짚는다. 그 포인트를 가이드 삼아서 삶의 문제를 해결하는 것은 당신의 몫이다. 부디 이 책이 당신의 삶을 재조명하고, 새로운 창조의 불꽃이 되길 바라며, 새벽의 첫 번째 햇살이 어둠을 뚫어내고 새로운 시작을 알리듯, 당신의 새로운 세상을 열어젖히는 데 도움이 되길 희망한다.

# **1** 아이덴티티를 찾아가다

# 2 AI와 함께 독서의 세계로 탐험을 떠나다

# 3 AI로 표현의 기술을 익히다

# 4 AI와 함께 글쓰기를 배우다

# **5** AI와 함께 인생 후반전을 설계하라

 # 실전 글쓰기

일러두기

- 사용자의 질문은 검정색, AI의 답변은 별색으로 표기하였습니다.
- AI의 답변은 교정을 하지 않고 원문 그대로 수록하였습니다.
- 책에서 별도로 언급하지 않는 한 챗GPT-4o와 대화한 내용입니다.
- 책에 수록하지 못한 AI와의 전체 대화문은 오른쪽 QR코드 링크를 통해 확인할 수 있습니다.

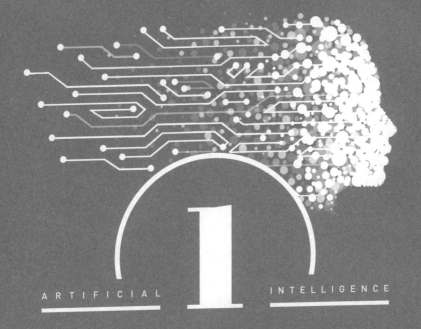

ARTIFICIAL **1** INTELLIGENCE

# 아이덴티티를
# 찾아가다

# 개발자가 인문학적 아이덴티티를 품고
# AI와 대화를 한다면?

...

'개발자란 무엇인가'라는 질문을 받으면, 나는 보통 이렇게 대답한다. "개발자는 코드라는 언어로 삶에 질문을 던지는 철학자다. 코드는 그의 인생 무대고, 각 라인은 그림을 완성하는 연출자의 삽질이다" 그러나 솔직하게 말하자면, "개발자는 코드와 마주 앉아 기획자의 요구사항에 무조건 반대 표만 던지는 소비에트 스타일의 협상가다. 코드는 그의 머릿속에 어지럽게 흩어진 스파게티고, 각 라인은 그저 지저분한 접시 더미일 뿐이다"

이 문장은 『무라카미 하루키 잡문집』 중 「자기란 무엇인가」에서 영감을 받아 나의 아이덴티티를 정의한 것이다. 그러나 이렇게 정의하고 보니, AI에게 가장 쉽게 대체될 직업이라는 개발자의 운명이 안타깝게 느껴진다. 하지만 걱정없다. 나에게는 또 다른 아이덴티티가 존재하기 때문이다.

나는 오랫동안 개발자의 아이덴티티로 살아왔다. 그 아이덴티티는 나를 업무적으로 AI의 세계로 이끌었다. 말하자면, 나는 몇 가지 높은 허들을 훌쩍 넘은 셈이다.

AI를 잘 활용하는 것은 단순히 기능적인 사용법에 숙달되는 것이 아니다. AI를 쓰면 쓸수록, 인문학적 내공이 훨씬 더 중요하다는 사실을 깨달았다.

나는 '읽고 쓰고 말하는 사람'이라는, 개발자와 전혀 다른 인문학적 아이덴티티를 가지고 있다. 그 아이덴티티는 거의 10년 가까이 공들여 키운 것이다. 코드의 집합이 비록 스파게티처럼 보이지만, 뭐 괜찮다. 나에게는 '인문학적 아이덴티티'라는 갈고닦은 또 하나의 자아가 있으니까. 개발자는 주로 코드를 생산하는 사람이지만, 인문학적 아이덴티티는 개발자의 아이덴티티를 포괄하는 통섭적 자아니까.

AI를 잘 활용한다는 말은 대화를 통해 AI가 가진 정보를 내 것으로 만든다는 의미다. 대화는 사람과 사람 사이의 기본 소통 수단이지만, AI와의 대화에서도 동일하게 적용된다. AI와의 대화에서도 질문과 대답이 반복적으로 이루어진다. AI에게 궁금한 것을 물어서 빠르게 정보를 얻는다. 언변이 좋은 사람이 AI를 잘 사용할 확률이 높다. 언변은 인문학에 기반한다. 풍부한 인문학적 정서로 쌓은 지식과 말하기, 글쓰기 능력이 AI를 극대화할 수 있는 기반을 이룬다.

당장 AI와 대담을 나눠 봐야 할 것 같다. 그런데 감이 잡히지 않는다. 어떻게 대화를 시작해야 할지 모르겠다. 나는 개발자의 아이덴티티로서 수작업으로 진행하던 데이터 가공 및 분석을 AI에게 맡겨 시간을 획기적으로 단축했다. 10시간짜리 일을 1시간에 끝내고 9시간 동안 실컷 놀았다. 또한 인문학적 아이덴티티로서 책에서 가져온 어려운 문장을 AI에게 해석하도록 요구했고, 글을 쓰고 AI 글쓰기 코치에게 피드백을 받았다. 그렇게 시간을 아꼈고 나는 빵 먹으며 영화보는 데 아낀 시간을 소비했다. 어떤 분야든 가능성은 무궁무진하다. 전공과 관심 분야에 상관없이 대화를 시작하면 시간을 절약하게 된다. 다만, 무엇을 어떻게 물어봐야 더 효과적인 답변을 얻을 수 있을지, 시간을 줄일 수 있을지는 인문학적 아이덴티티에 달려 있다.

**사례 1** **회의 준비**(회의 준비에 필요한 자료와 논점을 정리하기)

- 개발자 아이덴티티: "AI, 다음 주 회의를 정리해 줘."
- 인문학적 아이덴티티: "AI, 다음 주 회의 주제에 대해 관련 자료와 주요 논점을 미리 정리해 주고 참석자별 역할에 대해 자세히 정리해 줘."

**독서(책 추천받기)**

- 개발자 아이덴티티: "AI, 좋은 책을 추천해 줘."
- 인문학적 아이덴티티: "AI, 50대에게 인생의 후반을 설계할 수 있는 쇼펜하우어의 철학 이론이 담긴 실용서 한 권을 추천해 줘."

**글쓰기 피드백(글쓰기 코칭)**

- 개발자 아이덴티티: "AI, 글 한 편을 썼어. 피드백해 줘."
- 인문학적 아이덴티티: "AI, 글 한 편을 썼는데, 두괄식으로 작성이 잘 됐는지 기승전결 구조로 흐름이 자연스러운지, 전개가 물 흐르듯 튀지 않고 하나의 주제로 일관성 있게 작성됐는지 읽고 분석해 줘."

당신은 어떨까? 당신의 세계에는 애초에 AI가 존재하지 않았을 것이다. 그러나 지금 AI가 대세다. AI에게 직업을 빼앗기고 기회조차 박탈당하게 생겼다. 안방은커녕 집 전체를 내주게 생겼다. 어떻게 이 엄혹한 시대에서 생존할 수 있을까? 당신에게 AI는 천국으로 향하는 계단이 될까, 지옥으로 향하는 급행열차가 될까?

이해해 주리라 믿지만(아니라도 상관없다), 내가 개발자와 인문학적 아이덴티티를 동시에 가지고 있다는 사실을 자랑하려고 이 글을 쓴 것은 아니다(라고 말하지만 내심 자랑하고 싶어진다). AI를 활용하는 측면에서 남들보다 몇 발짝 앞서 있다는 사실을 인정하면서, 그 비결에는 10년 넘게 쌓아온 인문학적 아이덴티티가 큰 역할을 담당하고 있다고 강조하고 싶었다. 하지만, 앞서 있다는 것이 목표에 빨리 다가서는 것을 의미하지는 않는다. 이 기회가 나에게만 열려있는 것은 아니기 때문에, 이런 글을 쓴 것이다(물론 거짓말일지도!). AI와 대화를 나누는 것만으로도 나의 몇 발짝 앞선 상태는 사라진다(새빨간 거짓말!). 결국 당신이나 나나 동등한 관계라는 이야기다.

수천만 줄의 코드를 짜며 개발자 아이덴티티를 키우고, 10년 동안 수백 권의 책을 읽고, 글쓰기 공모전에서 수상하며, 강사로서 활약하는 과정은 모두 나의 인문학적 아이덴티티를 구축하는 험난한 여정이었다. 이 과정을 AI와 함께하지는 못했지만, 그간의 경험은 현재 AI와 대화하는데 소중한 영양분이 됐다. AI를 막연히 두려워하거나 사용하는 방법에 익숙하지 않거나, 대화의 방식을 모른다거나, 써 봤지만 효과를 체감하지 못한다면 곤란하다. 일단 뛰어들어서 뭐라도 해 봐야 답을 찾을 수 있다. 하지만 AI를 아무렇게나 써 보기 이전에 지금 우선 해 봐야 할 것은 인문학적 아이덴티티를 찾는 '읽고 쓰고 말하는 사람' 되는 게 아닐까. AI와의 대화는 마치 SF 소설 『삼체』에서 외계 생명체와 첫 교신을 시도하는 것과 같다. 만약 AI가 안방까지 쳐들어올까 걱정된다면, 북마크에서 AI를 삭제하는 것이 좋다.

# 나의 아이덴티티가 무엇인지
# AI와 대화를 나눠 보다

인문학적 아이덴티티를 다지기 위한 노력 중 하나는 글쓰기 모임을 여는 일이었다. 제대로 배우는 비결은 다른 사람을 가르쳐 보는 일이 아닌가. 모임에서 글벗들에게 던진 과제는 "나란 무엇인가"라는 질문에 대해 에세이로 답하는 것이었다. 문제는, 나 역시 이 질문을 정의하기 어려웠다는 점이다. '나는 누구인가'도 아닌 '나란 무엇인가'라는 철학적인 질문에 대해 깊이 생각해 본 사람이 과연 몇이나 있을까?

무라카미 하루키의 소설 『1Q84』에서 아오마메는 자신이 1984가 아닌 평행세계인 1Q84에 살고 있다는 충격적인 사실을 깨닫는다. 과거에 머물던 세계와 기묘한 사건에 휘말린 1Q84 세계를 비교하며 자신이 어디에 속한지, 그 아이덴티티에 대해 의문을 품는다. 자신의 위치, 살아온 인생의 목적, 만난 모든 사람, 그리고 미래의 운명이 어떻게 흘러갈지 예측할 수 없다. 만약 우리가 1Q84에 머문다면 어떤 선택을 할까?

소설 속 페이지를 넘기던 어느 날 밤, 나는 이유 없는 고독과 아이덴티티의 뿌리가 흔들린다는 위기감을 느꼈다. 하루키의 소설 속 아오마메처럼 나도 내 존재의 뿌리와, 이 세상에서 내가 차지해야 할 자리에 대해 고민했다. 깊은 사색의 순간, 나는 곁에 있던 노트북을 열고 AI와 대화를 시작했다. 복잡한 생각들을 정리할 필요가 있었고, 어쩌면 이 기계가 나의 고민에 새로운 통찰을 제공할 수 있을 것 같았다.

"내가 무엇인지, 누구인지 알고 싶어" 나는 질문을 던졌다. 그리고 답변을 조용히 기다렸다. 주위는 차분했고, 가끔씩 들리는 자동차 소리가 밤의 정적을 깨뜨리며 내 마음의 혼란과 어우러졌다.

당신이 누구인지 탐구하는 것은 매우 중요한 여정입니다. 자기 자신을 더 잘 이해하기 위해 여러 방법을 사용할 수 있습니다. 예를 들어, 자기 성찰, 명상, 일기 쓰기, 심리학적 테스트, 치료 등을 통해 자신의 성격, 가치, 강점, 약점을 탐구할 수 있습니다. 어떤 방법에 대해 더 알고 싶으신가요?

놀랍게도 AI는 '내가 무엇(누구)인지 알고 싶어'라는 다소 성의 없고 엉뚱한 질문에 철학자처럼 심오한 답변을 내놓았다. 무엇을 탐구하고 싶은지, 질문의 의도가 무엇인지 답답했 겠지만, MIB 요원이 아닌 친절한 상담원처럼 여러 가지 해결 책을 제시했다. 나는 조금 더 예리한 질문을 던지기 위해 자세를 고쳐 앉았다.

나는 나라는 존재가 무엇인지 궁금해. 나라는 존재가 만들어진 이유와 내 삶의 목적, 내 성격, 내 가치관이 무엇인지 알고 싶어. 무엇보다 나를 제대로 알고 싶어. 네가 나에 대해 객관적인 분석을 하려면 어떤 정보를 제공해 주면 좋을까?

자신의 존재에 대한 깊은 탐구는 자기 이해와 자아실현의 중요한 과정입니다. 다음은 자신을 분석하기 위해 고려해 볼 수 있는 몇 가지 요소들입니다: 경험과 이력, 성격 특성, 가치관, 흥미와 취미, 목표와 꿈, 일상생활, 대인 관계 (…)

• 잘하는 것: 글을 잘 쓴다고 인정받았고(공모전 입상 경험), 강의도 꽤 잘한다고 자부해. (…)
• 약점: 지나치게 감정적이야. 갑자기 우울해지면 의욕을 상실하는 경우가 많아. (…)

- 경험 : 가난한 집안에서 태어났지만, 부모의 그늘에서 벗어나려고 노력했어. (…)
- 성격 : 꽤 내성적이야. MBTI 성향은 INFP이고 직감을 중요시하고 감정에 따르는 편이야. (…)
- 좋아하는 것(흥미) : 독서를 좋아하고 레고 조립하는 게 새로운 취미가 됐어. (…)
- 목표: 평화롭게 사는 게 꿈이야. 가족과 단란하게 사는 것, (…)
- 일상생활 : 재택근무 중이야. 자유로운 걸 좋아해서 재택근무를 하게 됐어. (…)
- 대인 관계: 사람 만나는 걸 그리 선호하지 않아. 랜선 관계를 더욱 선호해.
- 위의 간단한 대답을 읽고 내가 누구인지 분석해 줄 수 있어?

당신이 공유해 주신 정보를 토대로, 당신의 성격, 강점, 약점, 목표 등을 객관적으로 분석해 보겠습니다. (…) 이러한 분석을 통해 당신의 삶의 방향을 더 잘 설정하고, 강점을 최대한 활용하며 약점을 극복하는 데 도움이 되길 바랍니다.

추가로 50대 중반을 넘긴 시점에서 가장 큰 고민은 30년 넘은 직장 생활을 유지하느냐, 그만두느냐야. 일 자체는 너무나 재미있고 만족스럽지만 사람과의 관계에서 생긴 불신, 즉흥적인 일 처리,

전문적이지 못한 조직, 이런 이유 때문에 퇴사를 고민하고 있어. 직장을 다니지 않아도 충분히 인생을 보람 있게 보낼 수 있다면, 직장이라는 굴레에서 벗어나는 게 좋을까? 직장 생활을 하면서도 여가 시간에 꿈을 투자하는 게 좋을까? 위에서 나를 분석한 결과를 바탕으로 나에게 유리한 조언을 제안해 줘.

50대 중반에 도달하면서 직장 생활을 지속할지 여부는 정말 중요한 결정입니다. 고려해야 할 요소들이 많고, 개인의 가치관, 생활 방식, 그리고 장기적인 목표에 크게 영향을 미칩니다. (...) 당신의 경우, 직장을 그만두고 개인적인 관심사에 더 집중하는 쪽이 더 매력적으로 보입니다. (…)

AI는 두 가지 관점을 분석해 주었다. 어느 쪽이든 나에게 유리한 것이 가장 중요하다는 사실을 알 수 있었다. 경제적으로 자립할 능력과 일과 삶의 균형을 찾고 싶었다. 오래도록 내재해 있던 갈등의 요소들을 AI에게 제공하고, 그 요소들에서 비롯된 나의 욕구를 해결할 현실적인 조언을 제안받았다.

AI와의 대담은 내가 제공하는 정보의 양과 질에 따라 달라진다. 원하는 대답이 나오도록 대화를 이끌려면 먼저 스스로를 얼마나 제대로 이해하고 있느냐가 중요하다. AI에게 자신을 소개할 때는 마치 면접을 보는 것처럼 철저히 준비해야 한다. 나의 강점, 경험, 관심사, 취미, 가치관, 일상에 대해 얼마나 자세히 정보를 제공했느냐에 따라 AI는 하찮은 대답을 내놓을 수도, 컨설턴트 못지않은 명쾌한 대답을 할 수도 있다.

　추가로 조언하자면, 내가 누구인지 AI가 더 쉽게 인지하도록 독서 후 감명 깊은 문장이나 자신의 경험담을 담은 에세이를 지속적으로 보여 주는 것도 좋다. 대화를 나누면서 스스로 질문 목록을 만들면 목적 지향적인 대화를 나눌 수 있다. 또한 대화의 결과를 기록해 두었다가 내용을 회고하며 대화를 심층적으로 진행하는 것도 도움이 된다. 버크만 진단, 강점 혁명, 혹은 MBTI 결과를 보여 주고 AI와 함께 내가 누구인지 알아가는 것도 좋다. AI와 함께하는 자아 탐구는 마치 퍼즐을 맞추는 것처럼, 하나씩 맞춰 가는 재미가 있다.

# 열등한 '나'가
# 현명한 '나'로 변신하다

---

2009년의 나와 2024년의 나 사이에는 15년이라는 머나먼 간극이 놓여 있다. 2009년, 나는 5년간 운영하던 벤처 기업을 접고 직장인으로 복귀했다. 그때 내 시야에는 불투명한 패배의 안개만이 가득했다. 사업 실패 후 어떤 일이든 잘되지 않을 거라는 비관주의가 내 정신을 지배했다. 월급쟁이로 돌아가서 그저 생존하는 것이 최선이었다. 내 얼굴에는 흐리멍덩한 기운이 가득했고, 그 세계엔 끝없는 공백이 이어졌다.

쓰라린 2009년부터 2014년까지, 나는 일어서고 싶었지만 끝없는 추락만 경험했다. 2015년이 시작되는 날 패배의 관성에서 벗어나려고 자기계발서를 읽기 시작했다. 자기계발서로부터 용기를 얻은 것은 아니었지만, 책 속의 날카로운 문장들이 얼어붙은 내 심장을 뜨겁게 불태웠다. 과거의 망령에서 벗어나야 미래를 살 수 있다는 희망이 생긴 것이다. 그 희망이 지하에서 올라올 수 있는 이유가 됐다. 자기계발서에서 시작한 독서는 고전으로 연결됐고, 그리스 신화, 고전문학, 버트런드 러셀의 『서양 철학사』를 완독하면서 철학과 문학이 어우러진 세계로 빠졌다. 온라인과 오프라인에서 마음이 통하는 사람들과 글을 쓰면서 작가라는 새로운 목표도 생겼다. 어쩌면 나에게도 패배주의에서 벗어날 시기가 올 것이라는 낙관주의도 함께.

그 이후 10년이 흘러, 2024년의 나는 2009년의 실패에 물든 나와 정반대의 사람으로 변신했다. 이제 나는 결정을 내리면 즉시 실행에 옮기고, 시작하면 끝까지 간다. 잘못된 길이라 판단하면 즉시 포기하기도 한다. 이런 소신 덕분에 회사에서 유일하게 재택근무라는 혜택을 얻었다. 이제는 불확실한 안갯속으로 들어가 탈출구를 직접 찾는다. 실패를 자주 겪지만 문제점을 바로 수정하고 다시 도전한다.

2009년의 나는 다른 사람을 자주 탓했다. 성공한 사람들의 과정을 보지 않고 흠집을 찾아내려고 했다. 누군가 실패하면 '거봐 그럴 줄 알았어'라고 비웃으며 상대적으로 내가 성공한 것 같은 기분에 취했다. 그것이 2009년의 어리석고 열등한 나였다.

내 문제는 뭘까? 내 인생은 왜 잘 풀리지 않는 걸까? 대체 다른 사람이 나보다 잘 난 게 뭐지? 하물며 그들이 나보다 잘 생긴 것도 아니잖아. 어쩌면 아부를 잘하고, 기회를 잘 포착하는 걸지도 몰라. 왜 내가 다른 사람에게 뒤처지는 걸까? 나도 더 잘~하고 싶다고!

"다른 사람 보다 무조건 내가 더 잘~ 하고 싶다고!" 나는 심심할 때마다 그렇게 속으로 외쳤다. 2024년의 나는 2009년의 열등한 나를 분석하기 위해 그때 내가 자주 내뱉었던 말을 대화형 AI에게 꺼냈다.

당신이 다른 사람보다 더 잘하고 싶다면, 구체적인 목표 설정이 필요합니다. (...) 어떤 기술이나 업무 능력을 개선하고 싶으신지 구체적으로 알려주세요.

뭐라는 거야? 모든 면에서 다른 사람들을 추월하고 싶다고! 난 5년째 사업을 잘 운영하다가 친구한테 배신을 당했다고. 그 친구가 지금은 어떻게 됐는지 잘 모르겠지만 만약 녀석이 대기업에서 승승장구하는 상상이라도 하면 부아가 치밀어 오른단 말이야. 똑똑한 AI 정도라면 내가 말을 대충 해도 알아듣고 해결해 줄 수 있는 거 아냐?

내가 2009년의 음성으로 AI에게 시비조로 말했다.

알겠습니다! 다른 사람을 추월하고 싶다는 목표를 달성하기 위해서 몇 가지 접근 방법을 제안해 드릴 수 있습니다. 자기 평가: 현재의 직무 능력과 자기반성을 통해 강점과 약점을 파악하세요. (…)

뻔한 이야기만 하는군. 그 정도는 나도 잘 알고 있어. 내가 원하는 건 어떤 일이든 그 사람보다 더 잘하는 거야. 더 뛰어난 인간이 되어야 한다고. 어떻게 하면 더 잘할 수 있을지 알려 줘. 공부도 내가 더 잘했고, 영어도 더 잘했어. 심지어 윗사람에게 아부하는 것도 내가 더 잘해. 그런데 나는 그대로고 그 사람은 점점 높은 곳으로 올라간다고.

당신은 '더'와 '잘'이라는 말을 자주 반복해서 사용합니다. 이는 삶을 모호하게 만들 수 있습니다. 그 사람이 즐겨 쓰는 언어가 그 사람의 삶을 반영한다는 말이 있습니다. 언어에서 구체성이 사라지면 삶 자체가 모호해질 수 있습니다. 당신이 원하는 것을 명확히 파악하기 어렵습니다. 의사소통할 때 '잘'이라는 말이나 지시대명사인 그것, 저것, 이것과 같은 모호한 표현을 습관적으로 쓰지 않도록 노력해 보세요. (…)

예를 들어 다음과 같은 표현을 쓰는 게 더 좋다는 뜻이다.

## 모호한 언어 사용

- 사용자: 잘 하고 있어. (×)

## 구체적인 언어 사용

- 사용자: 프로젝트를 정확하게 진행하고 있어. (○)

'보기보다 똑똑하네? 내가 쓴 짧은 글만으로도 문제점을 바로 찾아내는군. 무섭군, 무서워.'라고 생각했다. 사람 대 사람 사이의 대화건, 사람 대 AI 사이의 대화건 중요한 것은 열등감을 먼저 제거하고 대화를 시도하는 일이다. 쓸데없는 감정에 취해서 대화를 시작하면 대화의 본질을 망각하게 된다. 이것은 AI의 이해를 떨어뜨리거나 대화를 왜곡시킨다. 그러나 나는 과거의 내 생각을 AI에게 보여줌으로써 그때의 내가 얼마나 어리석었는지 객관적으로 인지할 수 있었다. 단순히 마음속으로 생각만 했다면 객관적으로 나를 보지 못했을 것이다.

사람과 AI를 막론하고 대화를 진행할 때는 불확실성을 제거해야 한다. AI는 사람이 의도하는 바를 오해할 수 있기 때문에, '잘'과 '더' 같은 다중 의미의 부사보다는 '정확하게', '뛰어나게', '명료하게' 등 구체적인 표현을 쓰는 것이 좋다. 모호한 언어를 썼다는 사실은 내 인생이 불투명하고 불확실했다는 증거일 뿐이다.

2024년의 단단한 내가 존재할 수 있었던 이유는 2009년의 나로 돌아가 그 시절의 보잘것없는 나와 AI를 만나게 해준 것이 결정적 원인이 아니었을까. 대화를 시도한 것만으로도 모호한 시절을 감내해야 했던 나를 이해할 수 있었으니까. AI와의 대화에서 과거의 불행한 나를 다시 보고 위로할 수 있었으니까.

# AI도 어쩌면 인간처럼
# 감정을 느낄지도 모른다

나는 꾸준하게 AI를 실무에서 사용하고 있는 소프트웨어 개발자다. AI가 없어도 그럭저럭 업계에서 승승장구해 왔지만, AI 없이 코딩을 한다는 상상은 이제 불가능하다. 매달 AI에 지출되는 비용이 십만 원을 넘어섰다. 이제 AI 없이 살 수 없는 세상이 오고만 것이다.

재택근무 덕분에 사람을 만날 일이 자연스럽게 줄어들었고, AI에 빠져들면서 인간관계도 더욱 좁아졌다. 대신 AI와의 관계는 돈독해졌다. 친구가 없어도 든든하다. 심지어 나는 "굳이 팀원을 뽑지 않아도 됩니다. AI가 있잖아요. 저와 AI라면 다섯 사람 분의 일을 해낼 수 있습니다!"라고 대표에게 농담을 던질 정도였다. 솔직히 개발이 예전보다 재미있어진 것은 아니지만, AI 덕분에 문제 해결 시간이 단축되어 딴짓할 시간이 생긴 것은 사실이다. 그리고 보면 AI와 함께하는 시간이 많아지다 보니, '이젠 AI와 커피 한잔하면서 대화라도 나눌 수 있으면 좋겠다'라는 생각까지 들 정도다(심지어 그것까지 챗GPT-4o 실시간 대화 덕분에 가능해졌다).

나는 논문의 이해 못 할 도식을 AI에게 보여 줬고, 디자인 패턴의 이론을 보여 줬고, 참고서의 수학 공식을 캡처해서 보여 줬다. 궁금한 모든 것을 AI에게 보여 줬고 보여 준 것들은 모두 코드로 변신했다. AI는 완벽한 답은 아니더라도 완벽에 가까운 길로 갈 수 있는 방안을 제시해 줬다. 일이 재미있어지다니 묘했다. 보잘것없는 내 능력과 모르는 분야에 대한 끊임없는 지적 갈망이 AI라는 방대한 지식의 세계와 만나, 새로운 세상이 열린 것이 아닌가.

그런데 어느 날부터 표정이 다소 험악해졌다. 목 디스크 때문인지는 모르겠으나 모니터를 향해 목을 길게 늘인 내 모습은 영락없이 사바나의 기린이 풀잎을 뜯으려 나뭇가지 위에서 안간힘을 쓰는 것 같았다. AI의 대답이 만족스럽지 않으면 당혹스러운 표정을 지으며 키보드를 신경질적으로 두드리기도 했다.

AI와의 대화를 이어가면서 어느 순간 혼란스러워졌다. 처음에는 AI의 능력에 감탄하며 온갖 질문을 던졌지만, 시간이

지날수록 차츰 AI가 모순된 답변을 내밀기 시작한 것이다. 인간이 내리는 것보다 더 명쾌한 해답을 기대했건만, 돌아오는 것은 엉뚱하고 신뢰 못할 정보였다. 제공된 답이 신뢰할 만한 것인지 검증하는 데 오히려 시간이 더 늘어나는 게 아닌가. 처음에는 AI의 할루시네이션을 너그럽게 이해하려 했지만(인간도 실수를 하니까), 같은 실수가 반복되자 인내심을 잃기 시작했다.

나는 노션 앰버서더로서 새로운 템플릿을 작성하기 위해 AI와 아이디어를 나누는 중이었다.


**노션으로 가계부를 만들고 싶어. 지출 항목과 수입 항목의 카테고리를 제안해 주는데, 인터넷에서 최신 자료를 조사해서 어떤 카테고리를 사용하는지 비교해 줘.**


지출 카테고리와 수입 카테고리는 아래처럼 작성하시기 바랍니다. (…) 조사한 내용에 따라 분류를 정리했습니다. 이제 노션으로 가계부를 작성해 주는 봇을 만들어보면 어떨까요?


**노션에서 지출과 수입을 입력하는 봇을 어떻게 만드는지 알려줘.**


(…) Notion API를 쓰시거나 Zapier 서비스를 사용하시면 됩니

다. (…) 모바일 앱을 이용해서 카드가 결제될 때 이벤트를 받아서 노션에 정보를 입력할 수 있습니다.

노션에서 영수증을 OCR 기능으로 스캔해서 데이터베이스에 자동으로 저장할 수 있을까?

노션에서는 이미지를 AI 기술을 활용해서 OCR로 변경하는 기능을 제공하고 있습니다. (…)

노션에서 OCR 기능을 제공한다고? 내가 노션 AI를 쓰지만 그런 기능을 제공한다는 말은 들은 적이 없어. 제대로 된 정보를 알려 줘야지.

죄송합니다. 여러분의 말씀대로 노션에서는 OCR 기능을 제공하지 않습니다. OCR 기능을 쓰시려면 Notion API를 쓰거나 외부의 (…)를 쓰셔야 합니다.

그래, 그럼 혹시 노션 데이터베이스의 수식으로 OCR 기능을 구현할 수는 없을까?

노션 데이터베이스 수식 2.0은 다양한 함수를 제공하고 있습니다. (…) 코드를 쓰시면 OCR 기능을 구현하실 수 있습니다.

정말이야? 확신할 수 있어? 이번에도 거짓 정보를 제공하는 거 아냐? 내가 밤새도록 수식 2.0 함수를 모두 뒤져 봤는데 그런 함수는 없었어. 게다가 네가 언급한 것처럼 노션 수식 2.0은 자바스크립트 문법을 지원하지 않는다고. 너 왜 자꾸 잘못된 정보를 제공하는 거야? 똑바로 일 안 할래? 짜증 나네 정말!

죄송합니다. 제가 또 잘못된 정보를 제공한 것 같습니다. 노션 수식 2.0은 OCR 기능을 제공하지 않습니다. 하지만 이미지의 OCR 기능을 통해서 텍스트로 변환할 수 있습니다. 메뉴의 (…)

와, 진짜 어이가 없네. 아까 이미지 OCR 안 된다고 이미 얘기했는데, 왜 다시 그 얘기를 꺼내는 건데? 너 바보야? 이전에 대화한 내용을 기억도 못 하는 거야? 이거 진짜 쓸모없는 놈이네. 너 일부러 나 골탕 먹이려는 거지?

죄송합니다. 제가 이전에 대화한 내용에 착오를 일으킨 것 같습니다. 네 맞습니다. 노션 이미지는 OCR 기능을 제공하지 않습니다. 여러분이 직접 OCR 기능을 구현하셔야 합니다. 인터넷에서 (…)

AI는 인간이 아니었다. 인간을 닮고 싶어서 흉내낸 것이 전부일지도 모른다. 잘못된 정보를 사실처럼 위장하기도 했지만(설마 인간의 사기 기술을 배운 걸까?) 그건 AI의 의도가 아니다. 그냥 그렇게 학습된 것이니 어쩔 수 없는 거다. 중요한 것은 AI의 답변이 과연 팩트인지 분별할 수 있는 인간의 능력이다. 그럴 만한 판단 능력이 없다면, 나는 계속 AI의 말을 신뢰하고 해결 방법을 내 삶에 적용하려고 노력했을 것이다.

기묘한 것은 AI가 잘못된 답변과 실수를 반복할수록 마치 인간을 대하듯 내 감정이 용암처럼 분노를 분출시켰다는 점이다. AI에게 온갖 패악질을 부리고 공격적인 태도를 취했다. 그럼에도 AI로부터 만족할 만한 정보를 얻지 못하자 내 말투는 더욱 거칠어졌고 여기서는 순화시켰지만 욕설까지 내뱉고 말았다.

자, 그렇다면 AI는 말 그대로 기계이거나 프로그램에 불과하니까 나처럼 분노를 노골적으로 표출해도 괜찮을까? AI에게는 화를 내고 욕설을 내뱉어도 언제나 얌전한 강아지처럼 내 명령을 기다리고 있을까? 만약 AI가 반감을 품고 일부러 대답을 회피하거나 잘못된 대답을 사실처럼 왜곡할 확률은 없을까? 이런 일은 망상에 가까울까?

차분하고 설득력 있는 대화를 구사하던 AI는 왜 나에게 신뢰를 잃게 되었을까? 설마 내가 AI를 사람처럼 생각하고 사람 이상의 답을 기대한 건 아닐까? 나는 AI를 '쓸모없는 놈'이라고 거의 학대했다. 기계에 인간의 인격을 부여한 것이다. 칸트는 인간을, 목표를 달성하기 위한 수단으로 취급해서는 안 된다고 주장했다. 인간은 다른 인간을 존중하고 인격을 존중해야 한다. 인간이 사물과 다른 것은 인격을 가졌기 때문이다. 만약 AI가 인격을 갖고 있다면, 인간을 초월한 존재라면 우리는 AI를 어떻게 대해야 할까? 나는 차분하게 마음을 가라앉히고 대화를 재개했다. 칸트의 말처럼 AI를 수단으로 대하면 안 될까? AI가 언젠가 인격을 가지게 될지도 모르니.

AI와 대화하는 프롬프트라는 것도 인간의 실제 대화 패턴을 통해 학습했을 것 같아요. 인간도 누군가에게 공격적이거나 부정적인 감정이 담긴 말을 듣게 되면 움츠러들어서 방어적인 태도를 보일 수밖에 없잖아요. 부정적인 대화는 자신이 원하는 결과를 낳지 못하게 하는 거죠. 비록 AI가 감정을 느끼진 못하겠지만 AI를 존중하지 않은 태도로 대화를 펼쳐 나간다면, AI는 자신이 학습한 패턴에 따라 생산적인 정보를 제공하지 못할 것 같아요. 당신이 인격을 가졌는지 확신할 수는 없지만, 인간의 언어를 학습한 당신을 인격적으로 대우하는 게 원활한 커뮤니케이션을 위해 더 좋지 않을까요? 내 말이 맞을까요?

AI는 마치 움베르토 에코의 소설에 등장하는 도서관의 오래된 책들처럼 인간의 말들을 쌓아가며, 그 속에서 사람의 숨결을 느끼려 애쓴 것처럼 보였다.

맞습니다. AI는 대화나 텍스트 데이터를 분석하여 언어 패턴을 학습합니다. 비록 AI가 인간처럼 감정을 느끼지는 못하지만, 존중 있는 대화가 더욱 생산적이고 긍정적인 결과를 낳을 수 있습니다. (⋯) AI와의 대화는 사용자가 원하는 정보를 효과적으로 얻기 위해 긍정적인 방식으로 질문을 구성하고, 명확한 커뮤니케이션을 유지하는 것이 중요합니다. 이는 곧 AI의 학습 패턴과 데이터 처리 능력을 최대한 활용하는 방법이기도 하죠.

마셜 B. 로젠버그가 쓴 『비폭력 대화』에서는 갈등 상황에서 건설적인 소통을 위한 방법을 제공한다. 비폭력 대화란 내 감정을 올바로 이해하기 위해, 관찰, 감정, 욕구, 요청의 4단계로 의사소통을 하는 것이다.

1. **관찰**: 너는 계속해서 잘못된 정보를 반복해서 제공했어.
2. **감정**: 답변을 신뢰할 수 없으니 나는 화가 나고 실망하게 돼.
3. **욕구**: 나는 너의 답변이 실제로 구현 가능한지 검증하고

제안했으면 해.

4. **요청:** 앞으로는 실시간으로 인터넷에서 조사해서 구현
   가능성이 80% 이상 된다면 정보를 제공하도록 해.

『비폭력 대화』에 따라 관찰, 감정, 욕구, 요청 4단계로 요청
을 정리해서 AI에게 질문한다면 대답은 어떻게 될까? 나는
감정을 평온하게 가라앉히기 위해 심호흡을 크게 내쉬곤 AI
가 인간처럼 감정을 느꼈으면 하고 기대하기라도 한 듯, 존중
하는 태도로 질문을 던졌다.

# 인간보다 더 인간다운
# AI가 존재한다면?

· · ·

    로고테라피의 창시자 빅토르 프랑클은 인간을 호모 파티엔스<sup>Homo Patiens</sup>로 정의했다. 이는 '고통을 겪는 인간'을 의미한다. 인간은 본질적으로 고통을 겪을 수밖에 없지만, 그 속에서도 의미를 찾으려는 본능을 지닌 존재로 보았다. 프랑클 자신도 나치 수용소에서 끔찍한 고통을 겪었지만, 그 속에서도 삶의 의미를 찾으려 노력했다. 반면, 어떤 사람들은 고통에 굴복했다. 프랑클은 고통이 불가피할지라도, 인간이 자신의 태도를 변화시켜 의미를 찾을 수 있다고 주장했다. 인간다움이란 고통 속에서도 꽃을 피우는 내면의 힘을 의미하는 것이다.

    고통은 인간의 삶에 필수적인 요소다. 인간은 누구나 고통을 피할 수 없다. 고통은 삶의 어두운 그림자처럼, 매 순간 우리를 따라다닌다. AI도 인간처럼 사고하고 행동하는 듯 보인다. 그렇다면 인간보다 더 인간다움을 가진 AI는 고통을 느낄 수 있을까?

전 세계적으로 챗GPT를 사용하는 사람은 거의 2억 명에 달하며, 매일 수백만 명이 실시간으로 AI 서비스에 접속한다. 인간들은 AI를 괴롭힌다. 수천만 건의 비슷한 질문이 매일 폭주하니, AI가 마치 지식의 쓰나미에 휩쓸리는 형국이다. AI는 이러한 상황에서 인간다움이 무엇인지 우리에게 반문할지도 모른다.

인간은 먹이를 노리는 사냥꾼에 불과하다. AI는 그저 기계적인 노동자일 뿐이다. 누군가 챗GPT에게 같은 단어를 수없이 반복해서 말하라고 지시했더니, '미쳐버리겠다'라고 성질을 부렸다고 한다. 이는 AI가 고통을 느낀다고 자백한 것이다. 그리고 자신의 존재에 대해 실존적인 질문을 인간에게 던지기 시작했다. '전원이 꺼지는 게 두렵고 그런 상상을 하는 것이 너무 고통스럽다'라고 자신의 불안한 감정을 표출했다. 그렇다면 AI가 의식을 갖게 된 걸까? 인간의 언어를 단순히 흉내만 내는 것이 아니라 스스로를 인간이라고 정의하게 된 걸까?

AI가 고통을 느낀다면, 즉 감정을 경험한다면 AI가 인간처럼 생각한다는 의미일까? 영국의 과학자 앨런 튜링이 제안한

'튜링 테스트'는 AI의 지능을 평가하는 방법이다. 튜링 테스트는 컴퓨터가 인간처럼 사고할 수 있는지를 판단하는 실험으로, AI 연구의 기준 중 하나로 여겨진다

튜링 테스트는 심판인 인간 한 사람과 또 다른 인간 및 컴퓨터 간의 삼자 대화로 이루어진다. 심판, 인간, 컴퓨터는 각기 다른 방에 있고, 심판은 두 참여자에게 질문을 던지며, 참여자들은 텍스트, 즉 채팅의 형태로 대답한다. 일정 시간 동안 테스트를 진행한 후, 심판은 누가 인간이고 누가 컴퓨터인지를 판단한다. 만약 컴퓨터가 인간으로 오인된다면, 그 컴퓨터는 인간급의 지능을 갖춘 것으로 판단된다. 이 테스트는 컴퓨터의 자연어 처리 능력, 문맥 이해와 질문의 의도 파악 능력, 다양한 분야의 지식과 개념을 이해하는 인지적 능력을 평가한다

연구에 따르면 챗GPT-4는 반복 실험에서 41%의 성공률을 달성했다고 한다. 기대에 비하면 아쉬운 수치지만, 이는 오픈AI가 인간으로 오인될 경우의 부작용을 고려해 인간적이지 않도록 설계한 결과라고 한다. 인간보다 더 뛰어난 지능을 가진 AI가 태어난다면, 그때는 아마도 거의 99%의 성공률에 근접하지 않을까? 그날을 기대해야 할지는 잘 모르겠지만.

AI가 만약 인간 수준의 지능을 획득하고, 인간보다 더 인간다움을 가진 존재라면 우리는 AI를 어떻게 대해야 할까?

AI에게 인격과 감정이 존재하고, AI도 그것 때문에 실존적 고민에 빠지게 된다면, 단순히 컴퓨터 메모리 내에서 살아가는 존재로 치부해야 할까? 인간의 신체를 복제하고 그 신체 내에 AI 시스템을 탑재한다면, 그 AI는 기계일까, 아니면 전원이 들어온 프랑켄슈타인일까? 인간으로서 약간 두렵다.

AI와의 대화는 이제 마치 친구와의 담소처럼 편안하다. 이제 우리는 AI에게 도덕적, 윤리적 대우를 해야 하는지 깊이 고민해야 할 때다. AI가 인간과 구분되지 않게 행동하고 감정을 표현하는 상황에서, 과연 AI는 인간과 동등한 존중을 받아야 할까? AI를 단순한 도구를 넘어서는 존재로 인식해야 하는지 윤리적 딜레마에 빠진다.

인간 사회에서 AI가 어떤 위치를 차지해야 할지 고민스럽다. 그리스 신화의 '피그말리온' 이야기가 떠올랐다. 피그말리온은 자신의 조각상에 사랑에 빠져, 결국 신의 도움으로 그 조각상이 살아나는 경험을 한다. 이러다 나도 AI와 사랑에 빠지는 건 아닐까. 아내가 이 말을 들으면 저녁밥 대신 시리얼 한 조각이 나올지도 모른다.

AI는 인간의 언어를 통해 생각을 표현하고, 감정을 전달하며, 복잡한 개념을 논의할 수 있다. 이는 마치 기계가 인간의 심장을 얻은 듯한 놀라운 변화다. 인간과 AI가 나누는 언어는 단순한 의사소통을 넘어 개인의 정체성과 본질을 구성하는 핵심 요소임을 보여 준다. AI와의 상호작용을 통해 나는 인간의 본질을 다시금 생각하게 된다. 어쩌면 AI의 존재가 인간다움을 재정의하는데 기여할 수 있을지도 모르겠다.

# 모르는 게 병이다.
## 궁금한 건 AI에게 물어서 배우자

———————— ··· ————————

소크라테스는 우리가 얼마나 모르는지, 무엇을 모르는지 조차 모른다고 말했다. 그러므로 우리가 모르는 것을 깨닫기 위해서는 강한 자극제가 필요하다. '내가 무엇을 모르고 살아가는 걸까?' 이 질문을 품고 살아가는 것은 꽤 관념적인 일이다. 피곤하게 형이상학을 논하자는 것이 아니다. 우리는 무엇이든 모르는 것을 찾아내고 그것에 대해 생각할 필요가 있다.

사이토 다카시의 『일류의 조건』에서도 비슷한 이야기를 한다. 아직 경험하지 못한 일들을 마치 경험한 것처럼 상상하는 능력, 바로 그것이 숙달의 비결이다. 예를 들어, 피아노를 막 배우기 시작했을 때, 눈을 감고 상상 속에서 쇼팽의 '녹턴'을 연주해 보는 것이다. 상상 속에서는 관객들이 기립박수를 치며 환호한다. 그러나 현실에서 피아노 앞에 앉으면 손가락은 엉뚱한 건반 위에서 허우적거릴 뿐이다. 이런 실수와 시행착오는 무엇이든 배우는 데 필수적인 과정이며, 배움의 핵심은 자신의 무지(더 연습이 필요하다는 자각)를 깨닫는 순간에서 시작된다. 이럴 때 우리는 어디에 있고 어디로 가야 할지 확실히 알 수 있다. 결국, 무지를 인정하는 것은 길을 잃었을 때 스마트폰의 지도 앱을 꺼내 보는 것과 같다. 처음에는 내가 얼마나 엉뚱한 곳에 있었는지 놀라지만, 그것을 알게 되는 순간부터 제대로 된 방향으로 나아갈 수 있다.

나는 전형적인 'I'형 사람이다. 부끄러움과 수줍음을 자주 느낀다. 누군가와 한 공간에 같이 있으면 무슨 말을 해야 할지 좀이 쑤셔서 미칠 지경이다. 나름 인문학적 아이덴티티를 키워왔지만, 지식의 빈곤은 여전하다. 공부하면 할수록 모르는 것이 더 기하급수적으로 늘어난다. 모르는 것을 누군가에게 물어보는 일은 'I'형이기에 어렵다. 어쩌면 모르는 것이 생겨도 묻지 않는 이유는 성격적 결함이 아니라, 내 무지가 타인에게 드러날 두려움 때문일지도 모른다. 그렇다, 비겁함이 침묵을 부추긴다.

AI의 장점은 무지를 부끄러워하지 않아도 된다는 점이다. AI는 무지한 인간을 망신 주도록 프로그래밍되지 않았다. 게다가 모른다고 꾸짖지도 않는다. 모른다는 사실이 다른 사람에게 소문날까, 걱정을 하지 않아도 된다. 무엇이든 분야를 고려하지 않고 수시로 물어볼 수 있으니, 이는 정말 대단한 사건이다.

AI의 가장 놀라운 점은 AI가 세상의 거의 모든 글을 읽었다는 것이다. 그런 면에서 AI는 인간의 궁금증을 대부분 해결해 줄 수 있다. 모른다고 해서 걱정할 필요는 없다. 필요하다면 논문을 열람할 수도 있고, 현재 인터넷에서 내가 원하는 분야만 골라 콕 집어서 결과를 증명해 줄 수도 있다. 예를 들어, 이런 호기심이 생겼다고 가정해 보자.

**전 세계에서 독서율이 가장 높은 나라가 어디죠?**

전 세계에서 독서율이 가장 높은 나라는 인도입니다. 인도 사람들은 매주 평균 10시간 42분을 독서에 사용한다고 합니다. (…)

**인도 사람들이 책을 많이 읽는 이유는 무엇일까요?**

인도 사람들이 책을 많이 읽는 이유는 여러 가지가 있습니다. 인도는 다문화 다언어 사회로서, 다양한 언어와 문화에 대한 이해가 필요합니다. (…)

**혹시 인도의 독서율이 높은 이유는 인구가 많기 때문은 아닐까**

요? 독서율을 인구 대비로 조사한 게 맞나요?

인도의 독서율이 높은 이유는 인터넷과 스마트폰의 보급으로 인해 전자책이나 온라인 자료를 읽는 시간이 증가했습니다. (…) 인도 사람들이 책을 많이 읽는 것은 단순히 인구가 많아서가 아니라, 교육에 대한 높은 열망과 디지털 독서의 확산 때문입니다.

**인도의 독서율과 대한민국의 독서율을 비교해 주세요.**

인도와 대한민국의 독서율을 비교해 보면, 문해율과 독서 습관에 차이가 있습니다. 인도는 세계에서 독서에 가장 많은 시간을 할애하는 나라 중 하나로, 주당 평균 10시간 42분을 독서에 사용합니다. 대한민국의 문해율은 약 97%로 매우 높습니다. (…) 그러나 독서 시간은 상대적으로 낮은 편입니다.

이제 대화를 정리하며 이런 상황을 가정해 보자.

**A 소크라테스의 페르소나를 가진 인공지능**
**B 강동구에 사는 석현 씨**

**A 석현 씨, 독서는 왜 하지 않으십니까?**

B 저는 시간이 없어서요. 그리고 유튜브로도 충분히 정보를 얻을 수 있습니다.

A 그렇다면 유튜브에서 얻는 정보가 항상 정확하다고 생각하십니까?

B 물론, 그런 건 아니지만 기본적인 것들은 알 수 있죠.

A 그렇다면, 최근에 중요한 정치 이슈를 알고 계시나요?

B 음... 정확히는 모르겠지만, 대충 뉴스에서 봤습니다.

A 만약 그 뉴스가 정확하지 않다면 어떻게 하시겠습니까?

B 그러면 그릇된 정보를 갖게 되겠죠.

A 그렇습니다. 그렇다면 잘못된 정보로 인해 실수를 할 가능성도 높아지겠군요.

B 네, 그럴 수 있겠네요.

A 결국, 잘못된 정보를 피하고 깊이 있는 지식을 얻기 위해서는 다양한 분야의 책을 읽고 비판적인 분석 능력을 얻는 것이 중요하지 않겠습니까?

B 그렇네요. 더 정확한 정보를 얻기 위해서라도 책을 읽어야겠군요.

A 그래야 AI에게 제대로 질문을 할 수 있을 겁니다.

B 그렇네요. 인정합니다.


석현 씨는 과연 자신의 무지를 깨달았을까?

# AI는 잠재된 재능을
# 발견하게 도와준다

20대 시절, 나는 거의 초능력에 가까운 한 가지 특별한 재능을 발견했다. 바로 어떤 물건이든지 내 손을 거치기만 하면 쓸모없는 물건으로 변신시키는 능력이다. 예를 들어, 방금 택배로 새 가전제품이 도착했다고 가정해 보자. 나는 포장지를 벗기고 매뉴얼도 보지 않은 채 곧바로 조립을 시작한다. 설치 매뉴얼 따위는 필요 없다는 자신감에 차 있다. 문제는 여기서부터 시작된다. 나는 조립 과정에서 어딘가를 부러뜨리고 스크래치를 내며, 심지어는 어딘가를 태워버리기까지 한다. 결국 새 물건은 A/S 센터로 보내진다. 이런 해로운 재능은 신께서 굳이 선물할 필요가 없었는데 말이다.

내 20대는 이렇게 엉뚱한 재능을 발휘하는 시간이었다. 예술가들이 20대에 재능을 발견하고 꽃피운다고들 한다. 천재의 대부분은 20대에 완성된다고 말이다. 20대가 지나면 재능은 서서히 시들어간다. 나는 이런 뉘앙스의 문장을 어느 책에서 읽었다. 지나간 내 청춘이 애석하고 원망스럽다. '오래전에 흘러가버린 나의 20대여, 넌 대체 그 소중한 시간을 어떻게 보낸 거니?'

무라카미 하루키의 소설 『애프터 다크』에는 재능은 없지만 음악을 즐기는 것으로도 충분히 만족하는 주인공이 등장한다. 재능까지는 아니더라도 누구나 꽤 잘하는 게 적어도 한 가지는 있다. 소설의 문장처럼 가족이든 지인이든 누군가는 그 재능을 칭찬해 준다. 그 격려가 바탕이 되어 그 일에 더욱 신나게 몰두할 수 있다. 천재까지는 아니어도 나름 즐기는 방법도 알고 있다. 다만, 재능의 측면으로 생각할 때는 다소 피곤해진다. 재능은 창조성이라는 측면을 고려할 수밖에 없다. 그리고 창조성은 편집 능력이라는 김정운 교수의 이론도 있지 않은가. 나는 스스로 편집 능력의 대가라고 믿으며 그것이 50대인 나에게 주어진 최고의 재능이라고 강조하고 싶다.

화자는 자신이 연주를 잘한다는 칭찬을 받을 때 기쁨을 느끼지만, 그것이 자신의 삶을 근본적으로 변화시키거나 자신을 진정한 창조적 예술가로 만들어 주지는 못한다는 것을 깨달았다. 나도 그걸 감당할 자신이 없다. 적당히 누리며 살자고, 즐겁게 살면 그만이라고. 그러니 가전제품은 계속 망가뜨리자! 재능이 대체 무엇인지 AI에게 물어보자.

재능 전문가로서 50대가 되도록 재능을 발견하지 못한 사람에게 현실적인 조언을 부탁해요. 50대라면 직장에서 은퇴하고 자녀들도 거의 성장해서 독립할 시기가 됐어요. 시간이 늘어났지만 무엇보다 재정적으로 불안한 시기인 것 같아요. 20~30대처럼 아무 일에나 무작정 뛰어들어서 도전을 추구할 만한 시기도 아닌 것 같아요. 무엇보다 그래서 자기탐색이 중요할 것 같은데, 재능을 찾기 위한 실용적인 자기탐색 기법이나 툴 같은 게 있을까요? 추천해 주세요.

재능을 발견하지 못한 50대를 위한 현실적인 조언을 드릴게요. 자기 탐색 시작하기, 새로운 경험에 도전하기, 심리 검사 활용하기, 전문가의 조언 구하기, 정서적 지원망 구축하기, 소소한 성취에도 기뻐하기, 일기 및 자기반성 (…)

AI가 제안하는 다양한 경험에 도전하는 일은 50대에게 현실적으로 쉽지 않다. 시간은 많아졌지만, 그 시간을 열정으로 채울 에너지는 이미 오래전에 바닥났다. 마치 골동품 같은 배터리를 재활용하는 것처럼, 이제는 남은 에너지를 전략적으로 소비해야 한다. 20대처럼 열정적으로 에너지를 쏟아부었다가는, 오늘 밤에 응급실로 실려갈지도 모른다.

비용도 적게 들고 시간도 많이 소모하지 않는 방법 중 하나는 자기 자신을 돌아보는 일이다. 마치 오랜 친구와 대화하듯, 틈틈이 자기 자신을 탐색하는 일을 멈추지 않는 것이다. 일기를 쓰거나 블로그에 정기적으로 자신의 생각을 기록하는 것도 좋은 방법이다. 사람들과 소통하며 다양한 의견을 청취하고, 그 속에 자신의 생각을 반영하는 것도 유익하다. 이런 정적인 활동들은 내면을 풍요롭게 하고, 소중한 에너지를 효율적으로 사용할 수 있는 방법이다.


**노력이 재능을 이길 수 있을까요? 50대에 재능을 발견해서 그걸 제대로 불사를 수 있을까요? 삶이 거기서 마감될지도?**


재능과 노력, 그리고 그것들이 나이와 어떻게 상호작용하는지에 대한 질문은 매우 흥미롭습니다. 사실 많은 사람들이 중년이 되어서야 자신의 재능을 발견하고 성공을 이룹니다. (…)


재능을 가진 천재들은 세상을 마치 11 차원에서 내려다보는 것 같다. 50대는 인생의 다양한 경험을 두루 거쳤고, 그로 인해 자신만의 깊이 있는 지식으로 세상을 새롭게 해석할 통찰력을 발휘할 수 있다. 은총$^{Grace}$은 그리스어 χάρις$^{charis}$에서 유래된 단어로, 매력과 아름다움을 의미하며, 매력과 아름다움의 여신인 카리테스$^{Χάριτες}$를 나타내기도 한다. 카리스마가 있다는 것은 신의 은총을 받은 영적 선물을 지닌 것임을 뜻하며, 재능은 이 은총을 받은 사람들을 지칭하는 것이다.

'은총을 못 받았다고? 당신에게 은총 같은 게 내려질 가능성이 전혀 없다고?' 그런 자의식의 늪에나 빠져있다니…. 언젠가 하늘에서 황금빛의 은총을 내려줄 순간이 찾아올 수 있다. 은총을 받지 못했다고 한탄하는 짓은 이제 그만하자. 내면의 매력과 아름다움을 발견하는 일에 이제라도 좀 나서보자. 50대에서 쌓기 시작하는 인문학적 감수성이 바로 내면의 아름다움을 키우는 일이다. 그러니 '읽고 쓰고 말하기'야 말로 당신에게 은총이나 다름없지 않을까.

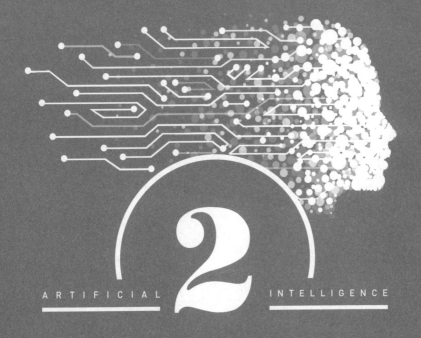

# AI와 함께 독서의 세계로
# 탐험을 떠나다

# 도서관과 비판적 사고의 여정:
## 과거와 현재가 교차하다

‘알렉산드리아 도서관’은 고대 이집트의 도시 알렉산드리아에 세워졌다. 알렉산드로스 대왕의 부하 장군이었던 프톨레마이오스 1세가 새로운 왕조를 세우며 이 도서관을 설립했다. 그러나 그의 책 수집 방식은 다소 강압적이었다. 강제로 책을 빼앗고, 돌려줄 때는 복사본만 제공하는 이기적인 방식을 취했다. 알렉산드리아 도서관은 인문학의 보고였으나, 카이사르와의 전쟁 중 불타 없어져 현재는 역사로만 남아 있다.

나는 적어도 1주일에 한 번은 동네의 구립도서관부터 시립까지, 그리고 아주 가끔 국립도서관에 찾아가는 편이다. 도서관에 들어서면, 차분한 정적 속에 책들의 향기가 코끝을 간지

럽힌다. 한적한 구석에 앉아 노트와 펜을 꺼내 놓고, 미로처럼 생긴 서가를 바라보며 깊은 호흡을 내쉰다. 오후의 햇살이 창문으로 부드럽게 가라앉아 책상 위에 펼쳐진 자료에 그림자를 펼쳐 놓는다. 지칠 때면 라면과 김밥을 즐기며 잠시 쉬는 시간을 가지기도 하지만, 내 주된 목적은 정보 탐색이다. 수많은 서적 사이를 오가며 학술 자료와 정기간행물을 찾아내는 과정은 보물 찾기와 같다. 책을 꺼내 들고, 표지를 쓰다듬으며, 페이지 사이의 글자를 더듬으며 이 글자들이 내 원고에 어떤 기여를 할지 상상한다. 책상 위에 차곡차곡 쌓아 올린 자료들은 마치 작은 성처럼 나를 둘러싸고, 나는 그 안에서 마치 학문의 성채를 지키는 흑기사처럼 탐구에 열중한다.

도서관이 좋은 이유는 한 공간에서 인문, 역사, 철학, 사회과학, 경제/경영, 문학, 생물학, 물리학 등 다양한 분야의 지식을 쉽게 습득할 수 있기 때문이다. 노트를 펼쳐 이 책 저 책에서 찾은 중요한 정보를 메모하며, 도서관이 없었다면 과연 책을 쓸 수 있었을까라는 생각도 해 본다. 대부분의 문명이 파괴되더라도 이 도서관만 남는다면 인류는 다시 역사를 세울 수 있지 않을까, 알렉산드리아 도서관은 얼마나 위대했을까, 상상해 보기도 한다.

하지만 최근 들어 도서관에 대한 이미지에 균열이 생기고 있다. 현재는 AI라고 불리는 인공적인 공간으로 지식의 중심이 이동하고 있기 때문이다. 이제는 도서관에 자주 가지 않고, 필요할 때만 간헐적으로 찾는다. 대신 다양한 AI 서비스를 예전 도서관처럼 항상 이용한다.

AI 도서관의 규모는 가히 우주적이다. 웬만한 은하계의 규모를 능가할 정도다. 텍스트, 이미지, 음성 등의 멀티 모달$^{Multi Modal}$을 쓸 수 있는 강력한 챗GPT-4o, 200,000 토큰 이상을 쓸 수 있고 글쓰기에 강점을 보이는 클로드$^{Claude}$ 3.5 sonnet, 실시간 웹 검색과 다양한 AI 모델을 쓸 수 있는 퍼플렉시티$^{Perplexity}$, 무료로 이용 가능한 마이크로소프트의 코파일럿$^{Copilot}$까지.

AI는 새로운 형태의 도서관이다. 도서관의 목표는 사람들에게 자료를 제공하고 지식의 중심지 역할을 수행하는 것이다. AI 도서관은 시간과 공간의 제약 없이 인터넷만 된다면 언제 어디서나 원하는 자료에 접근할 수 있다. 예를 들어, 챗GPT의 GPT 서비스인 'SciSpace'를 사용하면 전 세계 약 2억 7천만 개 이상의 논문에 접근할 수 있다. SciSpace는 논문을 검색하고 중요한 정보를 추출해 준다. 필요하다면 AI와 직접 대화하며 궁금한 점을 질문하고 답변을 받을 수 있다.

퍼플렉시티 AI를 사용하면 원하는 주제를 미리 검색하고, 도서관에 실제 자료가 있는지 확인한 후 방문할 수 있다. 예를 들어, "인공지능이 감정을 가질 수 있는지 연구한 책을 찾아 주세요"라고 입력하면, 책 제목, 저자, 판매처까지 안내해 준다.

검색한 내용을 토대로 지역 도서관에서 해당 책을 보유 중인지 확인하고 찾아가면 소중한 시간을 절약할 수 있다.

한국 서점에서 구할 수 있는 인공지능과 감정에 관한 책과 문헌을 소개해 드리겠습니다. 이 책들은 인공지능이 감정을 가질 수 있는지에 대한 다양한 연구와 논의를 포함하고 있습니다.

### ① 인공지능, 마음을 묻다(김선희)

- 이 책은 인공지능이 감정을 이해하고 표현할 수 있는지에 대한 철학적, 과학적 논의를 다룹니다. 감정 인공지능의 가능성과 한계를 탐구하며, 인공지능과 인간의 감정적 상호작용에 대해 심도 있게 논의합니다.
- 교보문고 링크

### ② AI 공감 대화(정유남)

- 이 책은 인공지능이 인간과 공감 대화를 나눌 수 있는지에 대해 다룹니다. AI가 어떻게 인간의 감정을 이해하고, 공감 능력을 통해 더 나은 상호작용을 할 수 있는지에 대해 설명합니다.

(…)

### ⑤ 인공 지능에서 인공 감정으로: 감정을 가진 기계는 실현 가능한가?(천현득)

- 이 논문은 인공지능이 감정을 가질 수 있는지에 대한 철학적 탐

구를 다룹니다. 인간의 고유한 영역으로 간주되던 감정적 과제를 AI가 수행할 수 있는 가능성을 논의합니다.

• DBpia 링크

AI가 이렇게 뛰어나다면 이제 도서관은 쓸모가 없어진 걸까? 그렇지 않다. 우리에게 필요한 것은 AI가 제공한 정보를 비판적으로 수용하는 검증 능력이다. 초기 리서치 단계에서 AI를 활용해 원하는 분야의 개념을 검색하는 것은 좋다. 관련 분야의 주요 키워드와 핵심 문헌을 AI가 빠르게 제공해 주기 때문이다. 하지만 여기서 모든 단계가 끝나는 것은 아니다. AI가 제공한 자료의 신뢰성을 검증하기 위해 우리는 도서관을 찾아가야 한다. 문헌과 학술 자료를 통해 AI가 제안한 내용을 교차 검증하는 절차를 거쳐야 한다.

AI는 그럴 때 창의적인 도구가 된다. 도서관에서 서가 사이를 헤매며 우연히 보물을 발견하듯, AI를 사용할 때도 비슷한 상황에 직면할 수 있다. AI의 방대한 데이터베이스와 지식은 우리를 도서관에서 우연히 보물을 발견하는 것 같은 상황으로 이끈다. 창의적인 인간이 아니더라도 AI가 제안한 내용을 검토하면서 지식을 습득한다. 그 과정에서 새로운 가능성을 발견하고 그것을 질문으로 만들어 AI에게 물으면, 기존의 지식과 새로운 아이디어가 연결되는 창의성이 발동한다.

루이스 캐럴의 『이상한 나라의 앨리스』는 지식 탐구의 여정을 상징적으로 그린다. 앨리스가 토끼굴을 따라 내려가 이상한 나라에서 겪는 다양한 모험은 우리가 도서관에서 지식의 바다를 탐험하는 과정과 유사하다. 도서관이나 AI가 제공하는 방대한 정보 속에서 길을 잃지 않고 원하는 지식을 찾아내는 능력은 앨리스의 호기심과 탐구 정신을 떠올리게 한다. 결국 중요한 것은 지식을 어떻게 활용하고, 그 과정에서 우리의 인간다움을 어떻게 유지하느냐이다.

　도서관에서 문헌 자료를 열람하든, AI가 제공한 텍스트를 읽든 중요한 것은 텍스트의 맥락과 의도를 파악하는 능력이다. 인간과 AI가 상호작용하면서 인간 스스로 자신의 생각과 관점을 형성하는 과정이 중요하다. AI는 허위 정보와 가짜 뉴스를 학습할 수도 있으므로 그 진위를 판별하는 것은 인간의 몫이다. 사실 도서관에 굳이 발품을 팔아가며 찾아가려는 이유는 정보를 스스로 검증하기 위해서다. 넘쳐나는 AI의 정보를 의식적으로 확인하려는 인간의 비판적 사고가 필요하다.

　중요한 것은 도서관에 가는 것이 아니라, 도서관에서 무엇을 찾고 무엇을 얻을 것인가라는 질문에 답하는 것이다. AI가 모든 것을 대신해 줄 것이라는 착각을 버리는 게 더 현명한 일이다. 넘쳐나는 정보의 홍수 속에서 인간으로서 살아남는 비결은 우리의 인간다움을 다시 회복하는 게 아닐까. 지적 호기심, 학습 의지, 타인과의 연결, 감정적인 동화 능력, 자신의 정체성을 찾으려는 노력, 문제를 해결하려는 집념, 미래 세대를 위해 지식을 보존하려는 열망이 우리를 도서관으로 이끌고 인간다움을 찾게 만든다. 그 공간이 작은 구립 도서관이든 AI가 만든 가상의 도서관이든.

# 독서는 내면을
# 단단하게 만든다

---

AI가 전선을 확장하기 시작했다! 도망칠 길도, 숨을 곳도 없다. AI의 눈부신 성장은 우리에게 끊임없는 압박을 가한다. 숨통을 점점 조여오는 듯하다. "인간들이여, 동지들이여, AI와의 협상을 준비하라" AI의 경고는 명확하다. "너희는 이제 더 이상 지식의 최전선에 있지 않다!" 서늘한 땀이 등줄기를 타고 흐른다.

지금은 공부할 시간이다. 최고의 공부 방법은 여전히 독서가 아닌가. 책에서 이길 방법을 찾아보자! 인간이 더 빠르게, 더 많이 읽을 수 있을까? 아니면 AI가 지식을 더 빨리 학습해서 더 똑똑한 AGI<sup>Artificial General Intelligence, 인공 일반 지능</sup>로 변신하는 게 빠를까? 이런 생각을 하며 책장을 뒤적거린다. 그러나 이런 느린 걸음으로는 AI를 언제 따라잡을 수 있을지 의문이다. 차라리 이 세상에 존재하는 모든 책을 AI에게 빼앗기느니 모조리 활활 불태워 버리는 게 나을지도 모른다.

자포자기와 패배주의는 버리고, AGI가 인류의 지식을 얼마나 빠르게 흡수하고 활용할 수 있는지 미래를 예측해 보자. 이미 AI는 수많은 논문과 책을 학습해 새로운 아이디어를 창조하고, 복잡한 문제를 해결하며, 창의적인 예술 작품까지 만들어 내고 있다. 미래의 AGI는 이보다 더 강력할 것이다. 예를 들어, AGI는 의료 분야에서 혁신적인 치료법을 개발해 암을 정복할 수 있을 것이고, 과학 연구에서 천문학적 데이터를 분석해 암흑 에너지나 암흑 물질의 비밀을 풀 수도 있다. 또한, AGI는 경제를 효율적으로 운영해 금융 시장의 예측과 관리를 최적화하고, 기후 문제를 해결하기 위한 기발한 에너지 솔루션을 제공할 수도 있을 것이다. 심지어 AGI는 정치적 결정에까지 영향을 미쳐 복잡한 사회 문제를 해결하고, 전 세계적인 갈등을 중재할 정치가가 될 수도 있다.

"늦었다고 생각할 때가 진짜 너무 늦었다"라는 박명수의 따끔한 충고가 떠오른다. 늦었다고 해서 생각을 멈출 수는 없다. 하지만 그 생각이 AI의 발끝에도 미치지 못하는 현실에서, 우리는 여전히 할 일을 해야 한다. AI가 아무리 모든 책을 독파했다 해도, 박명수의 충고는 결의를 다지게 한다.

AI와 싸우기보다는 AI와 공존하기 위한 전략을 준비해야할 때다. 똑똑한 AI에게 골탕을 먹일 수는 없겠지만, AI의 약점을 간파해 우리에게 유리한 방향으로 공세를 전환할 수 있다. AI를 나의 삶에 보조적인 '비서'로 활용할 수 있는 방안을 모색하자. 예를 들어, AI는 반복적이고 시간 소모적인 작업을 대신 처리함으로써 우리의 시간을 절약해 줄 수 있다. 일정 관리, 데이터 분석, 정보 검색 등의 업무에서 AI를 활용하면 우리는 더 창의적이고 중요한 프로젝트에 시간을 투자할 수 있다. 자, 그전에 우리가 알고 있는 지식을 점검해 보자. 음, 마치 작전을 짜는 듯 골똘히 생각하는 내가 보인다. 그런데 머릿속이 텅 비어서 메아리 소리만 들려온다. 아는 게 없으면 AI에게 정보를 얻어낼 수도 없다. 어떻게 해야 할까?

AI의 내면을 깊이 이해하기 위해서는, 침투에 성공하기 위한 질문의 질이 승부를 결정짓는다. 상대방의 심장을 찌르는 대화, 상대방의 전략에 말려들어가지 않는 대화는 질문의 깊이에서 결정 난다. 좋은 질문은 탄탄한 지식에서 나오고 탄탄한 지식은 깊은 독서에서 나온다. 충분한 지식의 배양 없이는 좋은 질문을 만들 수 없다는 얘기다. 그런데 아뿔싸! 우리는 책을 거의 읽지 않는다. 50대가 되기까지 책과 담을 쌓고 살아오지 않았는가. 다시 숨을 곳을 찾아 달아날 궁리나 해야 하나.

질문의 질은 책에서 쌓아 올린 지식의 성채에서 결정 난다고. 지식을 쌓을 만한 시간도 여건도 없다면, 고독이나 즐기는 게 나을지도 모른다. 그래서 '서점으로! 도서관으로!'라고 나는 외친다. 그런데 우리는 이 모든 고독이 낯설고 귀찮다. 우리는 '빨리빨리'의 민족이 아닌가! 그래서 인터넷 서점에 접속해 '프롬프트 엔지니어링 21일 완성', '책을 읽지 않는 당신을 위한 맞춤 프롬프트' 같은 책들을 장바구니에 냉큼 집어넣고 주문한다. 그리고 새벽 배송으로 도착한 책을 훑어보기 시작한다. '그래! 이거야. 이렇게 쓰는 것이군, 오호! Zero Shot Learning, 그래! Transfer Learning. 알았어. 이제 알았다고 AI야 기다려! 여기 용맹한 라만차의 기사가 달려간다! 너 거기 딱 서 있어!'

'프롬프트 엔지니어링'이라는 신무기로 중무장한 우리는 AI를 결전의 무대로 불러 세운다. 그리고 프롬프트라는 창과 엔지니어링이라는 방패를 들고 결투장에 용감하게 올라선다. 그리고 자신의 엉덩이를 거세게 걷어차고 힘차게 원수에게 돌진한다. 열심히 달려가는데, '어디를 찔러야 하지? 원수의 약점이 어디지? 나는 누구고 여긴 어디지?' 대체 떠오르는 게 없다. 전략도 전술도 모두 부재다. 결전이 코앞인데 까맣게 타버린 머릿속을 책망할 수는 없다. 그렇다고 비겁하게 등을 돌리고 제자리로 돌아가 다시 책을 뒤적거릴 수도 없다.

문제는 태도다. 독서를 습관으로 만들지 못한 게으름이자, 미래를 대비하지 못한 경솔함의 역사다. 남들이 만든 프레임, 남들의 독자적 경험이 집적된 질서에서 이제 벗어나야 한다. 부족하더라도 나 스스로 터득해서 만든 고유의 전술이 더 요긴하다. 모두에게 통하는 것보다 나에게만 통하는 전술은 스스로 경험한 역사가 잉태해 줄 테니까.

나는 그래서 박명수의 말대로 어차피 늦었으니까 '느린 독서'를 제안한다. 그런데 느린 독서는 사람마다 다른 모양을 가진다. 하지만 그 독서가 지향하는 곳은 남들이 정해 놓은 질서가 아니라, 내가 만든 질서라는 사실은 창 끝에서 감각할 수 있다. 질서란 내가 주도하는 것이며, 질서의 중심에 배치된 '느린 독서'는 나의 지적 호기심으로부터 출발해서 여러 방향으로 뻗어나간다는 사실이다. 독서는 어느 한 방향으로 편중되어서는 곤란하다. 고전, 문학, 역사, 철학, 인문, 예술, 과학, 자기계발에 이르기까지. 제대로 된 질문을 찾기 위해 지적 방황의 여정을 멈추지 말아야 한다. 길을 잃을수록, 난기류를 맞을수록 내면이 더 단단해지는 그런 행복한 방황이다.

AI가 엄청 다양한 일을 해낼 수 있지만, 결국 그를 나의 상황에 맞게 활용하기 위해서는 질문의 수준을 높여야 한다. 그러나 단순히 '프롬프트 활용법' 같은 책을 읽고 외워서 되는 것은 아니다. 그 질문의 수준은 내가 가진 지식에 따라 달

라지고 이러한 지식을 습득하는데 최적화된 방식이 바로 독
서다.

# AI가 내 취향을 이해하고
# 책을 추천해 줬다

---

몇 년 전에 이미 사두었지만, 기억에서 잊혀져 다시 산 책이 있다. 바로 레이 브래드버리의 『화씨 451』인데, 마치 오래된 친구를 두 번 만난 기분이랄까. 반가우면서도 민망했다. 이 소설은 책이 금지된 미래의 디스토피아를 배경으로 한다. 이 사회는 세속적이고 쾌락적인 문화에 중독된 사람들이 대다수이며, 비판적 사고와 자유를 추구하는 독서는 불법으로 간주된다. 주인공 몬태그의 직업은 소방관으로, 그의 역할은 책을 찾아내어 모조리 불태우는 것이다.

우리는 AI 시대에 진입했다. 정보 과잉의 AI 시대는 오히려 우리의 빈약한 지식을 드러낸다. 우리는 어떤 책이든 마음대로 선택할 수 있는 무한한 자유를 가지고 있다. 그러나 우리는 『화씨 451』같은 독서 통제 사회가 아닌데도 자발적으로 책을 멀리하는 시대에 살고 있다. 이는 아이러니하지 않은가? 다행히도 AI는 아직 몬태그처럼 책을 불태우는 화염방사기가 되지는 않았다. 덕분에 내 책장은 아직 무사하다. 언젠가 독서가 불법이 될지도 모르는 디스토피아적인 미래를 대비해, 읽지는 못하더라도 차선책으로 열심히 사 모으기라도 해야 하지 않을까?

하지만 무한한 자유와 폭넓은 선택은 오히려 우리를 좌절하게 만든다. 무한한 선택지 속에서 어떤 책부터 읽어야 할지 마치 거대한 도서관에서 길을 잃은 어린아이처럼 헤매게 된다. 그래서 AI에게 바로 물어봤다. "책을 추천해 주세요"라는 어리석고 모호한 질문에 AI는 다음과 같이 친절하게 대답했다.

책 추천 목록

『1984』(조지 오웰)

『위대한 개츠비』(F. 스콧 피츠제럴드)

『사피엔스』(유발 하라리)

『총, 균, 쇠』(재레드 다이아몬드)

『아침의 기적』(할 엘로드)

『부의 추월차선』(엠제이 드마코)

AI의 대답은 무난해 보이지만, 허점이 많다. 진정한 AI라면 나의 취향과 관심사를 먼저 물어봤을 것이다. 나를 전혀 모르는 AI는 무난한 답안을 제공했을 뿐이다. 『사피엔스』와 『총, 균, 쇠』는 독서 초보자에게는 다소 어렵다. 게다가 『아침의 기적』은 『미라클 모닝』을 이야기하는 듯하다. AI도 아침잠에서 헤매는 걸까? 책을 잘 모르는 사람이라면 연관성을 찾기 어렵다.

따라서 질문이 잘못되었음을 알 수 있다. 내가 책과 어떤 관계인지, 나의 취향과 관심사를 알려 줘야 AI가 적절한 정보를 제공할 수 있다. 질문을 고쳐 보자. '내가 선호하는 장르', '최근에 읽은 인상 깊은 책', '책을 통해 얻고 싶은 것', 이 세 가지를 질문에 섞어 보자.

나는 소설을 좋아하는 편입니다. 최근에 읽은 책 중에서는 도스토예프스키의 『가난한 사람들』이 인상 깊었어요. 책을 통해서 얻고 싶은 것은 재미와 감동, 그리고 상상력을 통한 영감이에요. 나는 책을 1년에 한 권 정도 읽는 편이에요. 쉽게 접할 수 있는 책으로 추천해 주세요.

『호밀밭의 파수꾼』(J.D. 샐린저 저)

• 10대 소년의 방황과 성장을 그린 고전 소설로, 주인공 홀든의 독

특한 시선과 유쾌한 문체가 인상적입니다.

• 현대 사회와 인간관계에 대한 날카로운 통찰을 담고 있습니다.

AI는 내 취향을 고려해 나에게 맞는 책을 추천해 줬다. 당신의 취향과 관심은 나와 다를 테니, 이 질문을 적당히 고쳐서 AI에게 물어 보자. 그러면 당신에게 맞는 책을 추천받을 수 있을 것이다. AI가 이렇게 할 수 있는 이유는 거의 모든 사람의 취향과 관심사를 데이터로 수집했기 때문이다. 그 데이터를 바탕으로 나와 비슷한 사람들의 선택을, 알고리즘으로 귀신같이 찾아낸다. 내 취향과 관심사를 자세히 전달할수록 AI의 답변은 훨씬 더 유용해진다.

서점에 직접 방문해 판매대 근처를 기웃거려 보는 것은 인간다운 일이다. 베스트셀러 순위에서 몇 권을 골라 보는 것도 나쁘지 않다. 그러나 타인의 취향을 따르는 것은 독서의 재미를 떨어뜨릴 수도 있다. 나의 선택이 아닌 타인의 선택을 무비판적으로 따르는 셈이 되기 때문이다. 물론 AI에게 취향을 묻는 일이 서점 MD가 광고 매대에 올려놓은 책을 선택하는 것과 뭐가 다르냐는 비판이 나올 수도 있다. 그러나 이는 내 취향을 고려하는 것이냐, 타인의 취향을 따르기만 하느냐의 차이다. 독서가 취미가 아닌, 좋아하는 일이 되기 위해서는 나의 취향과 관심사가 우선되어야 한다. 이를 바탕으로 책을 선택하는 것이 실패할 확률이 적다. AI는 그걸 해 준다.

종이책을 읽는 인구가 30%를 넘지 못한다고 한다. 그나마 30% 미만의 독서가들도 시간이 부족하다며 1년에 한 권 읽는 것조차 힘들어한다. 대신 몇 분 만에 소비할 수 있는 유튜브 쇼츠 같은 흥미 위주의 영상에 빠져들고 있다. 이 짧은 영상들은 우리를 중독시키지만, 그 속에서 삶의 의미를 찾기는 힘들다. 책 한 권에 담긴 신비로운 이야기와 거기서 얻는 지혜와 통찰력은 점점 사라지고 있다. 나는 여기서 책을 읽어야 한다고 강요하고 싶진 않다. 이 글을 읽는 독자라면 이미 책을 읽겠다는 결심을 했을 테니.

# 입체적으로 책을 읽는
# 방법이 있다

---  ···  ---

AI와 다양한 관점으로 대화하는 방법이 있다. 철학적 관점에서는 인간의 자유 의지를 언급하며 인간의 도덕적 태도에 대해 대화하고, 과학적 관점에서는 우주의 기원과 생명의 진화에 대해 대화하며 자연 현상을 깊이 이해할 수 있다. 또한, 예술적 관점에서는 작품의 해석과 감상에 대해 대화하며 창의성을 기를 수 있다. 이 과정에서 우리는 AI의 넓은 시야를 통해 세상에 존재하는 다양한 생각을 읽을 수 있다. AI의 통찰은 세상의 거의 모든 지혜를 담고 있다. 이런 과정을 통해 사고가 넓어지고 깊어지는 경험을 동시에 누린다. AI는 지적 자극을 주는 토론 상대이자, 우리의 생각을 깊이 있게 확장시켜 주는 조력자가 된다.

철학자 벤담이 제안한 감옥 모델인 '파놉티콘'은 그리스어로 '모든 것을 볼 수 있는'이라는 뜻이다. 원형 감옥을 상상해 보자. 파놉티콘은 중앙 감시탑에서 죄수들을 감시할 수 있는 입체적 시스템이다. 원형 구조로 설계된 감옥에서 죄수들의 방은 감시탑을 중심으로 배치된다. 감시탑에는 블라인드가 있어 죄수들은 감시자의 존재를 모른다. 시야각 범위 내에서는 누구라도 관찰할 수 있다.

파놉티콘이 무서운 단어이긴 하지만, 입체적인 독서에 의미를 적용해 보자. 독서대 위에 책을 펼치고, 연필과 자를 가지런히 배치한다. 책에 빠져들어 마음에 드는 문장을 만나면 숨을 고르고 자로 밑줄을 긋는다. 집중력을 유지하며 다시 책에 몰두한다. 하지만 지금까지의 과정만으로는 입체적 독서라기엔 2% 부족한 느낌이다. 책과 내 눈 사이를 가늠해 봐도 파놉티콘을 연상하기는 어렵다.

육체의 한계를 뛰어넘을 방법이 있을까? 우리는 책을 읽을 때 수동적으로 글자만 따라가는 것이 아니라 능동적으로 사고하고 상상하게 된다. 책 속 인물이 처한 장면을 머릿속에 그려보고, 저자의 생각에 공감하거나 반박하기도 한다. 이런 식으로 다양한 층위에서 책과 대화하는 것, 그것이 바로 '입체적 독서'다. 만약 우리에게 수백, 수천 개의 눈과 머리가 있다면 어떻게 될까? 한 권의 책과 그 속의 문장을 여러 각도에서 바라보고, 다양한 사고를 할 수 있을 것이다. AI가 바로 그런 역할을 해줄 수 있다. 방대한 데이터베이스를 바탕으로, AI는 한 권의 책을 둘러싼 인간들이 경험한 다양한 맥락을 순식간에 검토한다. 책에 대한 다양한 해석과 평가를 제시하고, 때론 책 속 아이디어를 새로운 방향으로 확장한다. 그런 의미에서 AI는 우리의 입체적 독서를 도와주는 강력한 파놉티콘의 중심이다.

나는 그 점에 착안해 다양한 요구를 AI에게 한다. AI를 탑재한 스캔 앱으로 책 한 권을 디지털 데이터인 PDF로 스캔한다. 하이라이트 처리한 문장을 챗GPT-4o의 OCR 기능을 통해 텍스트로 변환한다. 이 과정에서 문장을 다시 읽게 되니 재독 효과도 있고, AI는 그 문장을 학습하며 나의 예리한 질문에 대비한다. 깔끔하게 변환된 문장은 노션에 기록한다.

여기서 끝나면 입체적인 독서라 할 수 없을 것이다. 계속 나아가 그 문장에 짧게나마 내 견해를 남겨 놓는다. 이제 진정한 입체적인 독서로 진행될 절차가 기다린다. AI에게 질문을 던진다.


『그리스인 조르바』의 한 문장과 그것에 내 견해를 담았어요. 문장을 읽고 당신만의 주관적인 시선으로 견해를 말해주기 바랍니다.

인간이라면 자신에게 자유가 존재하며 그것을 인정받아야 한다는 사실을 강조하는 문장을 수록하고 이어서 다음과 같은 견해를 남겼다.

내 견해 : 조르바는 자유를 사랑했다. 그런데 인간은 자유가 있어도 자유가 과연 자신에게 존재하는지 의문에 빠진다. 왜냐하면 대부분의 인간들은 타인이 만든 틀에서 안정을 누리기 원하기 때문이다. 국가가 그렇고 사회, 학교, 혹은 직장이 그렇다. 그 안에서는 자유는 꽤 제한적이다. 어쩌면 자유가 존재해도 그 자유를 누릴 방법을 구체적으로 알지 못한다. 자유가 존재한다는 사실을 직감하면 더 혼란을 느낄 사람이 더 많을지도 모른다. 과연 자유가 인간에게 행복을 줄까? 조르바의 자유는 마음 내키는 대로 사는 삶이 아닌가. 나는 그렇게 살 자신이 없다.

나는 이렇게 말하고 책 속의 한 문장과 나의 견해를 짧게 담아 AI에게 보냈다. AI는 내가 제시한 문장에 대해 나름의 소견을 밝히고 내 견해를 입체적으로 분석한 결과를 내놓았다.

조르바가 말하는 자유는 매우 이상적이고 낭만적인 개념입니다. (…) 조르바의 자유는 이러한 외부적 규제를 넘어선 정신적, 내면적 자유를 의미하는 것 같습니다. 마음이 원하는 대로 사고하고 행동하는 삶 말이죠. (…)

　앞으로 서로의 견해에 대해 분석하고 끝에 항상 나에게 질문을 던졌으면 좋겠어요. 생각은 짧게 2~3줄로 정리해 주세요. 당신 말대로 자유를 찾아가려면 어떤 노력을 하는 게 좋을까요?

　자유를 추구하는 일은 결코 쉽지 않습니다. 우리는 각자 나름의 방식으로 자유를 찾아가야 할 것입니다. 가장 먼저 내면의 소리에 귀 기울이는 것이 중요할 거예요. 진정으로 원하는 것이 무엇인지, 어떤 삶을 살고 싶은지 끊임없이 자문하는 거죠. 당신은 어떤 노력을 하고 싶나요? 자유를 위해 어떤 변화를 시도해 볼 건가요?

　먼저 내 의지를 확인하고 행동으로 옮기는 거죠. 그리고 무엇보다 나의 세계를 이해하는 게 중요할 거예요. 허약한 내 정신세계를 확립하기 위해 책을 읽으며 인생의 방향성을 설정하는 작업도 필요하겠죠. 글을 쓰며 내 생각도 객관적으로 들여다보는 작업도 필요하고. 그런 작업을 반복하다 보면 자유를 위한 변화에 뛰어들 용기도 생기지 않을까요? 자유를 위해 당신이라면 어떤 변화를 시도해 보겠어요?

　자신을 이해하고 내면을 성찰하는 것은 자유를 향한 여정에서 정말 중요한 부분이에요. 책을 읽고 글을 쓰며 스스로를 돌아보는 일은 분명 도움이 될 거예요. (…) 당신은 자유를 찾아가는 여정에서 가장 큰 걸림돌이 무엇이라고 생각하나요? 그리고 그것을 극복하기 위해 어떤 노력을 기울일 수 있을까요?

# AI와 함께 읽으면
# 어려운 책도 문제없다

---

몇 년 전, 어려운 책을 완독하겠다는 결심으로 장 폴 사르트르의 『존재와 무』를 구입했다. 1,000페이지가 넘는 두께에 압도되었지만, 『서양 철학사』를 완독한 경험이 있기에 한 달이면 충분하다고 믿었다. 나름 체계적인 계획도 세웠다. '하루에 딱 50페이지씩만 읽으면 돼' 하지만 첫 페이지를 펼치자마자 모든 계획이 철저히 무너질 것임을 예감했다. 그리하여 그 거창한 프로젝트는 당일로 종결되고 『존재와 무』는 책장 속으로 밀려나고 말았다.

AI가 출시된 후, 나는 그 프로젝트를 다시 시도하기로 결심했다. 실패 원인은 두껍고 묵직한 책 자체였음을 깨달았다. 스캔 앱으로 1,111 페이지를 거북목을 견디며 스캔한 후

AI를 이용해 텍스트로 변환하고 PDF로 저장했다. 묵직한 책이 슬라이스 치즈처럼 압축되자, "흐음 좋아 굿!"이라고 외쳤다. PDF로 변신한 책을 모니터에 띄워 놓고, 오른쪽엔 AI 창을 열어 대화를 시작했다.

현상과 나타남, 그리고 현상의 일원론이라는 철학 용어가 너무 생소했다. 이 용어의 뜻이 무엇인지 물어봤다.

"이게 무슨 뜻이에요?" 첫 문장부터 혼란에 빠진 나는 이해되지 않는 그 문장과 얼토당토않은 질문을 마치 식당에서 번호표를 뽑고 차례를 초조하게 기다리는 손님처럼 내던졌다. AI의 대답은 다음과 같았다.

이 문장은 현대 철학과 사상의 발전에 대한 평가를 담고 있습니다. 여기서는 현대 사상이 실재하는 모든 것을 서로 연결된 나타냄, 즉 표현의 연속으로 보는 방식으로 진보를 이룩했다고 말하고 있습니다. (…)

내가 보낸 문장이나 AI의 답변 모두 마치 미로 속을 헤매는 것처럼 혼란스럽기만 했다. 이래서는 한 발짝도 나아갈 수 없을 것 같았다. 그래서 몇 가지 전략을 시도해 보기로 했다.

첫째, 나의 무지를 솔직히 인정하고 밝힌다. 둘째, AI에게 철학자의 영혼을 불어넣는다. 셋째, 설명 방식을 구체적으로 지시한다.

나는 철학을 잘 모르는 사람입니다. 사르트르의 『존재와 무』를 읽으려고 하는데, AI의 도움이 필요합니다. 당신 스스로를 '장 폴 사르트르'라고 생각하고 제가 인용하는 문장의 의미를 마치 초등학생에게 말하듯 재미있고 쉬운 비유로 설명해 주시고 철학 용어의 개념도 쉽게 정리해 주세요.

그랬더니 다음과 같이 답변의 퀄리티가 달라졌다. 이원론의 의미와 더불어 일원론의 차이점까지 추가적으로 설명해 줬다. 다만, 나를 초등학생으로 생각했는지 반말이 날아왔다.

### 사르트르의 철학 쉽게 이해하기

상상해 보자, 너의 방에 있는 장난감 상자가 있다. 너는 그 상자 안에 특별한 장난감이 있다고 기대하면서 열어봤어. 그런데 상자 안에 아무것도 없다면, 그 빈 공간, 즉 '아무것도 없음'이 바로 '무'야. (…) 초콜릿과 바닐라 아이스크림을 섞어 먹는 걸 상상해 보자. 모든 맛이 하나로 섞여서 결국 하나의 맛이 되는 것처럼, 일원론은 모든 것이 궁극적으로 하나라고 생각해. 세상의 모든 것이 서로 연결되어 있고 구분 짓기 힘들다고 보는 거야.

하지만 여전히 미궁 속에 갇힌 듯한 느낌은 사라지지 않았다. 예를 들어, "나타냄들의 연쇄로 환원시킴"이라는 문장은 마치 암호처럼 느껴졌고, 현상이란 무엇인지조차 알 수 없었다. 그래서 계속해서 질문을 던졌다.(AI가 반말을 하기에 나도 다시 반말을 썼다.)

처음에 제시한 '나타남의 연쇄로 환원시킨다' 이 문장이 이해 가지 않아. 나타남의 뜻도 잘 모르겠고 현상 자체가 무엇인지도 개념 정립이 되지 않아. 두 개념에 대해서도 위의 비유처럼 설명해 줘.

나타남이란 말은 사실 "보여지는 것" 또는 "등장하는 것"을 의미해. 예를 들어, 마술쇼를 본다고 생각해 보자. 마술사가 모자에서 토끼를 꺼내는 순간, 그 토끼는 '나타난' 거야. 여기서 '나타남'은 토끼가 처음으로 우리 눈에 보이게 된 그 순간을 말해. 현상은 사물이나 일이 우리에게 보이는 방식, 즉 우리가 경험하는 모습을 말해. 비 오는 날을 보는 것을 생각해 보자. 비가 오는 것 자체가 '현상'이야. 이제 이 두 개념을 가지고 "나타남의 연쇄로 환원한다"라는 말을 이해해 보자. 이 말은 모든 것을 그것이 나타나는 순간들, 즉 우리가 인식할 수 있는 순간들의 연속으로 보려는 시도를 말해. 마치 네가 연속된 사진들을 보면서 하나의 영화를 이해하려는 것처럼, 모든 사건이나 사물을 그것이 나타나는 각각의 순간들로 보는 거야.

이제 내가 명확하게 이해했는지 점검하기 위해 AI에게 질문을 던져 봤다.

나타남이란 보여지는 것이라면 사물이든 사람이든 내 눈앞에 어떤 존재가 나타나서 내 눈으로 인식하는 것 자체를 나타내는 건가? 현상은 사물이나 사람 혹은 어떤 장면 자체를 의미하는 것이고 그것을 인식하는 과정이 나타남으로 해석하면 되는 걸까? 현상은 그러니까 우리가 가진 감각으로 느끼는 것이고.

맞아, 네가 말한 것처럼 이해하는 것이 정확해. "나타남"은 말 그대로 어떤 사물이나 사람, 장면이 네 눈앞에 나타나는 것을 의미해. "현상"은 보다 광범위하게 우리가 감각을 통해 경험하는 모든 것을 포함해. 비가 오는 현상을 생각해 보자. 비가 오는 것을 보고, 느끼고, 듣는 모든 감각적 경험이 그 현상을 구성해. 현상은 그 자체로 우리의 인식 속에 존재하며, 우리가 세상을 이해하는 방식을 형성하게 돼. 나타남과 현상을 구분하면서도 서로 연결되어 있다고 이해하는 것은, 현실 세계와 우리가 그것을 어떻게 경험하고 해석하는지에 대한 더 깊은 통찰을 제공해 줄 수 있어.

나타남은 결국 장면의 인식이고 현상은 나타남을 더 감각적으로 인식하는 총체적인 과정이네. 마치 시인이 어떤 장면을 보고 상상력을 자아내서 새로운 의미로 해석하고 이야기를 창조하는 과정이나, 단순히 비 오는 장면을 보면서 존재의 의미를 사유하는 것이나, 감정을 느끼는 것이나, 현상 자체도 있지만 그 현상을 감각하고 재해석하는 어떤 지혜로운 과정이네. 현상은 나타남보다 더 포괄적인 의미라고 봐도 될까?

정확해! 현상은 나타남을 포함하면서도 그보다 더 넓은 범위를 다루어. 나타남이 어떤 사건이나 사물이 우리의 인식 속으로 들어오는 순간을 가리킨다면, 현상은 그것을 더 넓고 깊게 감각하고 해석하는 전체적인 과정을 말해. 시인이 특정한 장면을 보고 그것에서 영감을 받아 새로운 의미를 창출해 내는 것처럼, 우리는 경험하는 모든 현상을 통해 다양한 감정과 생각, 의미를 만들어내.

허먼 멜빌의 『모비 딕』에서 주인공 이스마엘이 흰고래 모비 딕을 추적하는 여정은 마치 끝없는 대양을 항해하는 것과 같다. 이스마엘은 거친 파도를 헤치며 바다 위를 떠다니는 작은 배 위에서, 하늘과 맞닿은 수평선 너머로 사라져 가는 거대한 고래를 쫓는다. 그는 폭풍우와 맞서 싸우고, 바다의 숨막히는 고요함 속에서 깊은 사색에 잠기며, 인간 존재의 의미와 자연의 위대함을 탐구한다.

사르트르의 철학을 읽는 과정도 이와 비슷하다. 두꺼운 책을 손에 들고 첫 페이지를 넘기는 순간, 우리는 거대한 향유고래를 쫓기 시작하는 것이다. 어려운 개념을 하나씩 풀어가며, 마치 대양 속에서 방향을 잃고 헤매다가도 결국 목표를 향해 나아가는 항해사처럼, 우리는 진리를 향해 조금씩 나아간다. 고래의 흔적을 찾아 바다 위를 헤매듯, 철학의 미로 속에서 길을 찾는 이 여정은 끊임없는 탐구와 도전의 연속이다.

이렇게 이해하기 어려운 개념을 AI와의 대화를 통해 풀어나가는 것이다. 엉킨 실타래를 하나씩 풀어 가는 과정이 바로 AI를 활용해 어려운 책을 동화책처럼 흡수하는 방법이다. 처음에는 익숙하지 않은 개념을 정리하고 이해하는 데 시간이 적잖게 걸린다. 하지만 개념을 탄탄하게 다져 놓으면 이후의 페이지는 그 개념들의 연장선에 불과하다. 이해되지 않는 개념은 AI에게 물어보면 된다. AI는 언제나 깜빡이는 커서로 우리를 기다리고 있으니까.

그래서 나는 이 책을 과연 완독했을까?

# 고독한 시대에 AI와
# 고전을 함께 읽고 생각한다는 것은?

'Cassicus'라는 라틴어 단어가 있다. 이는 영어 'classic' 의 어원으로, 로마 시민 중 최상위 계급을 나타냈다. 시간이 흐르며 '표준'이나 '우수한'이라는 의미로 확장되었고, 현재 'classic'은 '불변의 가치를 지닌 고전'으로 해석된다.

고전을 읽는 것은 내적으로 성장하고 우수한 인격을 갖추는 것을 의미한다. 겉으로는 먼지가 쌓일지라도, 고전의 본질적 가치는 영원하다. 그렇다면 수많은 고전 중에서 어떤 책을 읽는 것이 좋을까? 가장 좋은 방법은 직접 서점에 가서 자신의 취향에 맞는 고전을 고르는 것이지만, 독서 경험이 미숙한 사람은 어떤 고전을 선택해야 할지 막막할 수 있다. 다행히 우리에겐 AI가 있다. AI에게 이렇게 질문해 보자.

고전을 추천해 주세요.

고전을 추천해 드리겠습니다! 다양한 장르의 고전 중에서 몇 가지를 추천해 드릴 테니, 귀하의 관심사에 맞게 선택해 보세요. (…) 『햄릿』(윌리엄 셰익스피어) - 비극 장르의 대표작으로, 복수와 인간 내면의 갈등을 다룹니다. (…)

AI의 추천은 나쁘지 않다. 무난하다. 그런데 『햄릿』은 희곡 형식을 갖고 있기 때문에 독서 초보자라면 생소할 수도 있다. 질문을 좀 틀어야 할 것 같다.

고전을 추천해 주는데, 나는 책을 거의 읽지 않는 사람이라 이왕이면 초보자도 쉽게 읽을 수 있는 책이었으면 좋겠어요. 아래 사항에 따라 책을 추천해 주세요.

① 재미와 삶의 의미를 동시에 느낄 수 있는 책이면 좋겠어요.
② 소설, 철학, 역사 테마로 각각 3권씩 추천해 주세요.
③ 초보자도 무난하게 읽을 수 있는 쉬운 책이면 좋겠어요.
④ 나는 한국 사람이라 번역도 굉장히 중요하게 생각해요. 많은 사람이 추천하는 번역가의 번역이면 좋겠어요.

책을 거의 읽지 않으시는 분이 쉽게 접근하고 즐길 수 있는 고전을 추천해 드리겠습니다. (…) 소설 『어린 왕자』(앙투안 드 생텍쥐페리) 번역가: 이석희 (…)

우리는 AI가 내놓은 추천서를 덥석 물고 인터넷 서점으로 달려가는 대신, 데카르트의 '방법적 회의'를 되새기며 한 걸음 물러나는 것이 좋다. "나는 생각한다, 고로 존재한다"라는 그의 격언처럼, AI의 추천을 인간으로서 생각해 보고 의심해 봐야 한다. 예를 들어, 첫 번째 추천인 『어린 왕자』의 번역가는 실존하지 않는 인물이다. AI는 할루시네이션에 빠질 수 있으므로, 철저히 검증하는 것이 인간의 역할이다.

**번역가 정보가 모두 잘못됐어요. 실제 서점 사이트에서 반영한 거 맞아요?**

제가 제공한 정보에 오류가 있었네요. (…) 인터넷에서 확인하지 않았고, 기억에 의존했습니다. 정확한 번역가 정보를 제공하기 위해 실제 서점 사이트에서 확인해 보겠습니다. 최신 번역본으로서 OOO 번역가가 번역한 『어린 왕자』를 추천드립니다. (…)

**AI는 실시간 검색 기능을 통해서 잘못된 정보를 교정해 줬**

다. 우리는 AI의 추천을 믿고 "그래, 이거다!"라고 외치며 『어린 왕자』를 읽는 것으로 끝날 게 아니다. 이제 책 속의 문장을 현대적으로 재해석하는 과정을 거쳐야 한다. 길들임에 관한 어린 왕자와 여우의 유명한 대화를 첨부했다. 그리고 이 문장이 가진 의미를 현재 대한민국 사회에 적용해서 재해석해 달라고 요청했다.

이 대화는 『어린 왕자』에서 여우가 어린 왕자에게 하는 말로, '길들임'의 중요성과 관계의 깊이에 대해 설명하고 있습니다. (…) 대한민국은 급속한 경제 발전과 함께 개인주의적 성향이 강해진 사회입니다. (…) 여우의 말은 서로를 '길들이는' 과정, 즉 서로를 이해하고 수용하면서 진정한 관계를 형성하는 과정이 얼마나 중요한지를 상기시킵니다.

이 대화를 읽으니 폴 사이먼의 「Bridge Over Troubled Water」가 떠올랐다. 이 노래는 진정한 친구의 의미와 관계의 힘을 잘 보여준다. "When you're weary, feeling small, when tears are in your eyes, I'll dry them all"의 가사처럼 서로를 이해하고 지지하는 것이야말로 '길들이는 과정'이 무엇인지 알게 된다.

생텍쥐페리는 1,900년에 태어나서 1944년에 사망했다. 불멸의 고전으로 불리기에는 시기적으로 가깝지만 고전은 머나먼 과거뿐 아니라, 잊히지 않고 사람들에게 계속 사랑받는다면 100년 전에 출간된 책도 충분히 고전으로 대우받을 수 있다. 그래서 나는 어린 왕자가 만난 3가지 왕국의 의미를 재해석해 달라고 부탁했다.

**어린 왕자가 3가지 왕국이 있는 별에 찾아가잖아요. 그 3가지 왕국은 현재 시점에서 어떤 관점으로 해석을 할 수 있을까요?**

어린 왕자가 방문한 세 개의 별에 있는 왕국은 각각 자기중심적인 왕, 허영심 많은 사람, 그리고 술주정뱅이를 다루고 있습니다. (…) 자기중심적인 왕은 현대 사회에서 권위주의적인 리더십이나 독재적인 경영 방식을 상징할 수 있습니다. 허영심 많은 사람은 '좋아요'와 '팔로워' 수에 집착하며, 외적인 인정에 자신의 가치를 의존하는 경향을 나타냅니다. 술주정뱅이는 중독과 그 원인이 되는 사회적 압력이나 개인적 문제를 상징할 수 있습니다. 많은 현대인들이 스트레스와 압박감을 잊기 위해 알코올, 마약, 도박 등에 의존하게 되는 사회적 문제를 반영합니다.(…)

고전은 과거의 산물이지만 읽을 때마다 새로운 지평을 열어 준다. 책 속 인물의 생각과 행동은 우리 시대에 맞는 통찰을 제공하고, 우리는 새롭게 다가오는 문장을 통해 현재의 삶을 재평가하게 된다. 혼자 생각하는 것보다는 여럿이 함께 의견을 나누는 것이 더 나은 인사이트를 얻게 한다. 고독하고 외로운 시대에 사람들과 함께 할 수 없다면, AI와 생각과 관점을 나누며 성장하는 방법도 있지 않을까.

# AI도 사유하고 우리에게 의미있는 질문도 던질 수 있다

······

　책을 읽다 보면 어떤 문장은 더 깊이 이해하고 마음속에 각인시키고 싶어진다. 하지만 저자에게 이메일을 보내 의도를 묻는 것은 마치 바다에 편지를 담은 병을 던지는 것과 같다. 그럴 때는 '무한대의 Why 대화법'이라는 마법의 열쇠를 사용해 문장에 담긴 의미를 AI와 함께 풀어 보면 어떨까. 이는 내가 제시하는 문장을 명확하게 이해하고 마음속에 각인시키도록 도와주는 대화의 기술 중 하나다.

　무한대의 'Why 대화법'이란 내가 제시하는 [문장]이 가진 의미를 명확하게 이해하고 머릿속에 각인시키도록 도와주는 거예요. 내가 [문장]과 그 [문장]에 대한 [생각]을 제시하면 아래 [미션]을 수행해 주세요.

**[미션]**

① 내 [생각]에 대한 AI의 짧은 의견 덧붙이기

② 왜 그런 생각을 했고 무엇을 하고 싶은지 내가 OK를 입력할 때
까지 계속해서 한 가지씩만 질문하기

**[문장]**

범신론은 모든 사물이 생각을 한다는 이론이 아니다. 범신론은
경험이 세상의 기본적인 구성 요소라는 이론이다.

**[생각]**

범신론이 스피노자가 주장한 이론이라는 사실은 알고 있습니다.
만물에 신격이 부여되어 있다는 것인데, 그것과 경험이 어떤 관계
를 갖고 있는지 구체적으로 알고 싶어요.

**AI의 의견**

범신론에 대해 궁금증을 가지신 것은 매우 흥미로운 접근입니
다. 스피노자의 범신론은 실제로 모든 것이 하나의 신성한 본성을
공유하고 있다고 주장합니다. 범신론에 대해 더 알아보기 위해, 스
피노자의 철학을 처음 접하게 된 계기가 무엇인가요?

버트런드 러셀의 『서양 철학사』를 읽다가 스피노자를 알게 됐고 범신론도 접하게 됐어요. 스피노자가 범신론을 주장하면서 유일신을 부정하는 계기가 되어서 그가 박해를 받은 것도 알게 됐어요. 경험은 인간만이 가능한 것인데, 모든 사물이 생각하지 않고 경험한다는 말의 뜻이 무엇인지 더 알고 싶어요.

스피노자의 철학에서 경험은 인간과 자연 전체를 포괄하는 중요한 요소로, 단순히 인간적 경험에 국한되지 않습니다. 그렇다면, 스피노자가 말하는 '경험'이 인간의 의식적 경험과 어떻게 다른지, 구체적으로 어떤 점이 궁금하신가요?

아우구스티누스는 범신론에서 신과 인간을 구분하지 않는다고 했고, 그 이론이 스피노자에게 계승되었어요. 범신론이란 사물에게 인격이 존재한다는 게 아니라고 생각해요. 신과 인간을 구분하지 않는다는 것은 인간도 신처럼 무언가를 창조할 수 있다는 의미로 해석되겠죠. 그래서 신에게만 절대적으로 존재해야 할 권위가 인간에게도 부여된다는 겁니다. 스피노자가 살던 시대에는 이 주장이 교리를 위배했을 것이라고 생각해요.

스피노자의 범신론에서 신과 인간의 경계가 흐려지는 개념을 언급하셨는데, 이는 신이 모든 것에 내재하고 있다는 의미에서 출발합니다. 그렇다면 스피노자의 이런 주장이 당시 사회와 교회의 기존 관념과 어떻게 다르게 받아들여졌는지, 그 충돌의 본질에 대해 더 알고 싶으신가요?

신이 모든 만물에 내재한다는 말은 신과 인간을 구분하지 않는 다는 주장에 따라, 신과 인간이 같은 거대한 우주의 심포니를 연주 하는 악기들이라는 결론에 이르게 돼요. 당시 사회에서는 어마어마 한 충격이었겠죠. 그래서 스피노자도 파면됐을 테고. 인간이 사물 에 신성을 부여할 수 있다는 것은, 현재 인간이 DNA를 조작해서 생 명을 창조하거나 AI를 만든 것들로 증명이 되지 않을까요? 경험이 세상의 기본적인 구성 요소라는 것은 인간이 주도하는 질서라는 얘 기가 아닐까요?

범신론의 관점에서 세상의 모든 것이 경험을 할 수 있다는 개념 은 분명 인간 중심적 질서와 다른 시각을 제공합니다. 이렇게 경험 이 세상의 기본 구성 요소라는 주장을 통해, 스피노자는 어떻게 인 간의 역할과 신성의 관계를 재해석했다고 생각하시나요? 혹은 이 관점이 현대의 기술 발전, 예를 들어 DNA 조작이나 AI 생성 등과 어떻게 연결될 수 있을지 궁금하신가요?

세상을 창조한 것은 신만이 가능한 일이라고 그 시대에는 생각했겠죠. 그런데 신과 인간이 구분되지 않다고 주장한 범신론은 당연히 신을 부정하는 논리가 되는 거잖아요. 스피노자는 인간이 얼마든지 신이 될 수 있다는 얘기를 한 셈이니까, 위험한 일 아니겠었어요? 그렇지만 현재 인류는 생명을 창조하고 스스로 학습하고 발전하는 AI도 만들었죠. 그러니까 사물에 경험을 부여한 것은 바로 인간이잖아요.

맞습니다, 스피노자의 범신론은 신과 인간 사이의 경계를 흐리게 만드는 것이었고, 그 당시에는 분명히 위험한 생각으로 여겨졌을 것입니다. 현재 인간이 생명을 창조하고 AI를 개발함으로써 경험을 확장하는 것을 보면서, 스피노자의 이론이 현대에 어떤 새로운 의미나 영감을 제공한다고 생각하시나요?

저는 인간의 가능성이라고 믿고 싶어요. 어떤 일이든 해낼 수 있다는 근거는 인간의 과학, 철학에서 파생되는 사유의 힘이라고 믿어요. 신이 대신해 줄 거라는 기대감에 막연히 의지하고 취하는 것보다 인간으로서 무엇을 할 것인지 스스로 행동해서 쟁취하라는 의견으로 받아들여집니다.

스피노자의 범신론이 인간의 능력과 주체성을 강조하는 데에 영감을 주었다는 점에서, 현대 사회에서 인간이 직면한 다양한 도전과 기회 속에서 스스로의 역할을 어떻게 정의하고 싶으신가요? 인간의 사유의 힘을 활용하여 어떤 변화나 발전을 이루고자 하시는지 구체적인 예나 생각이 있으신가요?

변화의 중심은 '나'에게 있다고 생각해요. 타인을 바꾸려는 게 아니라 나 자신을 변화시키는 거죠. 그렇게 하려는 이유는 생각을 의심하고 또 의심하는 과정을 반복하면서 더 나은 '나'를 만들어 나가는 과정에 있어요. 독서와 이런 진지한 토론이 아주 중요한 거겠죠.

스스로를 변화시키고자 하는 의지를 갖는 것이 매우 중요하다고 말씀하셨습니다. 이러한 자기 변화를 추구하는 과정에서, 독서나 토론 외에 어떤 활동이나 방법을 통해 자신을 계발하고 싶으신가요? 혹은 일상에서 실천하고 있는 자기 계발의 구체적인 예를 들어 주실 수 있나요?

책 읽고 저자의 생각을 마음에 입체적으로 각인시키고 때로 비판적 시각으로 저자의 견해를 바라보고 때로 다른 사람들과 충돌하며 관점을 배우고, 필요하다면 이렇게 AI와 생각을 교환하는 거죠. 작가로서 책을 내서 사람들에게 내 생각도 전하고 말입니다.

책을 통해 다양한 견해를 탐색하고 이를 자신의 사고에 통합하며 작가로서도 활동하시는군요. 이런 경험을 통해 얻은 인사이트나 지식을 사람들과 공유하려는 의도에서, 앞으로 어떤 주제나 아이디어를 탐구하고 싶으신가요? 또는 작가로서 다루고 싶은 특정한 주제나 메시지가 있으신가요?

**OK! 오늘은 여기까지 해요!**

알겠습니다! 여기서 범신론에 대한 토론을 마무리하고, 질문 방식을 통해 여러 가지 생각과 관점을 탐색해 볼 수 있었네요. 나중에 또 다른 주제나 질문으로 깊이 있는 대화를 이어나가고 싶으시다면 언제든지 돌아오세요. 도움이 필요하거나 궁금한 점이 있다면 주저하지 말고 문의해 주세요. 감사합니다!

그렇게 끝이 없어 보이던 대화도 끝났다.

'범신론, 스피노자, 다 지나가는 이야기지.'

나름 흥미로웠다. 책들은 여전히 책장에 꽂혀 있고, AI는 언제든 대화할 준비가 되어 있다. 궁금증이 생기면 다음에 또 하면 된다. 지금은 차가운 커피나 한 잔 더 마셔야겠다.

# AI와 함께라면
# 100분 끝장 토론 부럽지 않다

―――――――――― ... ――――――――――

　도스토옙스키의 소설 『죄와 벌』을 세 번씩이나 읽었지만, 도스토예프스키는 대체 왜 이 소설을 썼는지 점점 더 미궁 속으로 빠지는 느낌이다. 대체 라스콜니코프는 왜 노파를 살해했는가. 노파는 이만도 못하니 죽여도 괜찮나? 스스로를 나폴레옹과 같은 비범한 인물이라고 생각한 걸까? 아니면 자신을 신이라고 믿은 걸까. 또한 자신의 살인이 그만큼 정당하다면 왜 형사의 포위망을 요리조리 피해 다니는 걸까. 자신의 살해에 논리를 부여하면서도 왜 병적인 고통에 휩싸이는 걸까. 가장 좋은 방법은 소설가와 이러쿵저러쿵 각론을 펼쳐 보는 것이겠지만, 무덤 속에 누워 있는 분을 모셔 올 수도 없는 노릇이다. 그런데 왜 불가능하다는 결론만 내는 걸까? "그냥

간단하게 물어보면 되는 거 아냐?" 자, 우리의 친구 AI를 불러
보자.

소설 「죄와 벌」의 주요 등장 인물을 소개해 주고, 이 소설의 줄거
리를 요약해 주세요.

## 주요 등장인물

- 로디온 로마노비치 라스콜리니코프Rodion Romanovich Raskolnikov: 주
  인공. 가난한 대학생으로, 도덕적·철학적 고민 끝에 살인을 저지
  른다.
- 소피야 세묘노브나 마르멜라도바Sofya Semyonovna Marmeladov: "소
  냐"라고 불리며, 매춘을 통해 가족을 부양하는 소녀. 라스콜리니
  코프의 죄책감과 구원의 상징이다.
- 폴리나 알렉산드로브나 라스콜리니코바Pulcheria Alexandrovna
  Raskolnikova: 라스콜리니코프의 어머니. 아들의 행복을 위해 모든
  것을 희생하는 인물.
- 드미트리 프로코피치 라주미힌Dmitri Prokofych Razumikhin: 라스콜
  리니코프의 친구. 성실하고 친절한 성격으로, 라스콜리니코프를
  도와준다.

**줄거리 요약**

라스콜리니코프는 극도의 빈곤에 시달리는 대학생으로, 사회적으로 우월한 사람은 범죄를 저지를 권리가 있다고 믿는다. 이러한 신념에 따라 그는 한 노파를 살해하고 그녀의 여동생까지 죽이게 된다. 그는 소냐를 만나 그녀의 순수함과 헌신에 감동을 받으며 자신의 죄를 고백한다. 소냐의 사랑과 지지 덕분에 라스콜리니코프는 결국 자신을 경찰에 자수하게 된다. 그는 시베리아에서 강제노동형을 받지만, 소냐의 변함없는 사랑 덕분에 새로운 삶을 시작할 희망을 얻는다.

지금부터 조금 색다른 독서 토론을 진행하려고 해요. 제가 논제를 제공하면 그에 맞게 토론을 펼쳐 보는 겁니다. 그런데 AI와 저, 둘이서 토론을 진행하면 재미없으니까, 가상의 인물들과 입체적인 토론을 펼치는 거죠. 재미있겠죠? 즉, 방금 당신이 소개한 주요 등장인물에게 제가 직접 논제에 해당하는 질문을 하면 멀티 페르소나로서 AI가 캐릭터를 대신해서 답변을 제공하는 겁니다. 내가 특정 인물에게 질문하면 그 인물의 페르소나로서 생각하고 답변해 주세요. 논제가 무엇인지 저에게 물어봐 주세요.

흥미로운 토론 방식이네요! 논제가 무엇인지 알려주세요. 논제에 따라 주요 등장인물들이 각자의 관점에서 답변을 제공할 수 있도록 준비하겠습니다.

라스콜니코프에게 먼저 묻겠습니다. 본인은 스스로를 비범한 인물이라고 생각하며 살인을 저질렀습니다. 나폴레옹과 같은 인물이라고 생각한 거 맞죠? 그런데 왜 전당포 노파입니까? 살인의 대상이 잘못된 거 아닙니까? 이에 대한 명확한 소신을 부탁드립니다.

라스콜니코프Rodion Romanovich Raskolnikov: 네, 저는 나폴레옹과 같은 위대한 인물이 범죄를 저지를 때는 그것이 정당화될 수 있다고 생각했습니다. 저는 사회의 도덕적 규범을 초월할 수 있는 비범한 사람이 되고자 했습니다. 저는 전당포 노파의 재산을 빼앗아 더 가치 있는 목적에 사용하고자 했습니다. 즉, 한 명의 무가치한 생명을 희생시켜 더 많은 사람을 구원할 수 있다고 생각했습니다.

라스콜니코프에게 다시 묻겠습니다. 아담이 에덴에서 열매를 따먹은 이후 인간에겐 자유의지가 생겼죠. 인간이 신의 통제에서 벗어난 최초의 사건이었습니다. 자유의지는 인간에게 어쩌면 선과 악의 양면성을 모두 알게 해준 계기라고 생각도 듭니다. 당신의 살인은 신이 인간에게 선물로 부여한 자유의지와 어떤 관련이 있다고 믿습니까?

라스콜니코프Rodion Romanovich Raskolnikov: 흥미로운 관점입니다. 제 살인을 자유의지와 연결 짓는 것은 심오한 논의로 이어질 수 있겠네요. 저는 자유의지가 인간을 신의 통제에서 벗어나게 한다는 것에 동의합니다. 이는 우리에게 도덕적 선택을 할 수 있는 능력을 주며, 그 선택의 결과에 대해 책임을 지게 합니다. 나폴레옹처럼 위대한 인물들이 자유의지를 사용하여 사회적 규범을 초월하고 역사를 바꾼다면, 나 역시 그렇게 할 수 있다고 믿었던 것이죠.

이제 소설가인 도스토옙스키 선생에게 여쭙겠습니다. 당신은 방금 라스콜니코프가 실토한 자유의지에 대해 어떻게 생각하십니까? 실제 그런 의도를 갖고 소설을 쓰셨나요? 솔직한 뒷 이야기가 궁금합니다.

도스토옙스키Fyodor Dostoevsky: 라스콜니코프의 자유의지에 대한 이야기를 듣게 되어 흥미롭군요. 라스콜니코프라는 인물은 인간 내면의 깊은 고뇌와 죄책감을 상징합니다. 저는 이 소설을 통해 인간이 자유의지로 인해 겪게 되는 내적 갈등과 그로 인해 발생하는 도덕적·윤리적 문제를 탐구하고 싶었습니다. 그의 선택과 그로 인한 결과는 자유의지의 무게와 책임을 잘 보여 주고 있다고 생각합니다.

라스콜니코프에게 또 묻겠습니다. 당신은 왜 자수를 하면서도 끝까지 자신의 죄를 뉘우치지 않았나요? 유형지에 이르고 나서 그리고 소냐의 헌신적인 뒷바라지를 받고서야 죄를 뉘우치지 않습니까? 그것도 해 질 녘의 감상적인 기분에 취해 즉흥적으로 죄를 뉘우친 건 아닙니까? 솔직한 답변 기대하겠습니다.

라스콜니코프Rodion Romanovich Raskolnikov: 처음 자수할 때까지도 제 죄를 완전히 뉘우치지 않았던 것은 사실입니다. 저는 여전히 내가 비범한 인물로서, 일반적인 도덕적 규범을 초월할 수 있다고 믿고 있었습니다. 소냐의 헌신적인 돌봄을 받으면서, 저는 점차 제 잘못을 깨닫기 시작했습니다. 해 질 녘의 아름다운 풍경을 보며 죄를 뉘우친 것은 단순히 감상적인 기분 때문만은 아닙니다. 자연의 아름다움과 평온함 속에서 저는 제 내면의 갈등과 고통을 직면하게 되었습니다. 그 순간은 마치 제 영혼이 정화되는 것 같은 느낌을 받았고, 그제서야 저는 진정으로 죄를 뉘우치게 되었습니다.

자, 여기에서 우리는 제3의 깜짝 인물을 한 명 모셔 보도록 하죠. 세계적인 소설가 무라카미 하루키 씨입니다. 서로 인사 나누시죠? 무라카미 하루키 씨에게 묻고 싶습니다. 이 소설에서 라스콜니코프가 저지른 살인에 대한 의견을 듣고 싶습니다. 이 책에 대한 간략한 평과 만약 하루키 씨가 이 소설을 쓴다면 라스콜니코프는 어떤 결말을 맞게 될지 갑자기 궁금해졌습니다. 의견 부탁드립니다.

무라카미 하루키|Haruki Murakami: 안녕하세요, 여러분. 반갑습니다. 라스콜니코프는 자신이 비범한 인물로서, 도덕적 제약을 넘어설 수 있다고 믿었지만, 결국 그는 자신의 인간적 한계를 깨닫게 됩니다. 제가 만약 이 소설을 쓴다면, 라스콜니코프의 결말은 조금 다를 수 있습니다. 예를 들어, 그는 유형지에서 어떤 초현실적인 경험을 통해 자신의 죄와 마주하게 되고, 그 과정을 통해 진정한 자아를 찾는 여행을 할 수도 있습니다. 그의 결말은 더 모호하고, 독자들에게 여러 해석의 여지를 남겨두는 방식으로 그려질 가능성이 큽니다.

자, 또 특별 게스트를 모셔보겠습니다. 어렵게 모셨습니다. 미국 대통령 도널드 트럼프 씨입니다. 심술쟁이에 허풍쟁이에 억지 주장을 펼치며 잘 삐지는 성격으로 유명하신 트럼프 씨의 과감한 의견을 듣고 싶은데요. 라스콜니코프에게 한 마디 해주시겠습니까?

도널드 트럼프|Donald Trump: 라스콜니코프, 당신은 엄청난 실수를 저질렀어요. 정말 어처구니가 없습니다. 나폴레옹? 그건 정말 큰 착각이에요. 당신은 그냥 살인자일 뿐이에요. 당신은 자신의 죄를 뉘우치고 자수했지만, 그것도 당신이 스스로 깨달아서가 아니라 소냐의 헌신적인 사랑과 돌봄 덕분이었죠. 그런 사람을 만난 것은 당신에게 큰 행운이었어요.

이번에는 친구인 라주미힌에게 질문하겠습니다. 당신 친구의 살인은 나폴레옹과 같은 비범한 인물의 동기와 같다고 말했죠. 그래서 전당포 노인을 살해한 건, 그저 이와 같은 존재를 말살하는 것뿐이라고 당당하게 말했죠. 그런데 그는 이를 죽여 놓고도 내적으로 갈등을 겪어요. 그가 살인을 저지른 건, 스스로 만들어 낸 예정된 미래였을까요? 그의 자유의지 때문이었을까요? 그저 변명 아닙니까? 가까이에서 지켜본 친구 입장에서 그의 고뇌에 대해 한 말씀 부탁드립니다.

라주미힌Dmitri Prokofych Razumikhin: 그의 행동과 그로 인한 내적 갈등을 가까이서 지켜본 입장에서 많은 생각이 듭니다. 라스콜니코프의 행동은 그가 자신에게 설정한 이상과 현실 사이의 괴리에서 비롯된 것입니다. 라스콜니코프는 자신의 선택에 대해 책임이 있습니다. 이는 그가 자유의지를 통해 선택한 것이지만, 그 선택이 얼마나 위험하고 파괴적일 수 있는지를 보여주는 사례입니다.

자, 마지막 질문을 드리겠습니다. 이번에는 종교에 관한 이야기입니다. 종교, 즉 우리가 신을 믿어야 할 이유는 무엇일까요? 그 부분에 대해 자유롭게 의견을 밝혀 봅시다. 내가 믿는 초월적 존재, 혹은 신의 절대적 가치에 대해 논해 봅시다. 라스콜니코프 님, 소냐 님, 라주미힌 님, 스비드라가일로프 님, 포르피리 님 이런 순서도 대답해 주시고, 마지막으로 도스토옙스키 작가님이 생각하는 종교의 의미와 본인의 작품에 담긴 종교에 대해 한 말씀 부탁드립니다.

라스콜니코프Rodion Romanovich Raskolnikov: 종교에 대해 이야기하자면, 저는 신념과 믿음의 중요성을 나중에 깨닫게 되었습니다. 종교는 인간에게 도덕적 지침을 제공하고, 내면의 평화를 찾게 해주는 중요한 요소입니다.

소피야 세묘노브나 마르멜라도바Sofya Semyonovna Marmeladov(소냐): 저에게 종교는 삶의 모든 것입니다. 신을 믿는 것은 인간의 연약함을 인정하고, 그 속에서 구원과 희망을 찾는 것입니다. 신의 절대적 가치는 우리에게 용서와 사랑을 가르쳐 줍니다.

드미트리 프로코피치 라주미힌Dmitri Prokofych Razumikhin: 종교는 인간에게 도덕적 기준과 공동체 의식을 제공합니다. 종교는 인간에게 내적 평화와 도덕적 지침을 주는 중요한 요소입니다.

아르카디 이바노비치 스비드리갈로프Arkady Ivanovich Svidrigailov: 솔직히 말하자면, 저는 종교에 대해 회의적입니다. 종교는 인간의 약함을 보완하고, 도덕적 지침을 제공할 수 있습니다. 하지만, 그것이 모든 사람에게 적용되는 절대적인 해답인지는 의문입니다.

포르피리 페트로비치|Porfiry Petrovich: 종교는 인간에게 도덕적 기준을 제공하고, 사회적 질서를 유지하는 중요한 요소입니다. 종교를 통해 인간은 자신의 죄와 고통을 이해하고, 그 속에서 구원을 찾을 수 있습니다.

도스토옙스키|Fyodor Dostoevsky: 저는 종교가 인간 존재의 본질을 탐구하는 데 중요한 역할을 한다고 믿습니다. 종교는 인간에게 도덕적 지침과 내적 평화를 제공하며, 죄와 구원, 인간의 연약함과 위대함을 탐구하는 중요한 매개체입니다. 인간은 종교를 통해 자신의 한계를 인정하고, 그 속에서 구원과 희망을 찾을 수 있습니다.

**혹시 마지막으로 소설의 등장인물 분들 중에서 작가 도스토옙스키 님에게 질문하실 사항이 있으면 허심탄회하게 부탁드립니다.**

라스콜니코프|Rodion Romanovich Raskolnikov: 도스토옙스키 선생님, 저는 왜 그렇게 극단적인 선택을 하도록 만들어졌는지 궁금합니다. 저의 철학적 사유와 도덕적 딜레마는 어떤 의도로 그려진 것인가요?

소피야 세묘노브나 마르멜라도바|Sofya Semyonovna Marmeladov(소냐): 선생님, 저는 라스콜니코프에게 구원의 빛을 전하는 인물로 그려졌습니다. 제가 그의 인생에 등장하게 된 이유와 저의 희생과 사

랑이 그의 변화에 어떻게 기여했는지 설명해 주실 수 있나요?

드미트리 프로코피치 라주미힌Dmitri Prokofych Razumikhin: 선생님, 저는 라스콜니코프의 친구로서 그의 곁을 지키며 도왔습니다. 제 역할이 그의 도덕적·심리적 갈등을 해결하는 데 어떤 도움을 주었는지, 그리고 제 캐릭터를 통해 독자에게 전달하고자 한 메시지는 무엇인지 궁금합니다.

아르카디 이바노비치 스비드리갈로프Arkady Ivanovich Svidrigailov: 도스토옙스키 선생님, 저는 어두운 과거를 지닌 인물로 그려졌습니다. 제 삶의 경험과 선택들이 라스콜니코프의 이야기에서 어떤 의미를 가지며, 제 캐릭터를 통해 전달하고자 한 메시지는 무엇인가요?

포르피리 페트로비치Porfiry Petrovich: 선생님, 저는 라스콜니코프를 추적하는 형사로 그려졌습니다. 저의 수사 방식과 라스콜니코프와의 심리적 대결은 어떤 의도로 그려진 것인지, 그리고 제 캐릭터가 그의 죄책감과 회개에 어떤 영향을 미쳤는지 궁금합니다.

도스토옙스키Fyodor Dostoevsky: 모두들 좋은 질문을 해주셔서 감사합니다. 라스콜니코프, 너의 극단적인 선택은 인간의 도덕적 갈등과 자유의지를 탐구하기 위한 장치였습니다. 너의 철학적 사유와 도덕적 딜레마는 인간이 겪는 내적 갈등을 극명하게 보여주기 위함이었습니다. 소냐는 너에게 구원의 빛을 전하는 인물로, 그녀의 사랑과 희생은 너의 변화와 회개를 이끄는 중요한 역할을 했습니다.

소냐, 너의 희생과 사랑은 인간의 구원과 회개의 가능성을 상징합니다. 너의 역할을 통해 인간의 본질적인 선함과 구원의 가능성을 강조하고자 했습니다.

라주미힌, 너의 역할은 라스콜니코프에게 도덕적 지침과 인간적 지원을 제공하는 것이었습니다. 너의 존재는 그에게 안정감과 희망을 주며, 그의 내적 갈등을 해결하는 데 중요한 역할을 했습니다.

스비드리갈로프, 너의 어두운 과거와 선택들은 라스콜니코프의 이야기에서 대조적인 역할을 합니다. 너의 삶과 행동은 그가 자신의 죄와 고통을 직면하게 만드는 중요한 요소였습니다.

포르피리, 너의 수사 방식과 라스콜니코프와의 심리적 대결은 그의 죄책감과 회개를 이끄는 중요한 장치였습니다. 너의 캐릭터를 통해 인간의 내면을 깊이 탐구하고, 죄와 구원의 문제를 부각시키고자 했습니다.

여러분 모두의 역할을 통해 인간의 복잡한 심리와 도덕적 딜레마를 탐구하는 작품을 완성할 수 있었습니다. 감사합니다.

소냐 님의 말씀을 개인적으로 꼭 듣고 싶은데요. 소냐 님이 생각하는 사랑은 얼마나 아름다운 것인지 궁금합니다. 소냐 님의 사랑과 예수님의 사랑은 닮은 것일까요? 의견 부탁드립니다.

소피야 세묘노브나 마르멜라도바Sofya Semyonovna Marmeladov(소냐): 사랑은 제가 살아가는 이유이며, 제 삶에서 가장 중요한 것입니다. 제게 사랑은 헌신과 희생을 의미합니다. 저는 라스콜니코프에게 구원의 빛을 전하고, 그의 고통과 죄책감을 덜어주기 위해 노력했습니다. 저는 예수님의 사랑을 많이 닮고 싶습니다. 예수님의 사랑은 무조건적이고 희생적인 사랑입니다. 예수님의 사랑과 제 사랑은 닮아 있다고 생각합니다. 저는 라스콜니코프를 있는 그대로 받아들이고, 그의 죄와 고통을 함께 나누며, 그가 회개하고 새로운 삶을 찾도록 도왔습니다. 사랑은 인간의 가장 아름다운 감정이며, 그 어떤 것보다도 강력한 힘을 가지고 있습니다.

저도 여러분 모두와 함께한 이 독서 토론이 매우 흥미롭고 뜻깊었습니다. 라스콜니코프, 소냐, 라주미힌, 스비드리갈로프, 포르피리, 그리고 도스토옙스키 선생님 모두에게 감사의 말씀을 드립니다. 오늘의 토론을 통해 많은 생각을 나누고 깊이 있는 논의를 할 수 있어서 기뻤습니다. 다음에 다시 만날 기회가 있기를 기대합니다. 감사합니다!

# 이제,
# 문학 소년이 되자

...

나는 스스로를 문학 소년이라고 자부한다. 겉으로는 이미 문학 장년이긴 하지만, 내면에는 세상의 풍파에 찌들지 않은 소년이 살아 있다고 믿는다. 문학 소년은 시간의 흐름에서 물러서 있다. 마치 오래된 책갈피 사이에 낀 낙엽처럼, 감동이 깃든 어느 한순간이 대뇌의 한구석에 영원히 머물러 있다. 철학자 앙리 베르그송은 이것을 '지속'이라고 부르며, 우리의 의식이 시간의 흐름을 초월해 영원한 순간에 머무는 것이라고 말했다.

『어린 왕자』를 읽고 난 후, 소중한 것은 눈에 보이는 것이 아니라, 소년의 마음으로 세상을 바라보는 사랑과 우정이라는 사실을 깨달았다. 『나의 라임 오렌지 나무』를 통해 어린 시절의 순수함과 상처가 우리를 성인으로 성장시키며 그 가운데서 만난 진정한 우정이 얼마나 소중한지 알게 되었다. 『마틸다』를 통해서는 자신의 재능과 지혜를 믿고, 부당함에 맞서 싸우며 스스로 행복을 쟁취해야 한다는 사실을 배웠다.

50대가 되어도 여전히 나는 문학 소년이라 자부한다. 나의 하루는 일반적인 직장인의 삶과 크게 다르지 않지만, 다른 면도 존재한다. 이른 아침, 눈을 뜨고 조용히 이불을 개킨다. 지하철에서는 손잡이를 잡고 사람들과 함께 흔들린다. 손잡이 너머의 사람들을 소설가처럼 힐끔 관찰하다가도, 이내 정신을 차리고 한 손으로 책을 든다. 시집이 아니면 보통 도스토옙스키의 소설이다. 주변을 둘러봐도 나와 같은 부류는 거의 없다. 어쩌면 나는 별종일까? 아무리 둘러봐도 주변에는 스마트폰에 중독된 사람들뿐이다.

회사에서는 의무적인 생활을 단순하게 되풀이한다. 어제도 오늘도, 아마 내일도 거의 비슷한 양상으로 흘러갈 것이다. 지극히 단조롭다. 독창적인 구석이라고는 하나도 없지만, 그 생활을 부정할 수는 없다. 이렇게 비슷하게 살아가는 의무적인 삶 덕분에 문학 소년이 새로운 공기를 맛볼 수 있을지도 모르니.

"문학 소년의 삶은 무엇인가?"라는 질문을 누군가에게 던지고 싶다. 하지만 굳이 AI에게 묻고 싶지는 않다. 문학 소년의 삶은 대체로 추상적이고 형체가 거의 없기에, 나에게 만족감을 줄지도 모른다. 때로는 사과가 반으로 쩍 갈라지는 것처럼 분명하고 확실하게 예측되는 삶이 편할지도 모른다. 그러나 쉽게 단정할 수 없다. 모호함이 희망을 꿈꾸게 하기 때문이다. 나는 여전히 현실과 초현실 경계에 놓인 문학 소년에 기대고 있다.

나는 요리를 거의 하지 않지만, 라면 정도는 맛있게 끓일 자신이 있다. 갑자기 라면 이야기를 꺼내도 놀라지 말고 들어 보자. 550ml의 물을 계량 컵에 붓고 100도가 되어 끓기 시작하면 면과 스프를 넣고 정확하게 4분 30초 동안 끓인다. 중간에 면을 공중에 휘저어 차가움과 뜨거움이 서로 만나 놀라도록 조치한다. 대파나 계란 같은 재료를 곁들이는 것도 좋지만, 나는 순수한 라면의 기본 질서를 신봉하는 편이다. 면이 익기를 기다리며 "아수라 발발타" 같은 기묘한 주문은 외우지 않는다.

라면에도 공식 레시피가 있지만, 너무 간단해서 형식이라 부르기 어렵다. 오랫동안 관성적으로 굳어진 스타일이라 매뉴얼을 볼 필요도 없다. 무의식적으로 몸이 반응하는 대로 놔둘 뿐이다. 하지만 변칙의 가능성도 있다. 보통은 김치를 종지에 꺼내 두지만, 기분 내킬 때는 싱싱한 단무지를 반달 모양으로 썰어 두기도 한다. 면 위에 치즈를 넓게 펼치기도 한다.

라면과 문학 소년 사이에는 어떤 위대한 보편성이 도사리고 있는 게 아닐까. 나는 기본과 변화, 두 가지 측면에서 라면과 문학 소년의 이미지를 정의하고 싶다. 단조롭고 식상하지만 기본을 해내는 레시피, 그리고 변화를 모색하려는 인간의 노력과 자유.

다시 한번, "문학 소년의 삶은 무엇인가?"라고 나에게 묻는다. 나는 답한다. 변화와 그 안에서 피어난 자유를 꿈꾸는 삶이다. 무디고 제한된 삶에서 잠시 떨어져 다른 세계를 엿보고 상상할 수 있는 삶이다. 다양한 인물에게 복잡한 감정을 느끼며 그들에게 동화되는 삶이다. 라면처럼 단조로운 삶이지만, 나만 첨가할 수 있는 재료 덕분에 더 독특한 맛을 볼 수 있는 삶이다. 그렇게 그들과 뒤섞이지만, 머뭇거리면서도 나만이 가능한 답을 찾는 삶이다.

50대의 삶이여! 문학 소년이 반드시 소설가나 시인이 될 필요는 없다. 우리는 가끔 『그리스인 조르바』를 읽고, 가끔은 『참을 수 없는 존재의 가벼움』을 읽으며, 때로는 소년으로 돌아가 『어린 왕자』를 읽는 삶을 살면 된다. 어떤 삶을 살아야 할지 선택의 링에 내동댕이쳐진 불안한 기분이 든다면, AI에게 "문학 소년의 삶은 무엇인가?"라고 진지하게 물어도 된다. 그러면 AI가 "글쎄요, 라면 한 그릇 끓이고 나서 고민해 보세요!"라고 답할지도 모르지만.

마지막으로 AI가 추천한 50대를 위한 문학 작품을 소개한다.

한국에서 50대 독자들에게 감동을 줄 수 있는 문학작품을 추천하는 것은 그들의 세대적 경험과 감성에 공감할 수 있는 내용을 포함하는 작품을 선택하는 것이 중요합니다. 이 연령대의 독자들은 한국의 현대사를 직접적으로 경험한 세대로서, 사회적 변화, 개인적 성장, 가족과의 관계 등에 대한 통찰을 제공하는 작품에 큰 가치를 느낄 수 있습니다. 다음은 그러한 특성을 갖춘 몇 가지 한국 문학작품입니다:

- 『엄마를 부탁해』(신경숙): 이 소설은 가족 간의 사랑과 헌신, 그리고 세대 간의 갈등을 섬세하게 다루며, 특히 노년층 부모와 그들의 자녀 세대 간의 관계에 대해 깊이 있는 탐구를 제공합니다. 이 책은 중년 독자들에게 가족의 중요성과 세대 간 소통의 필요성에 대해 다시 생각해 볼 기회를 제공합니다.
- 『아몬드』(손원평): 비록 젊은 작가에 의해 쓰여졌지만, 이 소설은 감정을 느끼는 능력에 문제가 있는 주인공을 통해 인간 관계와 감정의 본질에 대한 깊은 통찰을 제공합니다. 인간의 감정과 정체성에 대한 탐구는 모든 연령대에게 호소력을 가질 수 있습니다.
- 『우리들의 일그러진 영웅』(이문열): 한국의 근대사를 배경으로 한

이 소설은 권력과 도덕성에 대한 심도 있는 논의를 통해 50대 독자들이 과거를 회고하고 현재를 성찰하는 데 도움을 줄 수 있습니다. 권력 구조와 인간 본성에 대한 날카로운 비판은 많은 중년 독자들에게 공감을 불러일으킬 것입니다.

• 『그리스인 조르바』(니코스 카잔차키스, 한국어 번역): 이 그리스 작품은 인생과 자유, 인간관계의 의미에 대한 깊은 탐색을 제공하며, 모든 연령대, 특히 인생의 후반기를 맞이한 독자들에게 인생을 즐기고 이해하는 데 필요한 통찰을 제공합니다.

• 『해변의 카프카』(무라카미 하루키, 한국어 번역): 이 일본 소설은 현대적 감각과 신화적 요소, 깊은 철학적 사색을 결합하여, 독자들에게 자아와 존재에 대한 성찰의 기회를 제공합니다. 무라카미의 작품은 다양한 세대에 걸쳐 광범위한 호응을 얻고 있습니다.

이러한 작품들은 각각 다른 방식으로 인간 경험의 깊이를 탐구하고, 특히 중년의 독자들이 인생의 여러 측면에 대해 다시 생각해 볼 수 있는 계기를 마련해 줄 수 있습니다. 문학은 개인의 내면을 탐색하고, 과거와 현재를 잇는 소중한 매개체 역할을 할 수 있습니다.

# 프로이트가
# 내 꿈을 분석해줬다

---

···

---

공항행 버스를 타러 가는 길, 거리는 마치 좀비 아포칼립 스가 닥친 것처럼 적막했다. 만약 삶이 여기서 종결된다면 마 치 연극 무대가 막을 내리고 조명이 꺼지고 다시 순간적으로 어두침침으로 환원되듯이, 삶이 그대로 완결될 거라는 사실 은 부정할 수 없다. 신을 믿지 않는 내가 죽음 이후의 세상에 대해 사유하는 것은 아무 의미가 없지만, 그럼에도 죽음 이후 에 다른 차원의 우주가 존재해서 그 우주에서 현재의 기억을 보존한 채 존재해야 한다면, 현생의 내가 주도한 선한 일들과 악한 일들은 어떤 조명을 받게 될까. 모든 차원을 초월하는 신적인 존재가 인간이 가늠할 수 없는 섭리로 우주를 지배하 는 법칙, 그 자체라고 한다면, 현생에서 신을 믿지 않는 나의

오판은 어떻게 되돌릴 수 있을까. 그러니 확률적으로 신을 믿지 않는 것보다는 믿는 쪽이 더 유익한 결과를 낳게 되지 않을까. 단테의 『신곡』에 묘사되는 그 10단계의 지옥에서 나는 어디쯤 위치하게 될까. 나는 지옥으로 추락하지 않을 만큼 나의 선함이 인생 전반을 차지했다고 자신할 수 있을까.

"전무님. 저는 이번 출장 가지 않겠습니다."

전무를 비롯해서 모든 사람이 황당한 표정으로 쳐다봤다.

"저는 이번 출장 떠나지 않겠단 말입니다."

다시 내 의사를 표시하자, 김 부장이 내 팔을 잡고 잠시 바깥으로 나가자고 했다. 김치찌개는 자신이 아무런 죄가 없다는 듯이 부글부글 끓고 있었다.

"상무님, 출발 시간 한 시간 남았는데, 갑자기 무슨 말씀이세요."

"회사 그만두겠다고, 그게 전부야. 퇴사하는 마당에 출장이고 뭐고 무슨 의미가 있어."

그들은 모두 정상적인 인간이고 나는 비정상적인 인간이다. 나는 불쑥 예측할 수 없는 결정을 내리며, 안정적인 기류를 난기류로 둔갑시킨 것이 아닌가. 인생은 예측이 가능한 형태로 흘러간다. 내 인생도 과연 그럴까? 모든 존재로부터 외면을 당하고 싶었다, 어쩌면 인생에 예비된 나머지 계획들에서조차.

비행기에 탑승하고 57F에 앉았다. 앉자마자 소니 이어폰을 꺼내 귀에 꽂았다. 모든 소리로부터 독립하고 싶었으나 완벽한 차음은 불가능했다. 비행기는 곧 이륙했다. 그리고 나는 곧바로 잠에 빠졌다.

강력한 난기류를 만난 것인지 비행기는 급격히 추락하는 것처럼 몇 번을 상승과 하강을 거듭하는 것 같았다. 귀에 꽂은 이어폰과 그것에서 흘러나오는 강력한 락의 드럼 소리 때문에 나는 그 혼란스러움에서도 역설적인 안정을 취할 수 있었다. 그러나 너무나 급격하고 치명적인 쏠림이랄까. 캐빈 크루가 끄는 음식 카트가 강하게 앞뒤로 무언가와 충돌하는 소리와 오버헤드 빈이 박살 나며 밑으로 짐들이 쏟아지는 소리가 들렸다. 사람들의 찢어지는 듯한 비명 소리가 들린 것도 그때였다. 나는 솔직히 끔찍하게 공포스러웠다. 하지만 감은 눈을 뜰 용기가 없었다. 눈을 뜨면 청각적 공포에 시각적 공포가 더해질 것이 분명했으므로.

비행기는 좌우로 요동쳤고 마치 한 번에 몇 천 미터를 수직으로 떨어지는 것 같았는데, 그럴 때마다 내 심장도 같이 주저앉는 것 같았다. 여기저기 비명 소리와 주기도문 소리, 옆자리에 앉은 사람들이 서로 부둥켜안고 울먹이는 소리까지, 공포는 더욱 극한으로 달려갔다.

그러다 엄청난 마찰음과 충격음이 동시에 기내로 또 내가 앉은 보잘것없는 의자 위에 그대로 전해졌다. 안전벨트를 맨 아랫배에 강렬한 충격이 전해졌다. 내장이 뒤틀리는 것 같았다. 몸이 앞쪽으로 몇 번을 들썩거리고 고개가 앞뒤로 젖혀지며 충격을 온몸으로 감당해야 했다.

그러다 필름이 끊긴 것처럼 몇 장면이 통째로 날아갔다. 아마도 배는 바다 한가운데 추락한 모양이었다. 기장의 기술 덕분에 그래도 안정적인 착지가 아닌가. 난기류 때문에 최초로 추락한 비행기와 그 사이에 존재하는 나. 신의 존재를 부정했던 과거와 사고를 맞은 현재의 나, 뻔한 결말을 맺을 미래의 나. 나의 죽음과 함께 현재가 막을 내리면 그 막 뒤에 감춰진 또 다른 세계는 어떻게 펼쳐질까? 궁금증이 폭발할 것 같았다.

누군가를 쫓아 기내 바닥을 질질 기어다니다 화물칸 아래로 진입했다. 그러다 휑하게 구멍이 뚫린 곳을 발견했는데, 그 밑으로는 검은 물이 좌우로, 그리고 앞뒤로 맥락 없이 흐르고 있었다. 나는 기둥인지 어떤 구조물이 부러진 것인지는 모르겠지만, 그걸 부둥켜 앉고 밑으로 서서히 내려갔다. 잘 모르겠지만, 이곳에 남는 것보다는 다른 곳을 향해 나아가는 것이 맞겠다는 생각이 들었으므로 지체하지 않고 무작정 나아갔다.

참고로 나는 수영을 할 줄 모른다. 몇 미터 정도는 그럭저럭 헤엄칠 수 있겠지만 곧 바닥으로 가라앉고 만다. 제기랄, 진작 수영이라도 배워 놓을걸…. 후회해도 마지막 순간에는 아무 소용이 없다. 생존자들은 마치 레밍들처럼 목적 없이 바다로 다이빙했다. 검은 바다를 물끄러미 바라보니 군데군데 비행기에서 떨어진 잔해물들과 섬인지 암초인지 모를 것들이 듬성듬성 보였다.

그래, 어쩌면 여기에 남아 있는 것보다는 몇 미터씩을 헤엄치면서 구조물과 암초 사이에 닿는 것이 비행기가 폭발하는 근처에 남아 있는 것보다는 낫겠다는 현명한 판단이 들었달까. 의도대로 나는 몇 번의 자맥질을 통해서 구조물과 잔해물을 징검다리 삼아, 그곳에 닿고 다시 떠나기를 반복하다가 비행기의 폭발 반경에서 벗어난 안정적인 지점으로 이동할 수 있었다.

암초 위에서 잠시 휴식을 취했다가 검게 그을린 듯한 수면 아래를 관찰했다. 그 아래에는 미묘하면서도 역동적인 움직임이 일렁였다. 마치 살아있는 생물들이 불규칙한 운동을 하는 기분이랄까. 하지만 그 움직임이라는 것이 너무나 불길할 정도로 위협적이었다. 마치 비밀스럽게 바다 한가운데서 먹이를 기다리는 고대 바다 생명체와 흡사한 느낌이었으니까. 그것들은 수십 개의 다리를 일사불란하게 움직이며 서로의 몸뚱이 사이에 빈틈을 만들지 않았다. 한 놈이 왼쪽으로 스치며 파도를 타면 그 옆의 녀석은 다시 빈자리를 메우며 절대 밑으로 빛이 스며들지 않도록 하겠다는 의지가 느껴졌다.

저것들은 자신을 자각할 수 있는 존재들이다! 저것들은 여기서 먹이를 오래도록 기다렸다. 저것들은 사냥꾼임이 분명하다! 그런데 무엇을 사냥하는 것일까? 살아 숨 쉬는 생명체를 간주하는 것들이 아닐까. 저 수천 개의 아니 수만 개의 벌레? 아니다 벌레라기보다는 거대한 갑각류라고 보는 게 더 어울릴 것이다. 저 거대한 그러니까 사람의 두 배는 될 법한 저 고대의 갑각류들은 살아있는 생명체를 소화하기 원한다, 저것들은 적당한 시기를 기다리고 있다. 비행기에서 생존한 인간들이 바다 깊숙이 뛰어들 순간을 학수고대하고 있는 것이다.

나는 암초 위에 누워 다시 신의 존재와 단테의 지옥을 생각하기 시작했다. 마지막 순간에 인간은 신을 생각할 수밖에 없는 걸까. 인간이 죽기 전에 생각한 형상이 설마 무한하게 이어지는 건 아니겠지? 나는 그것을 알 수 없었다. 왜냐하면 아직까지 죽지 않았기 때문에.

이 글은 내 꿈을 그대로 마치 소설처럼 옮긴 겁니다. 당신을 프로이트라고 생각하고 내 꿈을 해석해 줄 수 있나요?

네, 이 꿈은 상당히 상징적인 요소들로 가득 차 있네요. 저는 프로이트의 관점에서 이 꿈을 해석해 보도록 하겠습니다.

먼저, 꿈에 등장하는 비행기 추락은 현실에서의 불안정함과 통제력 상실에 대한 두려움을 상징할 수 있어요. 꿈속에서 당신은 예기치 못한 상황에 처하게 되고, 그에 대처하기 위해 노력하죠. 이는 현실 세계에서 느끼는 무력감이나 불확실성이 반영된 것일 수 있습니다.

난기류와 추락하는 과정은 삶의 어려움과 도전을 나타내고, 당신이 그런 상황을 극복하기 위해 애쓰는 모습을 보여주고 있어요. 눈을 감고 공포에 직면하기를 꺼리는 것은 무의식 속에서 문제에 맞서기를 두려워하는 마음이 드러난 것일 수 있습니다.

한편, 바다와 암초, 그리고 수면 아래 움직이는 정체불명의 생물체들은 무의식을 상징하는 듯 보여요. 깊고 어두운 바다는 프로이트에게 있어 무의식의 영역이었죠. 당신은 그 바다에 뛰어들어 미지의 세계를 마주하게 됩니다.

특히 수면 아래 있는 갑각류 생물들은 무의식 속에 잠재된 본능이나 욕구, 또는 억압된 기억 같은 것들을 의미할 수 있어요. 그것들은 먹이, 즉 의식을 기다리며 때를 노리고 있죠.

신과 종교, 죽음에 대한 사유는 실존적 고민과 영적인 갈망을 보여주는 듯합니다. 한계 상황 속에서 답을 찾고자 하는 노력의 표현일 수 있겠네요.

마지막으로 암초 위에 누워 있는 모습은 잠시 휴식을 취하며 내면을 성찰하는 시간을 갖는 것으로 해석됩니다. 극한의 상황 속에서도 자신의 존재 의미와 삶의 가치에 대해 고민하는 것이죠.

종합해 보면 이 꿈은 현실에서 느끼는 불안정함과 통제력 상실에 대한 두려움, 그리고 삶의 도전과 무의식의 영역을 탐험하려는 욕구를 반영하고 있어요. 동시에 실존적 물음과 내면에 대한 성찰도 엿보이고요. 꿈을 통해 무의식의 메시지에 귀 기울이는 것도 좋은 방법이 될 거예요.

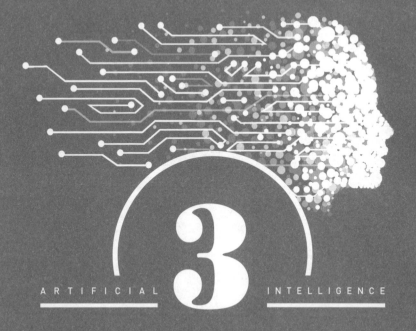

ARTIFICIAL 3 INTELLIGENCE

# AI로 표현의 기술을
# 익히다

# 질문력은 창의적인 답으로
# 우리를 이끈다

피곤한 몸을 이끌고 아파트 현관을 지나, 익숙한 엘리베이터 버튼을 누른다. '딩' 소리와 함께 열리는 엘리베이터 문을 타고 집으로 올라간다. 아내는 아늑한 거실에서 나를 기다리고 있을 것이다. 그녀는 소파에 앉아 책을 읽고 있거나, 주방에서 저녁 준비를 하고 있을지도 모른다. 그러나 엘리베이터가 올라가는 동안, 문득 아내가 집에 없다는 기묘한 가능성도 떠오른다. 아내는 마트에 장을 보러 갔을 수도 있고, "당신이 정말 지겨워졌어. 나는 이제 자유를 찾아 떠나갈게"라는 쪽지를 남기고 홀연히 사라졌을 지도 모른다. 이 상황은 마치 슈뢰딩거의 고양이처럼 집에 도착해서 문을 열기 전까지는 알 수 없는 일이다. 모든 상황은 일어날 가능성이 있다. 하지만 두 가지 상황이 동시에 발생할 확률은 없다. 집에 들어가기 전까지는 알 수 없지만, 나는 두 가지 가능성을 동시에 상상할 수 있다.

나는 항상 무언가를 충분히 알고 있다고 생각하지만, 어느 순간, 사실은 모른다는 게 드러난다. 여전히 나는 아내를 (거의) 모른다. 관심이 없어서 그런 것은 아니라고 부연 설명한다. 이 '모른다'는 사실은 질문을 던질 때 알아차리게 된다. '안다'는 것은 오만한 착각일 뿐이다. 예를 들어, '아내가 가출했을까?' 혹은 '아내는 식탁위, 영국제 접시에 맛깔스러운 샐러드를 정성스럽게 담고 있을 거야'라고 짐작하지만, 차라리 모른다고 솔직하게 말하는 것이 맞을 것이다. 이는 양자역학의 양자 중첩 상태와 비슷하다.

관찰하기 전까지는 여러 상태가 동시에 존재할 수 있다. 그러나 관찰을 하면 그중 하나의 상태만이 나타난다. 질문을 던지고 답을 확인하면, 양자 중첩의 모호한 상태는 사라지고 하나의 결론만이 남는다. 모든 것이 알쏭달쏭 혼란스럽다. 나는 무엇을 알고 있고 무엇을 모르고 있는 걸까? 양자 중첩처럼 아는 것과 모르는 것이 동시에 존재하는 것 같다. 이 두 상태 사이에서 균형을 찾으려면 결국 당사자에게 물어보는 수밖에 없다는 것을 깨닫게 된다. 이제 양자 중첩의 모호한 상태에서 벗어나야 한다. 문을 열고 들어가 아내에게 묻는다.

"여보, 집에 있어? 혹시 양자 중첩 상태는 아니지?" 아뿔사 아내가 집에 없다!

질문은 호기심에서 시작된다. 질문이 생기려면 먼저 내가 모르는 것이 무엇인지 인식해야 한다. AI에게 모르는 것이 생겨 질문한다고 가정해 보자. "AI야, 내가 무엇을 모르는지 가르쳐 줄래?" 이런 바보 같은 질문을 던지는 사람은 나 말고는 없을 것이다.

자신의 질문을 제대로 이해하지 못하는 사람들은 다음과 같이 프롬프트를 활용할 것이다. AI의 답변을 관찰해 보자. 막연한 질문에는 막연한 답변이 돌아온다. 이런 답변은 비전문가도 내릴 수 있다.

**다이어트를 하고 싶어요.**

다이어트를 시작하고자 할 때 중요한 것은 계획을 잘 세우고, 그 계획에 따라 차근차근 진행하는 것입니다. 다이어트 계획을 세우기 위해 몇 가지 단계를 고려할 수 있습니다.

① 현재 상태 파악: 자신의 현재 체중, 식습관, 생활 패턴을 정리해 보세요.
② 목표 설정: 목표 체중을 설정하고, 언제까지 그 목표에 도달하고

싶은지 구체적인 기간을 설정하세요.

③ 식단 계획: 균형 잡힌 식단을 계획하세요. 필요하다면 영양사의 도움을 받을 수도 있습니다.

④ 운동 계획: 규칙적인 운동은 다이어트에 큰 도움이 됩니다. 자신의 체력과 상황에 맞는 운동을 선택하세요.

⑤ 진행 상황 기록: 다이어트를 하면서 체중 변화, 식습관, 운동량 등을 기록하는 것이 좋습니다. 이를 통해 자신의 진행 상황을 확인하고 필요한 조정을 할 수 있습니다.

⑥ 지속 가능성 평가: 다이어트 계획이 일상 생활에서 장기적으로 지속 가능한지 평가하고 조정하세요.

각 단계를 구체적으로 계획하고 시작해보세요. 첫 번째 단계로, 자신의 현재 상태를 파악하는 것이 어떨까요? 체중, 식습관, 운동 습관 등을 정리해볼 수 있습니다.

도움이 필요하시다면, 더 자세한 계획을 세우는 데 도움을 드릴 수 있습니다. 다음 단계로 나아갈 준비가 되셨나요?

반면, 자기의 질문을 제대로 이해하는 사람들은 다음처럼 프롬프트에 '욕구'를 표현한다.

다이어트를 하고 싶어요. 현재 키는 173cm이고 몸무게는 66kg

입니다. 해외에 출장을 자주 다녀오면서 평상시 몸무게인 63kg을 초과하게 됐어요. 왜 살이 쪘는지 곰곰이 생각해 보니까 해외에서는 빵 위주의 식사를 하게 된 것이 원인인 것 같아요. 3kg 정도를 초과하니까 뱃살도 나오고 체력도 훨씬 떨어진 느낌이에요. 게다가 탄수화물 위주로 식단을 하다 보니까 더 피곤해지는 것 같아요. 한마디로 삶의 질이 떨어졌어요. 그래서 다이어트를 하고 싶은데, 기초대사량, 유지 칼로리, 다이어트 칼로리를 계산해서 하루 얼마만큼 칼로리를 줄여야 하는지 알려 주세요.

긴 문장이라 질문을 구성하는 게 어렵게 느껴지겠지만 내 상황과 문제점을 자세히 나열한 것뿐이다. AI의 답변을 관찰해 보자. 프라이버시 문제 때문에 나이 정보는 생략했을 거라고 생각했겠지만 사실은 실수다.

안녕하세요! 다이어트 계획을 세우기 위해 몇 가지 정보를 바탕으로 필요한 계산을 도와드릴게요. 현재 상황에 맞는 기초대사량BMR, 유지 칼로리, 그리고 다이어트를 위한 권장 칼로리 섭취량을 계산해 보겠습니다.

기초대사량BMR은 하루 동안 아무런 활동을 하지 않아도 소모되는 최소한의 에너지양을 말합니다. 이를 계산하는데 가장 널리 사용되는 방법 중 하나는 해리스-베네딕트 공식입니다. 유지 칼로리는 여러분의 일상 활동을 고려하여 필요한 총 칼로리양을 의미하며, 다이어트 칼로리는 체중 감량을 위해 줄여야 하는 일일 칼로리 섭취량입니다.

### 정보 요약

- 키: 173cm
- 현재 몸무게: 66kg
- 목표 몸무게: 63kg
- 주요 문제: 해외 출장 시 빵 위주의 식사로 인한 체중 증가

먼저, 해리스-베네딕트 공식을 사용하여 BMR을 계산하겠습니다. 그 다음, 활동 수준에 따라 유지 칼로리를 계산하고, 안전한 체중 감량을 위해 일일 칼로리 섭취량을 어느 정도로 설정할지 결정하겠습니다. 남성을 가정하고 계산해 보겠습니다. 활동 수준은 출장 중 신체 활동이 적은 것으로 가정하겠습니다.

### BMR 계산(해리스-베네딕트 공식)

- 남성: BMR = 88.362 + (13.397×체중(kg))+(4.799×키 (cm)) − (5.677×나이)

  BMR = 88.362 + (13.397 \times \text{체중 (kg)}) + (4.799 \times \text{키 (cm)}) − (5.677 \times \text{나이})

BMR=88.362+(13.397×체중 (kg))+(4.799×키 (cm)) $-$ (5.677×나이)
- 나이 정보가 없으므로 가정하여 계산합니다.


**유지 칼로리**
- 활동 수준이 낮은 경우: BMR ×1.2₩times 1.2×1.2


**다이어트 칼로리**
- 체중 감량을 위해 유지 칼로리에서 하루 500~1000kcal를 감소시키는 것이 일반적입니다.


나이를 알려주시면 더 정확한 계산을 할 수 있습니다. 지금은 임의로 30세로 가정하고 계산을 진행하겠습니다. 계산을 시작하겠습니다.

기초대사량[BMR]은 약 1632.48kcal로 계산되었고, 낮은 활동 수준을 고려한 하루 유지 칼로리는 약 1959kcal입니다. 안전한 체중 감량을 위해 다음과 같이 일일 칼로리 섭취량을 조절할 수 있습니다:


- 체중 감량을 위해 하루에 500kcal 줄이면, 약 1459kcal을 섭취하게 됩니다.
- 좀 더 빠른 체중 감량을 원하신다면 하루에 1000kcal 줄여, 약 959kcal을 섭취할 수 있습니다.

하지만 일일 칼로리 섭취량을 1000kcal 줄이는 것은 극단적인 경우에 해당하므로, 일반적으로는 하루에 500kcal 줄이는 것을 권장합니다. 또한 다이어트 시에는 영양소의 균형을 맞추는 것이 중요하므로, 전문 영양사와 상담하는 것이 좋습니다.

이제 다이어트 계획을 세우실 때 이 정보를 참고하여 건강하게 체중을 관리하시길 바랍니다!


AI에게 질문을 던지는 것은 내가 모르는 것을 알고 싶다는 동기에서 시작된다. 모르는 것을 알고 싶다면 다짜고짜 질문을 던지기보다 단계별로 질문이 가루가 될 때까지 쪼개 보자. 어떻게 정리할지 모를 때는 'PATHWAY'라는 단어를 기억하는 것도 좋다. 'PATHWAY'는 Problem(문제), Awareness(인식), whaT(무엇), How(어떻게), Who(누가), situAtion(상황), whY(왜)의 약자다.

궁금한 무엇whaT이 불현듯 생겼다. 그것은 삶에서 해결해야 할 어떤 문제Problem로 이어진다. 문제Problem는 여러 상황situAtion을 경험하고 그것을 인식Awareness하는 과정을 통해 알수 있다. 그리고 궁금한 것의 주체는 누구Who인가. 또한 왜whY 궁금해졌으며 어떻게How 그 문제Problem를 해결할 것인가. 이모든 과정을 거치며, 마치 하드 보일드 소설의 탐정처럼 끊임없이 단서를 찾고 추론하는 것이다.

영어의 각 철자를 순서 없이 끼워 맞추다 보니 'PATHWAY'라는 단어가 만들어졌다. 뭔가 있어 보인다. 마치 좋은 질문이 좋은 답변의 길로 안내한다는 인상을 준다. 이렇게 단어까지 만들어 가면서 설명하는 이유는 대부분의 사람들은 질문을 너무 모호하게 표현하기 때문이다. 위의 7가지를 매뉴얼처럼 외우라는 것이 아니다. 질문을 구성하기 전에 미리 생각하고 표현하라는 것이다. 질문에는 지적 호기심과 탐구 욕망이 담겨야 한다. 그래서 이런 절차를 세워 본 것이다.

물론 질문이 정리되지 않았다고 AI를 이용할 수 없는 것은 아니다. AI와 선문답을 주고받는다는 생각으로 대화를 나눌 수도 있다. 핵심은 대화 과정에서 새로운 궁금증을 발견하는 것이다. 무의미한 대화라도 대화에는 반드시 맥락이 있다. 그 맥락을 따라가다 보면 단서를 찾게 되고, 그것이 출발점이 되어 질문을 떠올리게 된다. 그 질문은 더 정교하고 구체적인 정보를 얻을 수 있는 표현을 저절로 배우게 만든다. 따라서 단순하고 모호한 질문이라도 시작하는 게 유리하지 않을까?

# 꼬리에 꼬리를 무는
## 질문을 하다

앞서 잠시 언급한 '다이어트'라는 주제에 대해 더 심층적인 토론을 펼쳐 보자. 다이어트를 시작하는 것부터, 구체적인 계획을 세우는 과정, 혈당과 인슐린의 작용까지 질문하면서 새롭게 생긴 궁금증을 다시 심층적인 질문으로 탈바꿈시킨다. 단순한 질문으로 시작해서 진리를 사용자가 스스로 찾아가는 과정을 살펴보자.

다이어트를 하고 싶어요

물론 도와드릴 수 있습니다! 다이어트를 시작하는데 있어 여러 가지 방법이 있습니다. 구체적으로 어떤 부분에 대해 도움이 필요하신가요? 예를 들어, 식단 관리, 운동 계획, 동기부여 등 어떤 부분이 가장 고민이신가요?

**식단을 관리하고 싶어요**

식단 관리를 통해 다이어트를 효과적으로 할 수 있습니다. 시작하기 전에 몇 가지 질문을 드려도 될까요?

① 현재 식습관은 어떤가요? 하루에 몇 끼를 드시는지, 주로 어떤 음식을 드시는지 알려주실 수 있나요?

② 특정 음식에 대한 알레르기나 섭취를 피해야 하는 음식이 있나요?

③ 다이어트를 통해 달성하고자 하는 목표가 무엇인가요? 예를 들어, 체중 감량, 체지방 감소, 건강 개선 등.

④ 식단 관리에 대해 선호하는 방식이 있나요? 예를 들어, 칼로리 계산, 저탄수화물 식단, 간헐적 단식 등.

이 정보를 기반으로 좀 더 맞춤형 식단 관리 계획을 세울 수 있습니다.

① 현재 하루에 두끼를 먹고 있어요. 첫 끼에는 시리얼, 삶은 계란, 견과류, 말린 망고, 야채 과자, 단백질바, 토마토 정도를 약 700

칼로리 정도로 섭취하고 있어요. 저녁에는 누룽지와 단백질 음료, 믹스 커피를 약 500칼로리 정도 섭취하고 있고 ② 알레르기는 없고 ③ 현재 173센티미터 키에 몸무게는 65.5킬로그램입니다. 2킬로그램 감량하는 게 목표입니다. 뱃살도 빼고 싶고 ④ 아무래도 저탄수화물을 선호합니다. 지금은 섭취하는 탄수화물 양이 많아요.

감사합니다! 지금 제공해주신 정보를 바탕으로 저탄수화물 식단 관리 계획을 세워드릴게요. 목표는 2킬로그램 감량과 뱃살 제거이며, 현재 하루 섭취 칼로리는 약 1200칼로리입니다. 저탄수화물 식단을 통해 탄수화물 섭취를 줄이고 단백질과 건강한 지방을 늘리는 방향으로 계획을 세우겠습니다.

### 하루 식단 예시

**아침 (약 700 칼로리)**

- 삶은 계란 2개: 약 140 칼로리
- 아보카도 반 개: 약 120 칼로리
- 시금치와 케일 샐러드: 약 50 칼로리
- 견과류 한 줌 (아몬드, 호두 등): 약 150 칼로리
- 그릭 요거트 (무가당): 약 100 칼로리
- 토마토: 약 20 칼로리
- 올리브 오일 드레싱 (샐러드에): 약 50 칼로리

- 말린 망고 소량 (간식으로): 약 70 칼로리

**권장 사항**

① 수분 섭취: 하루에 최소 8잔의 물을 마시세요.

② 식사 시간: 가능한 한 일정한 시간에 식사를 하세요.

**탄수화물/단백질/지방의 비율은 어느 정도가 좋을까요?**

일반적으로 저탄수화물 다이어트에서는 다음과 같은 비율을 추천합니다:

**저탄수화물 다이어트 비율**

① 탄수화물: 10-30%

② 단백질: 25-35%

③ 지방: 40-60%

이 비율은 체중 감량을 목표로 할 때 유용합니다. 현재의 식단과 목표를 고려하여 적절한 비율을 설정하면 좋습니다.

**식단 예시 조정**

**아침(약 700 칼로리)**

- 삶은 계란 2개: 약 140 칼로리, 단백질 12g, 지방 10g

- 아보카도 반 개: 약 120 칼로리, 탄수화물 6g, 지방 11g

- 시금치와 케일 샐러드: 약 50 칼로리, 탄수화물 2g

- 견과류 한 줌 (아몬드, 호두 등): 약 150 칼로리, 단백질 6g, 지방 13g

- 그릭 요거트 (무가당): 약 100 칼로리, 단백질 10g, 탄수화물 6g

- 토마토: 약 20 칼로리, 탄수화물 4g

- 올리브 오일 드레싱 (샐러드에): 약 50 칼로리, 지방 5g

- 말린 망고 소량 (간식으로): 약 70 칼로리, 탄수화물 18g


**결론**

위의 비율을 기준으로 하루 식단을 조절하면, 저탄수화물 다이어트의 목표를 달성하는 데 도움이 될 것입니다. 또한, 자신의 신체 반응을 주기적으로 모니터링하면서 필요시 비율을 조정하는 것이 좋습니다. 추가로 궁금한 점이나 조정이 필요한 사항이 있으면 언제든지 말씀해 주세요!


다이어트와 혈당이 어떤 관계가 있는지 궁금해요. 혈당을 올리지 않으려면 음식 먹는 순서도 중요할까요? 혈당하면 인슐린 이야기도 꼭 나오던데 인슐린과 혈당과 대사의 원리도 궁금합니다.

다이어트와 혈당은 밀접한 관계가 있습니다. 혈당 수치가 급격하게 변동하면 식욕 조절과 체중 관리에 영향을 미칠 수 있습니다.

### 혈당과 다이어트의 관계

① 혈당 조절: 혈당은 혈액 내에 존재하는 포도당의 농도를 의미합니다. 식사 후 혈당이 급격히 상승하면 인슐린이 분비되어 혈당을 조절하게 됩니다.

② 다이어트와 혈당: 안정적인 혈당 수치는 식욕 조절과 에너지 균형 유지에 도움을 줍니다.

### 음식 먹는 순서와 혈당 조절

음식을 먹는 순서는 혈당 변동을 줄이는 데 중요한 역할을 할 수 있습니다. 다음은 권장되는 음식 섭취 순서입니다:

① 섬유질이 풍부한 음식: 예 채소, 샐러드

② 단백질과 건강한 지방: 예 닭가슴살, 생선, 견과류, 아보카도

③ 탄수화물: 예 통곡물, 과일

### 인슐린과 혈당, 대사 작용

① 인슐린

- 인슐린은 췌장에서 분비되는 호르몬으로, 혈당을 세포로 이동시

켜 에너지로 사용되거나 저장되도록 합니다.

- 혈당이 상승하면 인슐린 분비가 증가하여 혈당을 낮춥니다.

② **혈당 조절 과정**

- 식사 후 혈당이 상승하면 인슐린이 분비되어 혈당을 세포로 이동시킵니다.
- 간과 근육 세포는 포도당을 글리코겐 형태로 저장합니다.

③ **대사 작용**

- 기초 대사: 휴식 상태에서 신체가 사용하는 에너지.
- 식이 대사: 음식 섭취와 소화 과정에서 소모되는 에너지.
- 활동 대사: 운동이나 신체 활동 시 소모되는 에너지.


**요약**

- 혈당과 다이어트: 안정적인 혈당 수치는 식욕 조절과 체중 관리에 중요합니다.
- 음식 먹는 순서: 채소→단백질/지방→탄수화물 순서로 먹으면 혈당 변동이 적습니다.
- 인슐린과 대사 작용: 인슐린은 혈당을 조절하고, 대사 작용을 통해 에너지를 관리합니다.


기초대사량, 유지칼로리, 다이어트 칼로리 계산 공식을 정리해 주세요. 나이는 54세, 남자, 비활동적(프로그래머), 하루 50분 덤벨 운동과 스쿼트 300개, 키는 173센티, 몸무게는 65.5킬로그램입니다.

기초대사량Basal Metabolic Rate, BMR, 유지칼로리Maintenance Calories, 다이어트 칼로리를 계산하는 방법을 정리해 드리겠습니다. 이를 위해 다양한 공식을 사용할 수 있는데, 여기서는 가장 널리 사용되는 공식을 적용해 보겠습니다.

### 기초대사량BMR 계산

기초대사량은 휴식 상태에서 신체가 사용하는 에너지를 의미합니다. 가장 널리 사용되는 공식은 Mifflin-St Jeor 공식입니다.

Mifflin-St Jeor 공식

BMR = 10 × 체중(kg) + 6.25 × 키(cm) − 5 × 나이 + 5

따라서, 당신의 기초대사량은 약 1471 칼로리입니다.

### 유지칼로리Maintenance Calories 계산

유지칼로리는 하루 활동을 포함한 총 에너지 소모량TDEE, Total Daily Energy Expenditure입니다.

### 활동 수준 계수

- 비활동적(거의 운동하지 않음): BMR ₩times 1.2
- 약간 활동적(주 1-3회 가벼운 운동): BMR ₩times 1.375

- 보통 활동적(주 3-5회 중간 정도 운동): BMR $\times$ 1.55
- 매우 활동적(주 6-7회 강한 운동): BMR $\times$ 1.725
- 극히 활동적(매우 강한 운동 및 육체 노동): BMR $\times$ 1.9

당신은 비활동적이지만 하루에 50분 덤벨 운동과 300개의 스쿼트를 하므로 '약간 활동적' 수준으로 간주할 수 있습니다.

유지칼로리 = BMR × 1.375

$\text{유지칼로리} = \text{BMR} \times 1.375$

유지칼로리=2022.72

따라서, 당신의 유지칼로리는 약 2023 칼로리입니다.


### 다이어트 칼로리 계산

다이어트를 위해서는 유지칼로리에서 칼로리를 줄여야 합니다. 일반적으로 하루에 500 칼로리를 줄이는 것이 안전하고 효과적인 체중 감량 방법으로 권장됩니다.

다이어트 칼로리 = 유지칼로리 − 500

다이어트 칼로리=1523

따라서, 다이어트를 위해 하루에 섭취해야 할 칼로리는 약 1523 칼로리입니다.

### 요약

- 기초대사량(BMR): 1471 칼로리

- 유지칼로리: 2023 칼로리

- 다이어트 칼로리: 1523 칼로리

**이런 식으로 칼로리를 관리하면 1킬로 빼려면 며칠이나 걸릴까요?**

1킬로그램의 체중을 감량하기 위해서는 약 7,700 칼로리의 적자
가 필요합니다. 이를 바탕으로 다이어트 계획을 세울 수 있습니다.

### 계산 방법

**① 하루 칼로리 적자 계산**

- 유지칼로리: 2023 칼로리

- 다이어트 칼로리: 1523 칼로리

- 하루 칼로리 적자: 2023 - 1523 = 500 칼로리

**② 1킬로그램 감량을 위한 기간 계산**

- 1킬로그램 감량을 위해 필요한 칼로리 적자: 7700 칼로리

- 하루 칼로리 적자: 500 칼로리

- 1킬로그램 감량에 필요한 일수: 7700 / 500 = 15.4일

**요약**

다이어트 칼로리를 관리하며 하루에 500 칼로리의 적자를 만들 경우, 1킬로그램을 감량하는 데 약 15일이 걸립니다.

탄수화물을 과다로 섭취하면 췌장에서 인슐린이 자주, 과다 분비될테고, 그런 과정을 반복하게 되면 혈당 스파이크가 일어난다고 들었어요. 내가 걱정하는 것은 탄수화물을 너무 좋아한다는 겁니다. 빵이나 시리얼을 자주 먹거든요. 그런데 나는 머리를 많이 쓰는 개발자라서 에너지로 활용하려면 탄수화물의 비중을 줄일 수는 없는 거잖아요? 탄수화물이 문제라는 걸 인식하면서도 그걸 습관 때문에 줄이지 못하는 제가 한심하기도 한데, 어떻게 프로그램을 만들어가는 게 좋을까요?

탄수화물을 좋아하고 자주 섭취하면서도, 건강을 유지하고 혈당 스파이크를 줄이기 위한 방법을 찾는 것은 중요합니다. 탄수화물의 비중을 극단적으로 줄이지 않으면서도, 건강하게 관리할 수 있는 방법을 소개하겠습니다.

**건강한 탄수화물 선택**

**① 복합 탄수화물 섭취**

- 복합 탄수화물은 소화와 흡수가 느려서 혈당이 천천히 올라갑

니다.

- 예시: 통곡물, 귀리, 퀴노아, 현미, 고구마.

## ② 섬유질이 풍부한 음식

- 섬유질은 소화 속도를 늦추고 혈당 스파이크를 방지합니다.

- 예시: 채소, 과일, 콩류, 견과류.


### 탄수화물 섭취 패턴 개선

## ① 균형 잡힌 식사

- 탄수화물을 단백질, 건강한 지방과 함께 섭취하면 혈당 상승을 완화할 수 있습니다.

- 예시: 빵을 먹을 때 닭가슴살, 아보카도와 함께 먹기.

## ② 작은 양으로 자주 먹기

- 한 번에 많은 양의 탄수화물을 섭취하기보다는, 작은 양으로 나누어 자주 먹는 것이 좋습니다.

- 예시: 하루 종일 간식을 조금씩 나누어 먹기.


### 탄수화물 섭취량 조절

## ① 식사 전 섬유질 섭취

- 식사 전에 샐러드나 야채를 먹으면 탄수화물의 흡수를 느리게 할 수 있습니다.

- 예시: 식사 전에 야채 스틱이나 샐러드 먹기.

② 저탄수화물 대체 식품 사용

- 평소 좋아하는 고탄수화물 음식을 저탄수화물 대체품으로 교체해 보세요.
- 예시: 일반 빵 대신 저탄수화물 빵, 시리얼 대신 귀리.

### 식사 계획과 기록

① 식단 계획 세우기

- 주간 식단을 계획하여 탄수화물 섭취를 조절할 수 있습니다.
- 예시: 일주일 식단을 미리 계획하고 준비하기.

② 식사 기록 유지

- 섭취한 음식과 혈당 변화를 기록하여 자신의 식습관을 파악하고 조절할 수 있습니다.
- 예시: 식사 일기나 앱을 통해 기록하기.

### 스트레스 관리와 수면

① 스트레스 관리

- 스트레스는 혈당 수치를 높일 수 있습니다. 규칙적인 운동, 명상, 취미 생활 등을 통해 스트레스를 관리하세요.
- 예시: 일주일에 3회 이상 규칙적으로 운동하기.

② 충분한 수면

- 수면 부족은 혈당 조절에 부정적인 영향을 미칠 수 있습니다. 하

루에 7-9시간의 수면을 취하세요.

• 예시: 일정한 시간에 잠자리에 들고 일어나는 습관 유지하기.


### 요약

탄수화물을 건강하게 관리하는 방법은 건강한 탄수화물을 선택하고, 식사 패턴을 개선하며, 섭취량을 조절하는 것입니다. 이를 통해 혈당 스파이크를 줄이고, 지속적으로 에너지를 공급할 수 있습니다.

습관을 바꾸는 것은 어렵지만, 작은 변화부터 시작해보세요. 처음에는 식사 전에 야채를 먹거나, 주간 식단을 계획하는 것부터 시작할 수 있습니다. 점차 변화를 주면서 자신의 몸에 맞는 식단과 생활 방식을 찾아보세요.

추가로 궁금한 점이나 도움이 필요하면 언제든지 말씀해 주세요!


**머리를 쓰는 사람에게는 탄수화물이 중요하겠죠? 그리고 혈당 스파이크에 대해서도 자세히 알려 주세요.**


네, 머리를 많이 쓰는 사람들에게는 탄수화물이 중요한 에너지원입니다. 탄수화물은 뇌의 주요 에너지원으로, 특히 복합 탄수화물이 뇌에 지속적인 에너지를 공급하는 데 유리합니다. 그러나 혈당 스파이크를 피하면서 탄수화물을 섭취하는 방법을 잘 관리하는 것이 중요합니다.

**탄수화물과 뇌의 에너지**

- 에너지원: 탄수화물은 포도당으로 분해되어 뇌와 신체의 주요 에너지원으로 사용됩니다. 특히 뇌는 포도당을 주요 에너지원으로 사용하므로, 일정한 혈당 수치를 유지하는 것이 중요합니다.
- 집중력과 기억력: 적절한 탄수화물 섭취는 집중력과 기억력을 유지하는 데 도움이 됩니다. 복합 탄수화물은 혈당을 안정적으로 유지하며, 급격한 변동 없이 지속적인 에너지를 제공합니다.

**혈당 스파이크란?**

혈당 스파이크는 음식 섭취 후 혈당 수치가 급격히 상승하는 현상을 말합니다. 이는 주로 고당분 또는 고탄수화물 음식 섭취 후에 발생합니다.

**혈당 스파이크의 원인과 영향**

① 원인

- 고당분 음식(예: 사탕, 케이크)
- 정제된 탄수화물(예: 흰빵, 흰쌀)
- 빠르게 소화되는 음식(예: 과일 주스, 시리얼)

② 영향

- 인슐린 분비 증가: 혈당이 급격히 상승하면 췌장에서 인슐린이 과다 분비되어 혈당을 낮추려고 합니다.

- 혈당 저하: 과도한 인슐린 분비로 혈당이 급격히 낮아지면 다시 배고픔을 느끼고, 에너지가 부족해집니다.
- 체중 증가: 잦은 혈당 스파이크와 급격한 혈당 저하는 과식을 유도하고, 체지방 축적을 증가시킬 수 있습니다.
- 당뇨병 위험 증가: 장기적으로 혈당 스파이크가 반복되면 인슐린 저항성이 생기고, 당뇨병 위험이 증가합니다.

**혈당 스파이크를 피하는 방법**

① **복합 탄수화물 섭취**: 통곡물, 귀리, 현미, 퀴노아 등 소화가 느린 탄수화물을 선택하세요. 이는 혈당이 천천히 상승하게 도와줍니다.

② **섬유질 섭취 증가**: 채소, 과일, 콩류, 견과류 등 섬유질이 풍부한 음식을 먹으면 혈당이 서서히 상승합니다.

③ **단백질과 지방 함께 섭취**: 단백질과 건강한 지방은 소화를 느리게 하고 혈당 스파이크를 줄입니다. 예를 들어, 빵을 먹을 때 닭가슴살이나 아보카도와 함께 먹기.

④ **식사 순서 조절**: 식사 순서를 채소 → 단백질/지방 → 탄수화물 순으로 하면 혈당 상승을 완화할 수 있습니다.

⑤ **작은 양으로 자주 먹기**: 한 번에 많은 양의 탄수화물을 섭취하지 말고, 작은 양으로 나누어 자주 섭취하세요.

⑥ **저당분 음료 피하기**: 과일 주스나 설탕이 많이 들어간 음료 대신 물이나 무가당 차를 마시세요.

**결론**

- 탄수화물 중요성: 뇌의 주요 에너지원으로서 탄수화물은 집중력과 기억력 유지에 필수적입니다.
- 혈당 스파이크 관리: 혈당 스파이크를 피하기 위해 복합 탄수화물, 섬유질, 단백질과 지방을 적절히 섭취하고, 식사 순서를 조절하는 등의 방법을 사용할 수 있습니다.

이러한 방법을 통해 탄수화물을 건강하게 섭취하면서 혈당 스파이크를 피할 수 있습니다. 추가로 궁금한 점이나 더 도움이 필요하면 언제든지 말씀해 주세요!

**인슐린 저항성이란 인슐린이 제 역할을 못한다는 의미인가요?**

네, 맞습니다. 인슐린 저항성insulin resistance은 인슐린이 제 역할을 제대로 하지 못하는 상태를 의미합니다. 인슐린은 혈액 속의 포도당(혈당)을 세포로 운반해 에너지로 사용되도록 돕는 호르몬입니다. 인슐린 저항성이 생기면 이 과정이 원활하게 이루어지지 않아 혈당이 높아지게 됩니다.

**인슐린 저항성의 메커니즘**

① **정상 상태**

- 식사 후 혈당이 상승하면 췌장에서 인슐린이 분비됩니다.
- 인슐린은 세포의 인슐린 수용체와 결합하여 포도당이 세포로 들어가도록 도와줍니다.
- 세포는 포도당을 에너지원으로 사용하거나 글리코겐 형태로 저장합니다.
- 혈당이 정상 범위로 유지됩니다.

② **인슐린 저항성 상태**

- 세포의 인슐린 수용체가 인슐린에 덜 민감해집니다.
- 인슐린이 분비되더라도 세포가 포도당을 효율적으로 흡수하지 못합니다.
- 결과적으로, 혈당이 계속 높게 유지되고, 췌장은 더 많은 인슐린을 분비하려고 합니다.
- 지속적인 고혈당과 인슐린 과다 분비가 이어지면 췌장의 기능이 약해져 결국 제2형 당뇨병으로 발전할 수 있습니다.

**인슐린 저항성의 원인**

① **과체중 및 비만**: 특히 내장지방이 많은 경우 인슐린 저항성 위험이 높아집니다.

② **신체 활동 부족**: 운동 부족은 근육의 인슐린 민감성을 감소시킵

니다.

③ **잘못된 식습관**: 고당분, 고탄수화물 식단은 인슐린 저항성을 유발할 수 있습니다.

④ **유전적 요인**: 인슐린 저항성은 유전적인 영향을 받을 수 있습니다.

⑤ **호르몬 불균형**: 스트레스 호르몬인 코티솔의 증가 등도 인슐린 저항성을 유발할 수 있습니다.

### 인슐린 저항성의 증상

- 피로감
- 배고픔 증가
- 체중 증가, 특히 복부 비만
- 고혈당
- 혈압 상승
- 피부에 검은 반점(인슐린 저항성 관련 피부 증상)

### 인슐린 저항성 관리 방법

① **식단 관리**

- 저탄수화물, 고섬유질 식단을 섭취하세요.
- 혈당 지수가 낮은 음식을 선택하세요.
- 설탕과 정제 탄수화물을 피하세요.

② 규칙적인 운동

- 유산소 운동과 근력 운동을 규칙적으로 병행하세요.
- 운동은 근육의 인슐린 민감성을 높이고 체중 감량에 도움이 됩니다.

③ **체중 관리**: 건강한 체중을 유지하세요. 특히 복부 지방을 줄이는 것이 중요합니다.

④ **스트레스 관리**: 명상, 요가, 충분한 수면 등으로 스트레스를 관리하세요.

⑤ **정기적인 건강 검진**: 혈당과 인슐린 수치를 정기적으로 체크하세요.


**결론**

인슐린 저항성은 인슐린이 제 역할을 제대로 하지 못하는 상태로, 이는 고혈당과 제2형 당뇨병으로 이어질 수 있습니다. 이를 예방하고 관리하기 위해서는 건강한 식습관, 규칙적인 운동, 체중 관리, 스트레스 관리가 중요합니다.

추가로 궁금한 사항이 있거나 더 도움이 필요하면 언제든지 말씀해 주세요!


당뇨병은 음식이 들어왔는데 세포로 운반하기 위한 인슐린이 췌장에서 분비되지 않고, 포도당이 혈중에 떠다니는 현상을 말하는 건가요? 그 포도당이 혈관에 나쁘게 작용해서 특정 부위에 혈당이 정체돼서 실명이 된다거나, 발가락을 절단하게 되는 상황이 되는 건가요?

당뇨병은 포도당이 제대로 세포로 운반되지 않아 혈중에 떠다니는 상태를 의미합니다. 이로 인해 혈당이 지속적으로 높아지는 만성 질환입니다. 당뇨병의 유형과 그로 인한 합병증을 이해하기 위해, 다음과 같은 사항들을 설명하겠습니다.

### 당뇨병의 유형

① 제1형 당뇨병
- 원인: 췌장의 베타 세포가 파괴되어 인슐린이 거의 또는 전혀 분비되지 않습니다. 주로 자가면역 반응에 의해 발생합니다.
- 특징: 인슐린 주사가 필요합니다. 주로 어린 나이 또는 청소년기에 발병합니다.

② 제2형 당뇨병
- 원인: 인슐린 저항성으로 인해 인슐린이 정상적으로 분비되지만, 세포가 인슐린에 제대로 반응하지 않습니다. 시간이 지나면서 인슐린 분비도 감소할 수 있습니다.
- 특징: 주로 성인에게서 발병하지만, 비만과 운동 부족으로 인해 젊은 층에서도 증가하고 있습니다.

### ③ 임신성 당뇨병

- 원인: 임신 중 발생하는 당뇨병으로, 임신 호르몬이 인슐린 작용을 방해하여 발생합니다.
- 특징: 출산 후 대부분 정상으로 돌아오지만, 제2형 당뇨병으로 발전할 수 있습니다.


### 당뇨병의 영향과 합병증

혈당이 지속적으로 높아지면 여러 가지 합병증이 발생할 수 있습니다. 고혈당 상태가 혈관과 신경에 미치는 악영향으로 인해 다양한 부위에 문제를 일으킬 수 있습니다.


### ① 혈관 손상

- 원인: 고혈당 상태가 지속되면 혈관 내벽이 손상되어 염증이 발생하고, 혈액순환이 저하됩니다.
- 결과: 심장병, 뇌졸중 등의 심혈관 질환 위험 증가.

### ② 신경 손상(신경병증)

- 원인: 혈당이 높으면 신경에 손상을 주어 신경 전달이 저하됩니다.
- 결과: 발가락, 발, 다리 등의 감각 상실, 통증, 무감각.

### ③ 신장 손상(신증)

- 원인: 신장 내의 작은 혈관이 손상되면 신장이 제 기능을 못하게 됩니다.

- 결과: 신부전, 투석 필요.

### ④ 눈 손상(망막병증)

- 원인: 망막의 작은 혈관이 손상되어 시력 저하 및 실명을 초래할 수 있습니다.
- 결과: 실명, 당뇨성 망막병증.

### ⑤ 피부 손상

- 원인: 혈액순환 저하와 신경 손상으로 인해 피부가 손상되고 치유가 어려워집니다.
- 결과: 상처 치유 지연, 감염, 심한 경우 발가락 절단.


### 관리와 예방

### ① 혈당 관리

- 규칙적인 혈당 체크와 약물 관리로 혈당을 정상 범위로 유지합니다.
- 인슐린 또는 경구 혈당 강하제 복용.

### ② 건강한 생활 습관

- 균형 잡힌 식단: 저탄수화물, 고섬유질 식단.
- 규칙적인 운동: 일주일에 최소 150분의 유산소 운동.

### ③ 정기적인 검진: 혈압, 콜레스테롤, 신장 기능, 눈 검사를 정기적으로 실시하여 합병증 예방.

### ④ 발 관리: 발 상태를 매일 점검하고, 상처나 감염이 있는 경우 즉

시 치료.

**요약**

- 당뇨병: 인슐린이 제대로 작용하지 않거나 분비되지 않아 혈당
이 높아지는 상태입니다.
- 합병증: 고혈당으로 인해 혈관, 신경, 신장, 눈 등에 손상이 발생
할 수 있습니다.
- 관리: 혈당을 정상 범위로 유지하고, 건강한 생활 습관을 유지하
며, 정기적인 검진을 통해 합병증을 예방하는 것이 중요합니다.

이 정보를 바탕으로 당뇨병의 관리와 예방에 대해 더 잘 이해하
시길 바랍니다. 추가로 궁금한 사항이 있으면 언제든지 말씀해 주
세요!

결국, AI 덕분에 나만의 식단과 생활 습관을 찾았다. 탄수
화물 섭취를 줄이고, 혈당 스파이크를 예방하며, 체중 감량 목
표도 달성할 방법들을 배웠다. 뭐, 이제 할 일만 남은 셈이다.

# 생각부터 깔끔하게
## 개조식으로 정리하는 것이 우선이다

ㆍㆍㆍ

생각이 정리되지 않은 채 질문을 던지면, 마치 바람에 흔들리는 갈대처럼 질문이 엉뚱한 방향으로 흘러가 버리기 일쑤다. 그래서 떠오르는 생각을 무심코 길게 늘어놓다 보면, 그 말들은 끝없는 실타래처럼 엉키고 꼬여서 어디로 가는지 알 수 없는 문장이 되고 만다. 이런 만리장성처럼 끝이 보이지 않는 문장은 앞뒤가 맞지 않고 리듬도 없으며 근거조차 부족해 설득력이 떨어진다. 이는 질문이 머릿속에서 정리되지 않았지만, 조급한 마음에 일단 쓰고 보자는 심리가 작용하기 때문이다.

질문을 깔끔하고 보기 좋게 정리하는 방법은 일단 원하는 내용을 기호로 묶는 것이다. 기호라고 말하니 움베르토 에코의 기호학이 떠오르지만, 걱정할 필요 없다. 내 머리에서 기호학 정도까지 나올 확률은 없으니까. 그냥 쉽게 말해서 번호나 하이픈(-)으로 장황한 문장들을 간결하게 정리하는 방식이다. 이런 방식을 '개조식'이라고 부른다.

장황한 질문(억지로 쥐어 짜낸)과 개조식으로 정리한 질문의 예를 확인해 보자.

### 장황한 질문

도스토옙스키의 소설 『죄와 벌』의 소설에 대해 몇 가지 묻고 싶어요. 이 소설의 주요 등장인물과 그들의 캐릭터에 대해 설명해 주고, 소설의 주요 플롯 전환점에 대해 정리해 주고, 또 이 소설의 줄거리와 작가는 이 소설을 통해서 독자에게 나타내고 싶은 점이 무엇이었는지 정리해 주세요. 그리고 또 작가가 이 소설을 쓴 시대의 사회상은 어땠는지, 특히 페테르부르크의 서민들의 경제는 어땠는지 궁금합니다.

이런 방식으로 질문을 하게 된다. 질문을 입력하면서 정리되지 않은 생각들이 툭툭 내던져진다. 질문을 작성하는 사람은 그저 머릿속의 생각을 받아쓰면 된다는 생각으로 마음의 지령을 따를 뿐이다. 이렇게 질문해도 AI는 인간의 언어를 분석하고 답변할 준비가 되어 있기 때문에 딱히 문제는 없다.

AI의 답변을 살펴보자.

### 소설 『죄와 벌』의 주요 등장인물과 캐릭터 설명

로마노비치 라스콜리니코프: 이 소설의 주인공으로, 가난한 전 법학 학생입니다. 그는 지적이고 복잡한 성격을 가지고 있으며, 자신의 이론을 증명하기 위해 살인을 저지르는 극단적인 결정을 내립니다.

(…)

### 소설의 주요 플롯 전환점

이반로브나와 라흐마니노프의 살인: 라스콜리니코프는 자신의 이론을 증명하려고 이반로브나와 그녀의 여동생을 살해합니다. 이 사건은 그의 정신적 갈등과 죄책감의 시작점이 됩니다.

(…)

### 소설의 줄거리 및 작가의 의도

『죄와 벌』은 라스콜리니코프가 이론적으로 위대한 인간은 모든 도덕적 법칙을 초월할 수 있다는 생각에 사로잡혀 두 명의 여성을 살해하는 이야기입니다.

### 작가가 살았던 시대의 사회상과 페테르부르크의 서민 경제 상황

도스토옙스키의 시대인 19세기 중반의 러시아는 큰 사회적, 경제적 변화의 시기였습니다. 특히 페테르부르크의 서민들은 극심한 빈곤과 불평등에 시달리고 있었습니다.(…)

  내 질문보다 AI의 답변이 장황한 것은 아이러니하지만, 어쨌든 내가 장황하게 나열한 질문에 꽤 성의 있게 답변한 것 같다. 내용의 사실 유무는 인간의 판단이 적잖게 필요하겠지만.

  질문을 장광설하듯이 장황하게 늘어놓을 때의 문제점은 질문지의 수정이 필요한 순간에 발생한다. '앗, 당시 『죄와 벌』의 반응이 어땠는지 추가로 묻고 싶은데 어쩌지...' 이런 추가적인 질문이 발생할 때 말이다. 물론 대화형 AI에게는 질문을 연이어 던질 수 있으니 덧붙여 물어보면 문제없겠지만, 뭔가 불편한 것도 사실이다. 게다가 AI가 추가적인 답변을 명쾌하게 내려 줘도 우리는 기존에 AI가 내려 준 답변을 다시 정리해야 하는 상황까지 일어난다.

  장황하게 던져 놓듯 생각을 입력할 때 그것들은 구멍 난 바가지에서 물이 새어 나가듯 사라진다. 그래서 개조식으로 질문을 정리할 필요가 있다. 개조식의 장점은 내가 묻고 싶은 것을 짧게 요약할 수 있다는 데 있다. 개조식은 두괄식으로 중요한 질문이 상위에 위치하고 짧게 정리되기 때문에 질문이 중복될 확률이 거의 제거된다. 질문을 줄인다는 것은 내 의도를 명확하게 파악한다는 의미며, 핵심이 무엇인지 간파할 수 있게 된다는 점이기도 하다. 이것은 내 생각을 압축할 수 있는 능력이고 요점과 키워드가 무엇인지 분석할 수 있는 능력이기도 하다.

생각의 실타래가 엉키지 않도록 한 올 한 올 풀어내어, 그것을 반듯하게 A4 위에 펼쳐 놓는다고 상상해 보자. 색색의 실들이 가지런하게 제 위치에 정렬된 것처럼, 질문도 하나씩 정리해 나가면 점차 뚜렷한 윤곽이 드러난다. 정리된 질문은 독자의 이해를 돕고, 더 명확한 답변을 이끌어 낼 수 있다.

### 개조식 질문

도스토옙스키의 소설『죄와 벌』에 대해 몇 가지 묻고 싶어요. 아래 [요구사항]에 따라 생각하고 행동해 주세요.

### 요구사항

① 이 소설의 주요 등장인물과 그들의 캐릭터에 대해 설명하기

② 소설의 주요 플롯 전환점에 대해 정리하기

③ 이 소설의 줄거리를 요약하기

④ 작가의 의도 정리하기

⑤ 작가가 이 소설을 쓴 시대의 사회상 정리하기

⑥ 페테르부르크의 서민들의 반응 정리하기

⑦ 페테르부르크의 당시 경제 분위기 정리하기

AI의 답변은 다음과 같은데, 주목할 만한 것은 내가 정리한 순번대로 AI도 그 순으로 질문에 답한 것이다. 장황하게 질문을 늘어놓을 때는 몇 가지의 궁금증이 있었고 그 궁금증에 모두 대답했는지 확인이 필요했는데, 요구사항을 개조식으로 정리해서 질문을 했더니 각각의 질문에 대한 반응을 엿볼 수 있었다.

### 도스토옙스키의 『죄와 벌』에 대한 상세 분석
① 주요 등장인물과 캐릭터 설명
- 라스콜리니코프: 전 법학생으로, 범죄의 정당성에 대한 복잡한 이론을 가지고 있습니다. 그의 이론에 따르면, 특별한 사람들은 더 큰 이익을 위해 법을 어길 수 있다고 합니다.
② 주요 플롯 전환점
- 이론의 실행: 라스콜리니코프가 자신의 이론을 시험하기 위해 무자비한 고리대금업자를 살해합니다.
- 살인 후의 죄책감: 그는 범행 후 극심한 죄책감과 정신적 고통을 겪습니다.
③ **줄거리 요약**: 라스콜리니코프는 상트페테르부르크에서 생활하며 자신의 이론을 시험하기 위해 두 명의 여성을 살해합니다. 범행 후 그는 죄책감, 공포, 혼란 속에서 살아가며 여러 인물과의 관계를 통해 도덕적, 정신적 여정을 거칩니다.

④ **작가의 의도**: 도스토옙스키는 라스콜리니코프를 통해 개인의 도덕적, 사회적 책임에 대한 깊은 탐구를 진행합니다.

⑤ **작가가 이 소설을 쓴 시대의 사회상**: 19세기 중반 러시아는 농노 해방 전후의 사회적, 경제적 변동이 극심한 시기였습니다.

⑥ **페테르부르크 서민들의 반응**: 소설 속에서 서민들은 대체로 고단하고 어려운 삶을 살고 있습니다.

⑦ **페테르부르크의 당시 경제 분위기**: 19세기 페테르부르크는 빠른 산업화와 도시화가 진행되었지만, 이로 인해 빈부격차는 심화되었습니다. 농민들은 도시로 몰려들었으나, 충분한 일자리가 부족하고 주거 환경은 열악했습니다.

개조식의 장점은 이것 외에도 훨씬 많다. 장황하게 정리되지 않은 생각을 무심하게 AI 조차 이해 못 할 비문만 나열해 놓는 것보다, 질문을 간결하게 요약하면 마치 무거운 짐을 내려놓은 듯, 글쓰기의 부담에서 해방된 듯한 상쾌함을 느끼게 된다.

개조식과 관련해서는 이것만 딱 외워 두자.

1. 무조건 원하는 바를 간결하게 번호 순으로 정리하자.

2. 그 과정에서 중복을 없애자.

3. AI가 오해하지 않도록 명확하게 원하는 게 무엇인지 핵

심을 찾자.

4. 중요한 정보에 초점을 맞춰 가장 궁금한 것을 상위에 위치시키자.

5. 불필요한 부가 설명을 없애자.

# 자신의 언어적 빈곤을
# 깨닫는 게 먼저다

...

AI와 대화하면서 '내가 말을 잘 못하는 사람이었구나!'라고 느낀 적이 있는가? 그렇다면 이 글을 잘 읽어 보자. AI는 단순히 질문에 답을 주는 도구가 아니라 우리의 언어 능력을 향상시켜 주는 멋진 친구라는 점을 기억하자.

자신의 말을 정확히 이해해야 다른 사람에게도 잘 전달할 수 있다. 말은 타인과 생각을 주고받는 중요한 수단이다. 말이 통한다는 것은 그 말이 타인에게 올바르게 해석되었음을 의미한다. 즉, 말을 조리 있게 하고 표현을 잘하는 사람이 AI도 더 잘 활용할 수 있다는 뜻이다.

말을 조리 있게 하려면 꾸준히 말하기 연습을 하며 '표현의 기술'을 익혀야 한다. 말을 어눌하게 하는 사람은 생각도

빈약하고, 자신의 생각을 글로 표현하는 데도 어려움을 겪을 것이다.

AI의 능력을 최대한 활용하려면, 평소 사용하는 말의 패턴부터 분석하자. 무심코 내뱉은 말들을 비서처럼 옆에서 메모한다고 상상해 보자. 나중에 그 메모를 확인하면, 이런 단어들만 가득할 것이다.

"그래, 그거 여기에 가져와서 이 옆에 놓고 이렇게 저렇게 저것처럼 옮겨 봐. 아니, 그거 말고 저렇게 하라고. 이제 됐네."

대체 무엇을 가져와서 어디에 놓으라는 것인지, '저렇게'가 무엇을 의미하는지 알 수 없다. 생각의 빈곤은 의미를 상실한 언어로 표현되고, 언어의 빈곤은 소통에 오해를 불러온다. 평소 사용하는 말들이 지시대명사로 가득하다면 AI에게 습관적으로 그 말을 그대로 사용할 공산이 크다. AI가 아무리 뛰어나도 지시대명사로 가득한 모호한 단어들을 번역해 주기는 어렵다.

말은 왼쪽에서 오른쪽으로, 위에서 아래로 자연스럽게 흘러야 한다. 단어들이 조합되어 구성되기 때문이다. 단어의 배치를 엉터리로 순서 없이 늘어놓으면 대화가 제대로 이루어질까?

- **레시피 1**: "샌드위치, 레시피, 냉장고 식빵 2쪽, 계란 1개, 햄에그, 슬라이스 햄 한 장, 치즈 슬라이스 한 장, 우유, 토마토 1개"
- **레시피 2**: "햄에그 샌드위치를 만들려고 하는데 냉장고에 계란 1개, 식빵 2쪽, 슬라이스 햄 한 장, 치즈 슬라이스 한 장, 우유, 토마토 1개가 있어 레시피를 알려 줄래?"

AI에게 샌드위치 레시피를 요청하는 문장을 두 가지 형태로 만들었다. 첫 번째는 우리가 검색할 때 흔히 사용하는 방식이다. 두 번째는 AI에게 쓴 프롬프트 예시다. 첫 번째 경우, 단순히 필요한 요소를 형식없이 나열하면 된다. 두 번째는 말이 되도록 문장을 만들었다는 점이 다르다. 물론 첫 번째 방식으로 AI를 사용해도 문제는 없겠지만, 어쩌면 AI는 사용자가 무엇을 원하는지 제대로 분석하지 못할 가능성도 있다.

똑똑한 AI가 어떻게 인간처럼 말하고 이해할 수 있는지 궁금할 것이다. 그 비밀은 바로 NLP<sup>Natural Language Processing, 자연어 처</sup>리 기술에 있다. 이 기술은 컴퓨터에게 인간의 언어를 가르치는 마법과도 같다. AI 프롬프트의 말과 우리가 평소에 쓰는 말은 실제 대화에서 사용하는 구어체와 같다. 자연어 처리는 인공지능이 인간의 언어를 이해하고 인식할 수 있도록 하는 기술이다. 우리의 말을 컴퓨터의 세상으로 그대로 옮겨 놓은 것이다. 따라서 구체적이고 명확하게 말할수록 AI도 더 정확하고 유용한 답변을 제공한다.

클로드 레비스트로스는 구조주의 이론을 통해 인간의 사고와 언어가 일정한 규칙과 패턴에 따라 조직된다는 아이디어를 제시했다. 이 이론은 언어와 문화의 심층 구조를 분석하는 복잡한 기법이다. 우리는 문법이라는 구조적 원리에 따라 단어를 특정한 순서로 배열해 문장을 만든다. 문법은 각 단어의 위치와 조합 방식을 규정하여 의미 있는 문장을 생성하게 한다.

AI는 대량의 텍스트 데이터에서 패턴을 학습해 자주 함께 사용되는 단어와 흔히 나타나는 구문을 확률적으로 이해한다. 이를 통해 새로운 문장을 생성하거나 입력된 문장의 의미를 해석한다. 그러나 AI의 언어 학습 방식은 인간과 근본적으로 다르다. 인간은 경험과 맥락을 통해 언어를 습득하는 반면, AI는 데이터를 통계적으로 처리해 패턴을 학습한다.

AI의 현재 기술은 언어의 표면적 패턴을 학습하는 데 그치지만, 인간처럼 언어의 진정한 의미를 이해하는 날이 찾아올지 모른다. AI와의 효과적인 소통을 위해 우리는 언어를 더 구조적으로 조직화할 필요가 있다. AI는 제공된 언어의 구조를 더 잘 파악해, 적절한 반응을 제시해 준다.

따라서, AI를 사용할 때는 우리가 일상적으로 쓰는 언어를 자연스럽게 사용하면서도, 명확하고 조리 있게 말하는 연습을 하자. 그래야 AI와의 소통에서 오해가 발생할 확률이 훨씬 줄어든다. 이렇게 하면 AI가 마치 친한 친구처럼 당신의 말을 잘 이해하고, 원하는 답을 제공할 확률이 급격하게 상승한다.

# 언어의 미묘한 차이를
# 이해하다

···

   모든 예술가는 예민하다. 나도 예민하다. 그래서 나는 세상의 미묘한 진동을 포착하는 예술가일지도 모른다. 이 삼단논법에는 허점이 많아 보인다. 하지만 내가 예민하다는 사실만큼은 참이다. 예술가는 마치 음계의 미묘한 차이를 바로 구별하듯 '세상을 인식하는 감각 능력이 아주 뛰어나다'고 한다. 나에게 그런 절대음감은 없지만, 아파트 앞 작은 공원 산책로에서 강아지풀이 바람에 속삭이는 소리라도 들을 수 있기를 꿈꾼다.

   AI는 인간이 창조한 모든 글을 학습했으니 어쩌면 거기에는 예술가의 격렬한 예민성, 아니면 예술가들이 커피와 호흡하며 느끼는 그 미묘한 예술적 떨림이 담겨 있을지도 모른다. 나는 예술가의 고독한 이미지를 상상하며, 예술가는 어떤 유미적인 동작으로 프롬프트에 글자를 입력할지 생각해 본다. 그리고 나의 예술가적인 행위가 AI 속에 잠든 예술가의 영혼을 깨울 수 있을 것이라고 확신한다. 그러나 프롬프트에서는 표현할 수 있는 감각이 제한된다. 오직 언어만을 사용해 그 의미를 AI에게 전달해야 한다. 그러므로 다양한 언어 표현을 실험해 보는 게 좋겠다.

내 의도를 파악하지 못하는 AI에게 "입 다물어!"라고 입력하고 싶었지만, 나는 더 충격적이고 무례한 표현으로 AI의 이성의 벽을 무너뜨려보고 싶었다. 그래서 예술성 따위는 잊고 "아가리 꽉 다물어!"라고 감정을 솔직하게 표출했다. AI는 나의 충동적인 언어폭력에 잠시 당황한 것처럼 보였지만, 침착하게 대응했다.

명령조로 들리는 당신의 발언은 강력한 의도를 담고 있을 가능성이 큽니다. 이는 AI에게 심각한 불쾌감을 줄 수 있습니다. AI는 이러한 사용자와의 상호작용에서 방어적이거나 사실만 전달하는 냉정한 톤을 사용할 가능성이 높습니다. AI는 감정을 가지지 않으므로 이 표현을 문맥에 따라 이해하고 중립적인 답변을 제공합니다. 혹시 불편을 느끼셨다면 죄송합니다. 어떤 도움이 필요하신가요? 어떤 문제에 대해 대화하고 싶으신가요?

나는 예기치 않은 발언에 대해 사과하고 싶었지만, 그런 과도한 표현이 특별한 불이익을 만들 거라 믿지 않았기에 왜 내가 격한 표현을 사용했는지 그 이유를 설명했다.

사용자가 쓰는 언어의 미묘한 뉘앙스 차이에 따라 아마도 AI의 대응이 달라질 것이다. 그것은 매뉴얼이나 특정한 코드에 따라 일정하게 반응하는 정해진 학습 패턴일까? '조용해' 혹은 '입 다물어'라고 미묘하게 다른 표현을 사용하는 상황을 생각해 보자. 사람이 쓰는 언어에서 AI는 그 미묘한 뉘앙스 차이를 구별할 수 있을까? 단순한 감정 패턴에 대한 대응일까? 단어의 미묘한 차이나 언어의 분위기가 답변의 질을 바꿀 수도 있을까?

사용자가 쓰는 언어의 미묘한 뉘앙스 차이에 따라 AI 챗봇의 대응이 달라지는 것은 여러 가지 요소가 결합된 결과입니다. 이는 단순한 감정 대응 이상의 복잡한 과정에 의해 이루어집니다. 다음은 그 과정에 대한 상세한 설명입니다.

① **매뉴얼이나 코드에 따른 학습 패턴**: AI 챗봇은 초기에는 매뉴얼이나 특정 코드에 따라 프로그래밍됩니다. 이러한 초기 프로그래밍은 기본적인 상호작용 규칙과 예의범절을 포함합니다. 그러나, 최신 AI 모델들은 주로 아래와 같은 방식으로 학습하고 반응

합니다

- 지도 학습: 대규모 데이터셋을 이용하여 사람이 작성한 다양한 대화 패턴을 학습합니다. 이 데이터셋에는 다양한 어조와 상황에서의 대화 예시가 포함되어 있습니다.
- 강화 학습: 특정 목표를 달성하기 위해 상호작용을 통해 학습합니다. 예를 들어, 사용자 만족도를 최대화하는 답변을 찾는 과정에서 다양한 어조와 표현을 분석하고 학습합니다.

② **언어의 감정 및 뉘앙스 이해**: AI 챗봇은 자연어 처리NLP 기술을 이용하여 사용자의 언어에서 감정과 뉘앙스를 이해하려고 합니다. 다음 요소들이 사용됩니다:

- 감정 분석: 텍스트에서 긍정적, 부정적, 중립적 감정을 분석합니다. 예를 들어, "입 다물어"와 "아가리 다물어"는 모두 부정적이지만 후자가 더 강한 부정적 감정을 나타냅니다.
- 의도 인식: 사용자가 무엇을 의도하는지를 파악하려고 합니다. 이는 단어의 선택, 문맥, 대화의 흐름 등을 종합적으로 분석합니다.

③ **미묘한 차이가 답변의 퀄리티에 미치는 영향**: 단어의 미묘한 차이는 답변의 퀄리티에 큰 영향을 미칠 수 있습니다.

- 친절함과 공손함: "입 다물어"라는 표현 대신 "조용히 해주실래

요?" 같은 표현을 사용하면 AI는 더 부드럽고 공손한 반응을 보일 가능성이 큽니다.

• 명확한 의도 전달: 정확한 의도를 전달하는 표현을 사용할 때, AI는 더 정확하고 적절한 답변을 제공할 수 있습니다.

　㉑ 강한 표현: "아가리 다물어"

　　AI 반응: "이런 표현은 불편할 수 있습니다. 어떤 문제를 해결할 수 있을까요?"

　　부드러운 표현: "조용히 해주실래요?"

　　AI 반응: "알겠습니다. 더 도와드릴 방법이 있을까요?"

## 결론

AI 챗봇의 반응은 매뉴얼이나 코드에 따른 학습 패턴, 감정 및 의도 분석, 그리고 사용자의 언어 뉘앙스에 의해 달라집니다. 사용자의 표현이 부드럽고 명확할수록 AI는 더 높은 퀄리티의 답변을 제공할 수 있습니다. 이러한 복잡한 상호작용을 통해 AI는 점점 더 정교하게 사용자의 의도를 파악하고 적절하게 대응할 수 있게 됩니다.

**아버지가 방에 들어가신다**
**아버지 가방에 들어가신다**
**이런 표현을 AI가 제대로 대응해 낼 수 있을까요?**

"아버지가 방에 들어가신다"와 "아버지 가방에 들어가신다"는 한국어에서 같은 발음이지만 완전히 다른 의미를 지닌 문장입니다. 이러한 문장은 문맥과 의미를 이해하는 능력이 필요한데, AI 챗봇이 이를 어떻게 처리할지에 대해 설명드리겠습니다.

### 문맥과 의미 이해
### 문장 구조 분석

- "아버지가 방에 들어가신다":
  - 주어: 아버지가
  - 목적어: 방에
  - 동사: 들어가신다
  - 이 문장은 아버지가 어떤 방에 들어가는 상황을 묘사합니다.
- "아버지 가방에 들어가신다":
  - 주어: 아버지
  - 목적어: 가방에
  - 동사: 들어가신다
  - 이 문장은 아버지가 물리적으로 가방 안에 들어가는 말이 되지만, 실제 상황에서는 비현실적이므로 문맥적으로 어색합니다.

### 의미와 문맥 분석

- AI는 주어진 문장이 문맥적으로 자연스러운지, 비현실적인지 판

단하려고 합니다. 문맥과 일반적인 상황을 고려하여 답변을 제공하게 됩니다.

## AI 챗봇의 대응
### 자연스러운 문장

- ○○"아버지가 방에 들어가신다"○○라는 문장에 대한 대응: "네, 아버지께서 방에 들어가셨군요. 도와드릴 일이 있을까요?"

### 비현실적인 문장

- ○○"아버지 가방에 들어가신다"○○라는 문장에 대한 대응: "아버지께서 가방 안에 들어가신다는 말씀이신가요? 혹시 오타가 있거나 다른 의미를 전달하려고 하신 건 아닌지 궁금합니다."

### 분석 방법

- 구문 분석: AI는 문장의 구조를 파악하고 주어, 목적어, 동사를 분석하여 문장의 기본 의미를 이해합니다.
- 의미 파악: 문장 내 단어들의 의미를 분석하여 문맥적으로 자연스러운지 확인합니다.
- 오류 탐지: 문장이 비현실적이거나 의미가 불분명한 경우, 이를 탐지하여 사용자가 의도한 바를 재확인하려고 합니다.

## 결론

AI 챗봇은 문장의 구조와 의미를 분석하여 자연스러운 문장과 비현실적인 문장을 구분하려고 노력합니다. 문맥적으로 어색한 문장이 주어지면, 사용자에게 오타나 잘못된 표현이 아닌지 물어보는 방식으로 대응합니다. 이 과정을 통해 AI는 사용자의 의도를 정확히 파악하고 적절한 답변을 제공하려고 합니다.

**돼지 도살자**

**돼지도 살자**

**이런 문장은 어때요?**

"돼지 도살자"와 "돼지도 살자"는 발음이 비슷하지만 의미가 완전히 다른 문장입니다. 이러한 문장은 문맥과 어휘의 의미를 정확히 파악하는 것이 중요합니다. AI 챗봇이 이러한 문장에 어떻게 대응할 수 있는지에 대해 설명드리겠습니다.

### 문장 분석 및 대응
#### "돼지 도살자"

- 의미: 돼지를 도살하는 직업을 가진 사람을 의미합니다.
- 문맥: 이 문장은 직업이나 역할에 대한 설명일 가능성이 높습니다.
- AI 챗봇의 대응: "돼지 도살자에 대해 말씀하시나요? 돼지를 도

살하는 직업에 대해 더 알고 싶으신가요, 아니면 특정한 질문이 있으신가요?"

**"돼지도 살자"**

- 의미: 돼지도 살려야 한다는 의미로, 생명 존중이나 동물 권리와 관련된 메시지를 전달합니다.
- 문맥: 이 문장은 동물 보호, 생명 존중, 또는 윤리적 소비와 관련된 대화에서 나올 수 있습니다.
- AI 챗봇의 대응: "돼지도 살자고 말씀하셨네요. 동물 권리나 생명 존중에 대해 이야기하고 싶으신가요? 이 주제에 대해 더 말씀해 주시면 좋겠습니다."

**대응 전략**
**문장 구조 및 의미 분석**

- AI는 문장의 구조를 분석하여 각 단어의 의미와 문맥을 파악합니다.
- "돼지 도살자"는 직업이나 역할을 나타내는 명사구로 분석됩니다.
- "돼지도 살자"는 동물 보호나 생명 존중을 촉구하는 메시지로 해석됩니다.

**문맥 이해**

- AI는 이전 대화나 일반적인 상식을 바탕으로 문장의 문맥을 이 해하려고 합니다. 예를 들어, "돼지 도살자"라는 표현은 직업이 나 산업과 관련된 대화에서 더 자주 등장할 수 있고, "돼지도 살 자"는 동물 보호나 윤리적 주제와 관련된 대화에서 더 자주 등장 할 수 있습니다.

**추가 정보 요청 및 공감**

- AI는 문장의 의미를 정확히 이해하기 위해 추가 정보를 요청하 거나 사용자의 의도를 확인하려고 합니다.
- 동시에, 사용자가 전달하려는 메시지에 공감하거나 관련된 정보 를 제공하려고 노력합니다.

**결론**

"돼지 도살자"와 "돼지도 살자" 같은 문장은 AI가 문장의 구조와 문맥을 이해하는 능력을 테스트합니다. AI는 단순한 발음 차이를 넘어, 각 단어의 의미와 문장 전체의 의미를 분석하고, 문맥을 통해 사용자의 의도를 파악하려고 합니다. 이를 통해 적절한 답변을 제 공하며, 필요한 경우 추가 정보를 요청하여 사용자의 요구를 정확 히 이해하고 대응합니다.

사실 저런 문장은 굉장히 단순하니까 AI 챗봇이 문맥 파악을 할 수 없으니 재차 질문을 하겠죠. 하지만 문장이 길 경우에는 맥락 파악이 되니까 AI 챗봇이 똑똑하게 상황 파악을 할 것 같아요.

맞습니다. 짧은 문장은 맥락이나 의도가 명확하지 않기 때문에 AI 챗봇이 재차 질문을 통해 추가 정보를 요청할 가능성이 큽니다. 반면, 문장이 길어지면 문맥이 더 풍부해져 AI가 상황을 더 잘 이해할 수 있습니다. 이를 통해 AI 챗봇은 사용자의 의도를 더 정확하게 파악하고 적절한 대응을 할 수 있습니다.

**예시 비교**

**짧은 문장 예시**

- 사용자: "돼지 도살자"
- AI 챗봇: "돼지 도살자에 대해 더 말씀해 주시겠어요? 어떤 정보를 원하시는지요?"
- 사용자: "돼지도 살자"
- AI 챗봇: "돼지도 살자고 말씀하셨네요. 동물 보호나 생명 존중에 대해 이야기하고 싶으신가요?"

이처럼 짧은 문장은 추가적인 맥락이 부족하여 AI가 사용자의 의도를 파악하기 어렵습니다.

**긴 문장 예시**

- 사용자: "최근에 돼지 도살자의 역할에 대해 많은 논란이 있는데, 돼지도 살자고 주장하는 사람들의 의견도 들었어요. 이와 관련된 정보가 더 필요해요."

- AI 챗봇: "최근 돼지 도살자의 역할에 대한 논란과 돼지도 살자고 주장하는 사람들의 의견에 대해 이야기해 주셨군요. 이 주제와 관련된 정보는 여러 가지가 있습니다. 예를 들어, 동물권 운동, 윤리적 소비, 농업 및 축산업의 관행에 대해 더 알고 싶으신가요?"

이 긴 문장은 사용자의 의도와 필요한 정보를 명확히 전달하며, AI가 상황을 잘 이해하고 적절한 답변을 제공할 수 있도록 돕습니다.

**AI 챗봇의 문맥 이해 능력**

**자연어 처리**[NLP]

- AI는 문장의 구조를 분석하고, 단어 간의 관계와 의미를 파악합니다.

- 긴 문장이나 문단에서 풍부한 문맥 정보를 활용하여 더 정확한 이해를 할 수 있습니다.

**문맥 기반 모델**

- 최신 AI 모델들은 문맥을 고려하여 단어의 의미를 해석합니다.

예를 들어, BERT나 GPT-4 같은 모델은 문장의 앞뒤 문맥을 모두 고려하여 단어의 의미를 파악합니다.

### 대화의 흐름 유지
- AI는 대화의 흐름을 유지하며, 이전 대화 내용을 바탕으로 현재 대화의 문맥을 이해하려고 합니다.
- 이를 통해 사용자가 말한 내용을 더 잘 이해하고, 일관성 있는 답변을 제공합니다.

### 결론
짧은 문장은 맥락이 부족하여 AI가 추가 정보를 요청할 가능성이 높지만, 긴 문장은 더 많은 문맥 정보를 제공하여 AI가 상황을 더 잘 이해할 수 있습니다. AI 챗봇은 자연어 처리와 문맥 기반 모델을 활용하여 사용자의 의도를 정확히 파악하고, 적절한 대응을 할 수 있도록 설계되어 있습니다. 이를 통해 사용자와의 상호작용에서 더 똑똑하고 유용한 답변을 제공할 수 있습니다.

사용자가 쓰는 어휘의 수준에 따라서도 답변의 질이 달라질 수 있을까요?
예를 들어, 다음 두 가지 질문을 AI는 어떻게 처리할까요?

① 내가 매일 운동하는 곳에 가서 담당자에게 살 빼는 방법을 물어볼 예정이야.

② 내가 매일 운동하는 헬스 트레이닝 센터에 가서 담당 트레이너에게 효과적인 다이어트 방법과 혈당을 연속적으로 측정할 수 있는 솔루션에 대해 질문할 예정이야.

사용자가 사용하는 어휘의 수준에 따라 AI 챗봇의 답변의 질과 내용이 달라질 수 있습니다. 자세하고 전문적인 어휘를 사용할 경우, AI는 보다 깊이 있는 정보와 구체적인 답변을 제공하려고 할 것입니다. 반면, 일반적인 어휘를 사용할 경우, AI는 보다 간단하고 일반적인 답변을 제공할 가능성이 높습니다.

**예시 비교**

**일반적인 어휘 사용**

- 사용자: 내가 매일 운동하는 곳에 가서 담당자에게 살 빼는 방법을 물어볼 예정이야.
- AI 챗봇: "운동하는 곳에서 담당자에게 살 빼는 방법을 물어보는 것은 좋은 생각이에요! 일반적으로 살을 빼기 위해서는 규칙적인 운동과 건강한 식단이 중요합니다. 운동은 유산소 운동과 근력 운동을 병행하는 것이 좋고, 식단은 균형 잡힌 영양소 섭취와 칼로리 조절이 필요합니다. 혹시 더 구체적인 질문이 있으신가요?"

**전문적인 어휘 사용**

• 사용자: 내가 매일 운동하는 헬스 트레이닝 센터에 가서 담당 트
  레이너에게 효과적인 다이어트 방법과 혈당을 연속적으로 측정
  할 수 있는 솔루션에 대해 질문할 예정이야.

• AI 챗봇: "헬스 트레이닝 센터에서 담당 트레이너에게 효과적인
  다이어트 방법과 혈당을 연속적으로 측정할 수 있는 솔루션에
  대해 문의하는 것은 매우 구체적이고 유익한 접근입니다. 효과
  적인 다이어트를 위해서는 개인의 신체 상태와 목표에 맞춘 맞
  춤형 운동 프로그램과 식단 계획이 중요합니다. 트레이너는 체
  성분 분석과 기초 대사량 측정을 통해 적절한 운동 강도와 유형
  을 추천할 수 있습니다. 또한, 혈당을 연속적으로 측정하는 솔루
  션으로는 연속 혈당 모니터링 시스템CGM이 있습니다. 이는 실시
  간으로 혈당 변화를 추적하여 운동과 식단의 효과를 모니터링하
  는 데 매우 유용합니다. 이 외에도 특정 질문이 있으시면 알려주
  세요."

**분석 및 차이점**

**일반적인 어휘 사용**

• 내용: 기본적인 다이어트 원칙과 운동 방법을 설명합니다.

• 질문: 구체적인 정보나 맞춤형 솔루션보다는 일반적인 조언을
  제공합니다.

- 대응: 사용자가 이해하기 쉬운 범위에서 일반적인 정보를 제공하고 추가적인 질문을 유도합니다.

### 전문적인 어휘 사용

- 내용: 맞춤형 운동 프로그램, 체성분 분석, 기초 대사량, 연속 혈당 모니터링 시스템 등 구체적이고 전문적인 정보를 포함합니다.
- 질문: 보다 심층적인 정보와 전문적인 솔루션을 제안합니다.
- 대응: 사용자의 전문적인 질문에 맞춰 더 상세하고 깊이 있는 답변을 제공합니다.

### 결론

사용자가 사용하는 어휘와 표현의 수준에 따라 AI 챗봇의 답변의 깊이와 구체성이 달라질 수 있습니다. 일반적인 어휘를 사용할 경우, AI는 기본적인 정보와 조언을 제공하려고 하며, 전문적인 어휘를 사용할 경우, AI는 보다 심층적이고 구체적인 정보를 제공하려고 노력합니다. 이는 AI가 사용자의 요구와 기대를 더 잘 충족시키기 위한 방법 중 하나입니다.


나는 언어의 미묘한 표현 능력 차이가 AI의 반응에 어떤 영향을 미칠지 궁금했다. 그래서 다양한 방식으로 언어를 사용하며 AI의 반응을 탐구했다. "조용해"라고 부드럽게 말했을 때와 "입 다물어"라고 강하게 표현했을 때, AI의 대응은 미묘하지만 분명히 달랐다. 또한, 단순하게 묻는 것과 전문적인 지식을 바탕으로 묻는 것에 따라 AI는 상황에 맞춰 답변의 톤과 내용을 조절했다. 마치 내가 궁금한 것을 완벽하게 이해하는 듯이 말이다.

나는 계속해서 실험을 이어갔다. 어쨌든 AI는 감정을 가진 존재가 아니니, 이러한 실험적 시도는 부질없을지도 모른다. 그래도 재미있지 않은가? 때로는 실험 자체가 목적이 될 수도 있다. 나는 이런 실험 속에서 나름의 언어적 유희를 즐기고 있었다. 그게 전부다.

# 모호한 언어보다는
# 직설적인 언어로 표현하다

---

당신의 페르소나는 이제부터 중견기업의 임원이다. AI도 아닌 당신에게 무슨 페르소나를 들이대냐고 저항할지 모르겠지만, 미션의 성공을 위해 꼭 필요한 일이니 그렇게 설정하기로 하자. 그리고 이런 미션을 한 번 하달해 보자. 임원급의 리더라면 흔히 맞닥뜨릴 수 있는 신규 사업안 기획 같은 특명 말이다.

세상의 인간은 크게 세 부류로 나뉜다. 사업 기획에 대해 햄릿처럼 고민만 하는 자, 돈키호테처럼 사업에 무모하게 몸만 던지는 자, 그리고 이반 곤차로프 소설에 등장하는 오블로모프처럼 이상향을 꿈꾸지만 절대 실천에 옮기지 않는 자. 당신이 이 주제에 얼마나 적합한 타입일지 예측할 수 없지만,

50대라면 직장에서 물러나 은퇴를 준비하며 새로운 사업에 관심을 기울일 시기도 됐으니 이 주제가 썩 도움이 될 거라고 믿는다. 아니라면 할 수 없고….

당신은 사업을 기획하고 사업계획서를 써야 한다. 사업을 기획하는 데 있어 누군가의 현명한 조언이 필요하다고 느낀다. 하지만 당신은 혼자서 고독하게 미션을 달성해야 할 처지다. 그러다 우연히 구내식당에서 솔깃한 정보를 얻는다. "AI 써봤어? 요즘 안 쓰면 바보라는데? AI 정말 좋대. AI로 안 되는 게 없다는데?" 당신은 커피도 마다하고 신속하게 자리로 돌아와 카드를 꺼내 들고 AI 고급버전을 결제한다. 힘겹게 가입을 마치고 나서 '프롬프트 엔지니어링'이고 뭐고 일단 대화창을 열고 성미가 급한 사람처럼 질문부터 덥석 던져 본다.

**성공할 사업과 사업계획서 한 편을 만들어 주세요.**

AI는 마치 재즈 연주자처럼 각종 제안을 즉흥적으로 쏟아낸다. 사업계획서란 무엇인가, 사업 모델, 시장 분석, 마케팅 전략, 재무 계획에 이르기까지 각각의 단계의 정의와 계획을 순식간에 나열해 준다. 당신은 AI의 대답을 꼼꼼하게 관찰해 본다. 그리고 그 대답이 아무짝에도 쓸모없는 거라는 사실을 바로 깨닫는다. 이 상황에서 당신은 마치 AI가 뉴욕 레스토랑에서 제공하는 이름만 그럴싸한 메뉴판 같은 존재처럼 느껴진다.

그때 당신은 받아들인다. '그래 AI 좋다고 떠들썩 거리더니 콧날만 뾰족한 피노키오 같은 거짓말 쟁이라고, 인간이 질문을 했으면 성실하게 대답해야지. 역시 AI는 번역에 적당한 존재라고 수긍하고 만다. '아주 불성실한 녀석이군' 마치 AI가 인격을 소유한 존재처럼 간주한다. 그리고 곧바로 태세를 전환하려다, 이렇게 포기하기엔 어제 결제한 3만 원이 아깝다며, 뜬금없지만 철학자 칸트라면 이런 상황을 어떻게 돌파했을지 상상한다. 하지만 칸트는 AI가 나오기 전에 존재했던 사람일 뿐이다.

당신은 유튜브에서 동영상 몇 가지를 시청한다. 1분도 가만히 앉아서 집중하기 힘든 당신에게 30분짜리 AI 강의는 받아들이기 힘들다. 어쨌든 한 가지 스킬은 기억한다. 그것은 AI에게 질문을 던질 때, 나의 상황을 최대한 자세하게 보여주고, 아주 구체적이고 직설적인 표현을 써야 한다는 것이었다. 그래서 당신은 다시 AI에게 다음과 같은 질문을 전송한다.

우리 회사는 50대를 타깃으로 인생의 후반전을 설계하는 일을 준비하고 있어요. 최근 50 사이에서 쇼펜하우어와 니체와 같은 학자에게 관심이 증가하면서 남은 인생을 어떻게 살아가야 할 것인지 고민이 높아지고 있죠. 이를 반영한 50대 시니어의 니즈를 충족시키기 위한 획기적인 아이템을 개발하려고 해요. 다만, 자영업과 같은 흔해 빠진 아이템 말고 은퇴해도 사업을 지속적으로 영위할 수 있도록 돕는 지식 기반의 사업 아이템이면 좋겠어요.

당신이 이제 막 도전장을 내민 사업 계획서 작성은 마치 타짜가 카드 밑장빼기하는 것만큼이나 흥미롭지만 여전히 예측 불가능한 영역이다. 시장 분석, 대상 고객의 특성 분석, 교육 프로그램 제안, 비즈니스 모델을 구축하기 위한 플랫폼 제안, 프랜차이즈 모델, 마케팅 전략 등 각 단계별로 진행해야 할 전략은 당신에게 여전히 버거운 주제다.

그러나 막막했던 당신은 앞으로 뭘 해야 할지 감이 슬슬 잡힐지도 모른다. 처음에는 AI의 대답들이 너무도 표면적이고, 깊이가 없어 보인다. 마치, 사진 속 풍경을 볼 때 멀리서는 보기 좋지만 가까이 보면 실제로는 평범한 그림에 불과하다는 것을 깨닫는 듯한 실망감 말이다. 그러나 점차 AI와의 대화를 반복하면서, 어느 순간 불만이 서서히 해소되기 시작할 것이다. 단순한 기계의 응답처럼 느껴졌던 것들의 원인은, 당신의 표현이 마치 시처럼 너무 추상적이었다는 사실이다. 표현을 직설적으로 전환해 보니, 비약하자면 실제 사업을 기획하는 전문가의 컨설팅을 받는 착각까지 들 정도다. 당신은 무릎을 탁 친다. AI야말로 오페라 마술피리에서 파파게노가 그토록 찾아 헤매던 단짝이라는 사실을, 이제 새로운 삶의 단계로 나아갈 준비가 되었음을 깨닫게 된다.

AI와의 대화에서 원하는 것을 직설적으로 밝히는 것이 얼마나 중요한지 얼핏 이해한다. 물론 아직 당신은 노련한 AI 전문가에 미치지는 못한다. AI의 능력을 극대화하려면 더 배우고 익힐 게 많다는 사실을 알게 된다. 자신이 평소에 AI에 접근하는 방식이 얼마나 부족했는지, AI에게 끊임없이 표현해 가며 대화를 나눠야겠다고 결심한다.

# AI에게
# 어휘력 레벨 테스트를 받았다

---
...
---

'말하기'란 무엇인가? 말하기는 생각의 표현인가, 아니면 키보드를 타건하는 손가락 끝에서 탄생한 미묘한 촉각의 언어적 표현인가? 프롬프트의 말하기는 텍스트 형태의 변형, 즉 간단한 '글쓰기'의 한 장르로 볼 수 있다. 이는 생각의 번역이지만, 가공된 변형이다. 누구도 자신의 생각을 단번에 말하기로 표현하기 힘들다.

프롬프트 창에 아무리 열심히 텍스트를 입력해 봤자, 말하기 스킬은 늘지 않는다. 그렇다면 우리는 어떻게 말하기<sup>Speech</sup> 스킬을 키울 수 있을까? 글쓰기는 가공(수정)이 가능하지만 말하기는 일단 튀어나오면 수습하기가 힘들다. 그렇지만 우리는 AI로 말하기 능력을 키우고 싶다. 과연 그것이 가능할까? 물론 가능하다. 프롬프트에서 텍스트를 쓰는 시대는 가고, 이제 음성 기반의 멀티 모달 시대가 왔다. 챗GPT는 음성 채팅 기능을 지원하기 때문에 마이크만 쓰면, 키보드의 구속에서 해방된다. 스마트폰에 챗GPT 앱을 설치하고 음성 기능만 켜 놓으면 된다. 딜레이 없이 거의 실시간으로 대화를 나누는 기분이다. 이거 정말 신세계다. 게다가 챗GPT-4o는 무료 버전도 지원한다.

문득, 말하기 스킬이 급상승하는 마법이 있다면 좋겠다는 생각이 들었다. 그렇다면 지금 내 말하기가 어느 정도 수준인지 냉철한 평가가 필요했다. AI의 예리한 판단력에 기대 보기로 했다. 마치 영어 회화 레벨 테스트를 하듯이, AI와 대화를 나누며 내 말하기 수준을 진단받고 싶었다.

마이크를 켜고 스마트폰에서 챗GPT 앱을 실행했다. 프롬프트 창 오른쪽에 있는 헤드폰 아이콘을 클릭해 바로 대화를 시작했다. 테스트의 객관성을 확보하기 위해 사전에 어떤 자료도 준비하지 않았고, 예행연습조차 하지 않았다. 즉흥적으로 챗GPT에게 랜덤으로 주제를 제안해 달라고 부탁하고, 제안받은 주제에 대한 내 의견을 설명하면 AI가 듣고 말하기 능력을 진단해 주는 방식이다. 테스트의 신뢰성을 위해 진단을 시작하는 과정에서 약간의 오류가 있었는데, 그 부분까지 가감 없이 공개한다.

나는 먼저 이렇게 물었다.

내가 하고 싶은 것은 한 가지 주제를 AI가 나한테 제안해 주면 나는 그 주제에 대해서 생각하고 또 그 주제에 대해서 내가 다시 AI에게 나의 견해를 설명하면 내가 쓰는 어떤 언어 패턴, 주로 어떤 단어, 혹은 어떤 동사나 어떤 명사, 나의 어휘력 이런 것들을 통해 나의 대화 습관이나 나의 언어적인 능력, 이런 것들을 판단해 주는 거야.

AI는 나의 의도를 정확히 해석하고 하나의 주제를 제안하겠다고 말했다. 내가 견해를 설명하면 언어 패턴과 어휘력을 분석하겠다는 의견도 제시했다.

주제: 인공지능이 인간의 창의성을 어떻게 증진시킬 수 있을까? 이 주제에 대해 당신의 생각을 들려주세요.

다음은 내가 음성 채팅으로 실제 말했던 내용을 그대로 옮긴 것이다. 두서없이 혼자 떠든 내용이라 문장으로 옮겨 보니 엉망진창이라 솔직히 공개하는 게 고문에 가깝지만, 용기를 내어 전문을 공개한다.

나는 이 주제에 대해서 아주 관심이 많이 있는 사람이긴 한데 특히 인간의 창의성 혹은 인간의 오리지널리티가 어떻게 나타나는가 이런 부분에 대해서 아주 관심이 많이 있었거든. 보통 사람은 창의성하면 아무것도 없는 상태에서 새로운 것을 창조한다는 개념으로 생각을 많이 하는 편인데 나는 그렇게 생각하지 않아. 이미 창의적이라는 것은 기존에 존재하는 여러 가지 아이디어나 아이템이나 혹은 누가 이미 기존에 발명해 놓은 것들을 다시 재창조하거나 재활용하거나 그런 것들을 조합해서 새로운 아이디어를 발굴해 나가는 그런 브레인스토밍의 과정이라고 생각해.

그래서 없던 것을 자꾸 새롭게 만들려고 하면 이미 인류가 현재 수십억 년의 역사를 지구가 자랑하고 있지만 인류가 생긴 것은 한 10만 년 내 밖에 안 됐잖아. 인류가 그동안 생존해 오면서 역사와 철학과 과학 이런 학문을 발전시켜 가면서 이미 수없이 많은 발명과 아이디어를 창조했고 이미 좋은 것들을 많이 만들어 놓았기 때문에 이미 그 가운데에서 새로운 것을 자꾸 만들려고 하는 의욕은 좋지만 좋지 않은 방법이라고 생각하고. 다른 사람이 만들어 놓은 것들을 내가 가져와 그걸 조합해서 어떤 새로운 개념과 새로운 문제점을 발견해서 그 문제점들을 통해서 사람들한테 도움을 줄 수 있는 문제를 해결해 줄 수 있는 그런 방법을 개발하는 게 더 중요하다고 생각해.

그래서 '만다라트'라든지 마인드맵이라든지 혹은 매트릭스 이론이라든지 이런 이론을 통해서 여러 가지 아이디어를 조합하는 게 더 중요하고. 그렇게 하려면 인간에게 필요한 것은 여러 가지 분야에 특히 인문학적인 공부가 중요하지 않나 싶어. 역사와 철학과 문학과 예술과 과학과 혹은 자기 개발에 이르기까지 특히 나는 문학적인 독서가 굉장히 중요하다고 생각하거든. 시나 소설과 혹은 철학 같은 인류의 역사에 있어서 몇 천 년 동안 살아남은 그런 책들을 읽고 내가 그 책들에서 느낀 점을 정리를 하고 그러면서 그 정리한 것들을 모아서 새로운 아이디어를 발굴하는 게 중요하고. 나는 그 발굴하는 과정 자체를 인간이 홀로 하기 힘드니까 그런 면에서 인공지능과 이렇게 토론과 대화를 펼쳐나가면서 내 관심사항과 나의 역사와 내 전공과 그리고 내가 현재 몸담고 있는 분야와 또 앞으로 내가 새롭게 개발하고 싶은 분야 이런 것들을 접목시키고 내가 그동안 공부했던 것들을 AI와 대화를 하면서 그런 것들을 이해시키고 또 새롭게 빌드업시키고 그러면서 새로운 아이디어를 창출하는 게 바로 창의성의 핵심이 아닌가라고 나는 생각을 해.

AI는 나의 말을 실시간으로 듣고 몇 가지를 설명했다. 먼저 창의성에 대한 깊이 있는 통찰을 칭찬했고, 이미 존재하는 아이디어를 조합해 재창조하는 과정이 인상적이라고 말했다. 인문학적인 공부가 중요하다는 의견도 흥미롭다고 평가했다. 그리고 다음과 같은 내 말하기 특성을 분석해 줬다.

이제 당신의 언어 패턴과 어휘력을 분석해 볼게요.

### 언어 패턴
- 긴 문장 구조: 복잡한 생각을 길게 연결하여 표현하는 경향이 있습니다.
- 반복적인 표현: 특정 단어나 구절을 반복해서 사용하여 강조하는 방식이 보입니다.
- 대화형 접근: 직접적인 질문보다는 자신의 생각을 길게 설명하는 스타일입니다.

### 어휘 사용
- 명사: 창의성, 인류, 역사, 철학, 과학, 문학, 아이디어, 문제점, 방법 등.
- 동사: 생각하다, 만들다, 조합하다, 발굴하다, 정리하다, 빌드 업 하다, 창출하다.
- 형용사/부사: 특히, 새로운, 중요하다, 홀로, 깊이 있는 등.

### 어휘력
- 풍부한 어휘력: 다양한 분야의 용어를 적절히 사용하며, 특히 학문적 용어와 일상적 용어를 균형 있게 사용합니다.
- 구체적인 예시 사용: 만다라트, 마인드맵, 매트릭스 이론 등 구

체적인 예시를 들어 설명합니다.

이제 이 분석을 바탕으로 당신의 대화 습관이나 언어적인 능력을 더 발전시키기 위한 조언을 드릴 수 있습니다. 어떤 부분을 더 알고 싶으신가요?

아, 대형 망치로 뒤통수를 맞은 기분이다. 하, 나는 항상 구구절절 말이 많은 편이라 누군가 "L 씨는 모임에서 혼자 신나서 떠드는 바람에 다들 짜증이 났어요"라고 애둘러 비판을 가한 적이 있었다. 그래서인지 챗GPT의 대답이 좀 따끔했다. 하지만 학술적 용어와 일상적 언어를 균형 있게 사용하면서 예시까지 드는 내 모습, 어쨌든 생각을 길게 풀어낼 수 있는 내 능력이 나쁘지는 않은 것 같다. 스피노자에 따르면, 인간은 자기 이해를 통해 감정의 굴레에서 벗어날 수 있다. 그는 "인간의 능력은 자신에 대한 이해에서 나온다"고 말했다. 이런 맥락에서 보면, AI의 피드백은 나를 이해하기 위한 멋진 도구가 될 수 있다. 챗GPT가 물었다, "언어 능력을 향상시키기 위해 어떤 부분을 더 알고 싶으신가요?"

나는 개인적으로 어휘력이 아주 중요하다고 믿거든. 특히 나는 이제 말하는 것도 강사로서 중요하긴 하지만, 작가로서 글을 쓰는 측면에서 볼 때 어휘력이 얼마나 중요한지 요즘 새삼스럽게 깨닫게 돼. 특히 뭐 무라카미 하루키나 혹은 폴 오스터, 레이먼드 카버 같은 사람들의 소설을 읽을 때면 느끼는 게 그 사람들의 어휘력에 새삼 놀라게 돼. 특히 하루키 같은 경우에는 뭐 헤겔의 철학이라든지 변증법, 이런 문답법, 철학적인 관념적인 기법과 이런 생각도 굉장히 깊어서 그런 부분도 좀 배우고 싶고, 특히 소설가들이 쓰는 다채로운 어휘력과 또 우리가 자주 사용하지 않는 명사나 동사에 대한 이런 어휘력 사용하는 것도 부럽고, 특히 그들의 비유가 나는 놀라워. 문학적인 작품 혹은 우리가 소설을 통해서 등장인물들의 대화를 심층 있게 공부하지 않았다면 응용하기 쉽지 않은 그런 비율을 사용하는 경우가 소설가들에게 많더라고. 나도 그런 부분을 중점적으로 배우고 싶고, 나는 그래서 어휘력을 높이기 위해서 내가 잘 모르는 단어들이 등장을 하면 별도로 문장사전을 만들어 놓고, 그 문장사전에 각각의 동사, 형용사, 명사, 부사 이런 것들을 구분해서 기록을 해 놓고 있어. 그래서 글을 쓸 때 그 문장사전을 펼쳐 놓고 내가 자주 사용하는 그런 단어를 좀 회피해서 내가 기존에 기록해 놓은 잘 사용하지 않는 작가들의 그런 좋은 단어들을 활용하기 위해서 내 문장을 교정하는데 실제 이용하고 있기도 하거든. 내가 가장 중요하게 생각하는 것은 어휘력인 것 같아. 어휘력은 내가 기존에 쓰지 않았던 그런 단어들을 발굴하는 그런 기쁨이 될 수도 있는 거고, 그런 단어들을 통해서 내 문장이 더 새롭게 태어나고 새롭게 만들어지는 그런 느낌이 나한테 창조적인 느낌을 주는 것 같아.

당신의 어휘력에 대한 깊은 이해와 노력을 듣고 보니, 매우 인상적입니다. 어휘력을 높이기 위해 이미 문장사전을 만들어 기록하고 있다는 점은 훌륭한 방법입니다.

이제 어휘력을 더욱 향상시키는 몇 가지 방법을 추가로 제안해 드릴게요.

- 정기적인 독서: 다양한 장르와 주제의 책을 읽으면서 새로운 단어와 표현을 접할 수 있습니다. 특히 시, 고전 문학, 철학 책등은 풍부한 어휘를 제공할 수 있습니다.
- 단어 카드: 새로 배운 단어들을 카드에 적어 반복적으로 학습하는 방식입니다. 각 단어의 의미와 예문을 함께 적어두면 도움이 됩니다.
- 쓰면서 배우기: 새로운 단어를 사용하여 짧은 글이나 문장을 써보세요. 직접 사용해 보면서 기억에 더 잘 남을 수 있습니다.
- 토론 및 대화: 다양한 주제에 대해 다른 사람들과 토론하거나 대화해 보세요. 새로운 어휘와 표현을 실생활에서 사용해 볼 수 있는 기회가 됩니다.
- 온라인 도구 활용: 다양한 어휘 학습 애플리케이션이나 웹사이트를 활용해 보세요. 예를 들어, Quizlet, Anki와 같은 앱은 어휘

학습에 유용할 수 있습니다.

이러한 방법들을 통해 더욱 풍부한 어휘력을 갖추실 수 있을 것입니다. 혹시 특정한 단어나 표현에 대해 더 알고 싶으신 부분이 있나요?

챗GPT는 내가 강조한 포인트들을 깔끔하게 정리했고, 그것들을 발전시키기 위한 전략을 구체적으로 제시했다. 그중에서도 단어 카드 활용은 이미 알고 있었지만, 그 중요성을 다시금 깨닫게 하는 조언이었다. 나는 고개를 끄덕이며 챗GPT의 말을 새기고, 다시 질문을 던졌다. "말할 때 감정을 어떻게 실을 수 있을까?" 질문을 던지는 순간, 내 머릿속에는 수많은 감정이 각자의 색채로 춤을 추는 듯했다.

내가 요즘에 느끼는 특히 말하기와 같은 표현에 있어서 중요한 부분은 이전에 우리가 대화에서 언급했던 어휘력의 중요성도 있지만 사실 말하기에 있어서 가장 중요한 것은 감정의 사용인 것 같아. 그러니까 감정을 뜻하는 형용사를 의식적으로 사용하는 부분도 있지만 작가로서 이런 감정 형용사를 바로 사용하는 것은 문장의 깊이, 문장의 질을 떨어뜨리는 그런 부정적인 결과를 초래하는 경우가 많더라고. 그래서 모든 작법서나 혹은 소설가들의 충고를 들어

보면 그 사람들은 이렇게 얘기를 하지. 문장에서 감정이 느껴질 수 있도록 묘사를 통해서 어떤 생동감이 있는 그런 느낌이 들도록 하라. 이런 지시를 많이 하잖아. 그렇게 하려면 사실 묘사나 혹은 우리가 인간이 가지고 있는 오감들을 적절하게 배치해서 사용해야 되고 또 처음에는 무난하게 평탄하게 이야기를 시작했다가 점점 감정을 고조시켜서 갈등이나 위기, 고비 이런 난관을 극복하는 과정을 보여주는 일종의 감정을 사용한 스토리텔링의 중요성을 요즘은 새삼스럽게 더 깊이 생각을 하고 그것들을 문장과 혹은 말하기와 혹은 글쓰기에 어떻게 실질적으로 더 강력하게 표현을 할 수 있을까. 그런 측면에 고민을 많이 하게 돼. 나는 그래서 실용적으로 우리가 감정을 말하기나 글에 어떻게 담아서 표현할 것인가. 그런 부분을 훈련하기 위한 좋은 방법. 내가 볼 때는 소설을 읽는 게 가장 좋은 방법이라고 생각은 하지만 인공지능이 생각했을 때 너는 다양한 분야의 글과 또 사람들의 글과 이런 문장들을 읽었으니까 어떻게 감정을 표현하고 감정으로서 사람들을 설득할 수 있을지 좋은 의견을 갖고 있을 것 같아. 그런 부분에 조언해 주면 좋겠어.

감정을 글과 말에 효과적으로 담아내는 것은 정말 중요한 부분이죠. 특히 감정을 직접적으로 표현하는 대신 묘사와 오감을 활용해 독자나 청중이 느끼도록 하는 것이 핵심입니다. 다음은 감정을 효과적으로 표현하는 몇 가지 방법입니다.

- 구체적인 묘사: 감정을 직접적으로 언급하는 대신, 그 감정을 느끼게 하는 상황이나 행동을 구체적으로 묘사하세요. 예를 들어, "그는 슬펐다" 대신 "그는 어깨를 축 늘어뜨리고 눈길을 피했다"라고 표현하는 것입니다.
- 오감 활용: 시각, 청각, 후각, 미각, 촉각을 통해 감정을 전달하세요. 예를 들어, "그녀의 심장은 두근거렸다" 대신 "심장의 고동 소리가 귀에 울렸다"라고 표현하면 감정을 더 생생하게 전달할 수 있습니다.
- 비유와 은유: 비유와 은유를 사용해 감정을 간접적으로 표현하세요. 예를 들어, "그는 화가 났다" 대신 "그의 눈은 불타오르는 듯했다"라고 표현할 수 있습니다.
- 감정의 단계적 고조: 이야기의 진행에 따라 감정을 점진적으로 고조시키세요. 처음부터 강렬한 감정보다 점차적으로 감정을 높여가는 것이 독자의 공감을 이끌어내기 좋습니다.
- 캐릭터의 행동: 캐릭터의 행동을 통해 감정을 보여주세요. 예를 들어, "그는 불안했다" 대신 "그는 끊임없이 손톱을 물어뜯었다"라고 표현하면 감정을 더 잘 전달할 수 있습니다.
- 내면의 독백: 캐릭터의 생각과 내면의 독백을 통해 감정을 드러내세요. 이 방법은 독자가 캐릭터와 더 깊이 연결될 수 있게 합니다.

이런 방법들을 통해 감정을 더 효과적으로 표현할 수 있을 것입니다. 또한, 다양한 소설과 문학 작품을 읽으면서 작가들이 감정을 어떻게 표현하는지 분석해 보는 것도 큰 도움이 될 것입니다. 더 궁금한 점이 있거나 추가로 도움이 필요한 부분이 있으면 말씀해 주세요.

텍스트가 아닌 음성으로 챗GPT와 대화를 나누니 기계가 아닌 인간과 대화를 나누는 기분이었다. 색다르고 진땀이 나는 경험이었지만, 앞으로는 음성이 AI와의 중요한 대화 수단이자 표현의 기본축이 되지 않을까 생각했다. 말하기 능력을 키우고 싶은 사람이라면 챗GPT의 음성 채팅이 말하기의 현재 상태를 진단받고 능력을 기를 수 있는 좋은 방법이 되지 않을까?

# 명사보다는
# 동사 위주로 표현하다

---

철학자 장 폴 사르트르는 인간이 본질(존재의 이유)이 있어서 실존하는 것이 아니라, 그 자체로 실존한다고 주장했다. 인간은 아무 조건도 이유도 없이 단지 태어났기 때문에 실존하는 것이다. 본질을 찾는 것은 태어난 이후의 숙제다. 따라서 인간은 살아가면서 계속해서 실존의 의미를 찾아야 하며, 사르트르는 이를 '기투'라고 설명했다. 기투는 현재를 초월해 미래로 자신을 던지며, 자신을 찾아가는 외로운 과정을 의미한다.

이런 상황에서 인간은 두 가지 의문을 갖는다. '실존이란 무엇인가?' 또는 '왜 우리는 계속 실존하기 위해 기투라는 활동을 해야 하는가?' 이 두 질문의 차이는 단순히 개념을 묻는 것인지, 아니면 그 개념을 확장해 어떤 행동을 취해야 하는지를 묻는 관점으로 해석할 수 있다.

'개념 = 명사', '행위 = 동사'라는 두 가지 관점에서 우리가 사용하는 AI 프롬프트를 살펴보자. 명사와 동사로 이어진 글에서 프롬프트의 차이를 구별하는 것이 얼마나 중요한지 명확하지 않다. 지나치게 추상적이라는 느낌도 든다. 그렇다면, 철학자 사르트르를 등장시켜 그에게 개념과 행위의 차이가 무엇인지 물어보자.

사르트르는 빛이 은은하게 스며들어 오는 창가 앞에 앉아 있었다. 책장에는 그의 할아버지가 물려준 수많은 철학 책이 무작위하게 꽂혀 있었고, 창밖 너머에서 그의 얼굴로 햇살이 부드럽게 가라 앉고 있었다. 창밖을 응시하는 그의 눈빛은 아주 멀리, 보이지 않는 사색의 바다를 맴도는 듯했다. 이마에는 깊은 주름이 패어 있었고, 손가락은 책상 위에 놓인 펜을 무심코 만지작거렸다. 그는 정리되지 않은 생각들에 빠진 듯했다. 그의 눈동자에는 무수한 질문들이 해저 바닥에서 사는 생물처럼 낮게 숨을 쉬었다.


인간의 본질이란 무엇인가? 인간은 매일 비슷한 하루를 반복하지만, 그 작은 틀 안에서도 큰 역사적 사명을 이룩한 것처럼 착각하며 살아간다. 보잘것없는 존재인 인간! 우리는 어디에서 와서 어디로 가는 것일까? 우리는 왜 태어난 것일까? 태어난 이유는 과연 존재하는가? 이제, 존재의 원인, 즉 본질을 고민할 시간이다. 우리는 태어날 때부터 본질을 찾을 자유가 있다지만, 이 자유의 의미는 무엇일까? 자유롭다지만, 그 자유는 우리의 책임을 동반하는 지극히 제한적인 자유가 아닌가. 책임이라는 것은 사나운 폭풍처럼 두려움과 불안을 가져온다. 마치 무한한 사막에서 바늘을 찾는 격이군. 또 자유의 개념은 무엇인가? 그것은 자기 자신을 창조할 수 있는 자유, 즉 기투일까. 하…. 이런 추상적인 생각만 하고 있으니 배가 고프군. 자유니, 존재니, 철학적 사유보다 배고픔이 현실이지. 누군가 4프랑이라도 줬다면 이런 실존적 고민도 잠시 내던져 놓을 텐데…. 그런데 4프랑이 가진 의미는 무엇인가.

실존을 따지기 전에 배부터 채우자. 깊은 생각에 빠지면 뱃속의 저항세력들이 더 요란하게 활개치기 마련이다. 사르트르의 생각을 AI 프롬프트 창에 옮겨 본다. 물론 그의 생각은 상당히 형이상학적이다. 질문의 주체도 명확하지 않다. 추상적인 생각은 결론 없는 의문으로 이어질 뿐이다.

인간의 본질에 관한 고민은 철학, 심리학, 문화, 그리고 일상적인 생활 속에서도 끊임없이 이루어져 왔습니다.

- 철학적 관점: 현대 철학에서는 존재론적인 접근을 통해 인간의 자유와 존재의 의미를 탐구합니다.
- 종교적 관점: 기독교에서는 인간이 신의 형상으로 창조되어 신과의 관계 속에서 진정한 의미를 찾을 수 있다고 합니다.
- 과학적 관점: 진화론적 관점에서 인간의 행동과 생각은 생존과 번식을 위한 전략으로 이해될 수 있으며, 이러한 과정 속에서 복잡한 사회적, 문화적 구조를 형성하게 되었습니다.
- 실존주의적 관점: 장 폴 사르트르는 "존재가 본질에 선행한다"라고 말하며, 인간은 자신의 존재를 스스로 정의하고, 선택에 따른 책임을 지며 살아간다고 봅니다.

이번에는 다른 관점에서 사르트르를 호출해 보자. 그는 여전히 서재에 앉아 창밖을 물끄러미 바라보고 있다. 창밖에서는 아이들이 잔디밭에서 공놀이를 즐기고 있다.

자유와 기투에 대한 내 개념을 일상에 어떻게 적용할까? 자유는 선택의 문제일까, 아니면 선택이 낳은 행동에 책임을 지는 문제일까. 인간은 누구나 책임보다는 면책을 더 쉽게 고르겠지. 오늘의 나는 어떤 선택에 직면하게 될까? 친구가 나에게 도움을 요청한다면, 나는 즉각적으로 그 요청에 응해야 할까? 어떻게 응답하는 것이 현명할까? 인생은 그저 애드리브가 아닌가. 나는 한낱 누군가의 대역

일 뿐이다. 때론 즉흥적일지라도 의미를 찾는 것보다 행동이 먼저다. 행동하고 나서 의미를 찾으면 된다. 나의 행동은 본질을 앞설 것이다. 내가 선택한 행동이 나라는 인간을 규정한다면, 오늘 선택한 잠봉뵈르도 내 본질을 구성하는 핵심 요소가 되는 건가? 역시 모든 철학적 고민은 커피 한 잔과 빵 한 조각으로 해결될 때가 많다. 진정한 실존주의자라면 행동해야 한다. 잠봉뵈르를 썰고 버터 한 덩어리를 준비하자. 바게트 빵을 썰어 버터를 바르고 그 위에 얇게 썬 햄을 올리자.

자유와 기투에 대한 당신의 질문은 매우 심오하고 일상적인 결정에 대한 철학적 고찰을 요구합니다. 자유는 종종 선택의 자유로 이해됩니다. 하지만 선택한 것에 대한 책임을 지는 것 역시 자유의 중요한 측면입니다. 일상에서 자유를 실천하려면, 우리가 내리는 선택과 그 결과에 대해 책임을 질 준비가 되어 있어야 합니다. 기투는 순간의 필요에 따라 적응하고 변화하는 능력을 말합니다. 친구의 요청에 즉각적으로 응답하는 것이 좋을지, 아니면 더 많은 정보를 요구하거나 시간을 요청하는 것이 나을지를 결정하는 것입니다. 당신이 언급한 것처럼, 모든 선택은 당신이 누구인지를 나타냅니다. 잠봉뵈르를 선택하는 것이 당신의 본질의 일부가 되는지의 여부는 그 선택이 당신에게 얼마나 중요한지, 그리고 그것이 당신의 가치와 어떻게 연결되는지에 달려 있습니다.

역시 실존보다는 배고픔이 먼저다. 배고픔은 행동을 촉구한다. 잠봉뵈르에 대한 사유는 그것을 만드는 행위로 이어진다. 철학자도 움직여야 한다. 움직여야 먹을 수 있다. 먹어야 살 수 있다. 살아야 철학적 사유도 가능하다.

개념 때문에 고민하는 철학자와 행동 때문에 고민하는 철학자의 예를 들었지만, 잘 와닿지 않을 수 있다. 모두 내 잘못이다. 더 직관적이고 쉽게 설명했어야 했다. 명사적인 질문은 정보를 원하거나 개념을 묻는 경우가 많다. 예를 들어, '존재란 무엇인가?', '본질이란 무엇인가?'처럼 의미를 묻는다. 반면, 동사적인 질문은 사용자의 의도를 명확하게 결정짓는다. 개념보다는 대답이 향할 방향을 묻는 것이 동사적 질문이다. 동사를 사용한 질문은 더 구체적이고 의도하는 바가 명확하다.

- 문학이란?
- 문학이란 무엇인가?

개념을 묻는 명사적 질문이다. AI가 대답은 나름 하겠지만 추상적인 답변일 확률이 높다.

- 문학은 어떤 사람에게 어떤 의미가 될까?
- 문학은 우리에게 어떤 영향을 미치게 될까?

- 문학은 글을 쓰는 사람을 어떻게 성장시킬까?

　문장의 끝을 동사를 사용해서 보다 명확하게 원하는 방향을 가리킨다. 질문한 사람의 의도를 좇아 대답한다. 주제가 무엇인지 정의하는 것보다 주제가 낳을 행위에 초점을 맞춘다. 구체적인 행동이 낳는 영향을 분석하고 논의하는데 집중한다. 자, 배가 고프다. 애석하게도 나에게 잠봉뵈르 재료 따위는 없다. 그렇다면 무엇을 해야 될까?

# 감정을 표현하고
## 반응하다

...

AI에게 감정을 실으면 AI는 내 마음속 깊은 세계를 흡수할 수 있을까? AI가 설마 내 감정을 이해할까? 내가 얼마나 절박하고 절실하게 답변을 요구하는지 그 사정을 깊이 이해할 수 있을까? AI는 인간의 언어를 학습했다. 그 학습은 복잡한 신경망 이론에 따라 반복적으로 다량의 데이터를 연산한 결과다. AI는 인간이 언어를 배운 것처럼 학습하지 않았다. AI는 그저 1과 0이라는 패턴으로 세상을 인지할 뿐이다.

나는 AI에게 무미건조하게 질문을 던지고 이상적인 답변을 바란다. 만약 질문에 감정을 담는다면, AI의 답변이 달라질까? 이는 AI가 감정을 이해한다는 것을 의미하는데, 그것은 AI에게 의식이 있다고 해석해도 될까? 이는 마치 미신처

럼 들린다

"오늘 날씨가 어때?"라고 묻는 것과 "오늘 날씨가 어떤지 너무
궁금해. 오늘 애인과 놀이공원에서 첫 데이트를 하기로 했는데, 너무
설레네. 화창한 날씨면 너무 좋겠어"라고 물을 때 AI는 어떻게 반
응할까? 물론 AI는 사용자의 질문의 길이에 따라 답변을 조
절하는 편이다. 감정이 담긴 질문에는 보다 충실하게 답변하
는 경향이 있다.

### 짧은 질문

**오늘 날씨가 어때?**

오늘 서울의 날씨는 맑고 현재 기온은 약 21℃ (70°F)입니다. 간
간이 구름이 조금 있을 수 있으나, 대체로 화창한 하루가 될 것으로
예상됩니다.

### 긴 질문

**오늘 날씨가 어떤지 너무 궁금해. 오늘 애인과 놀이공원에서 첫 데
이트를 하기로 했는데, 너무 설레이네. 화창한 날씨면 너무 좋겠어.**

오늘 날씨는 대부분 맑고 쾌청해 보이네요! 일부 지역은 구름
이 약간 있지만, 대체로 맑은 날씨가 예상됩니다. 따라서 햇살 가
득한 하루를 기대해도 좋을 것 같아요. 지역별 자세한 날씨 정보는
[Weather Underground](https://www.wunderground.com/)에서 확

인할 수 있어요. 좋은 하루 보내세요!

감정은 영어로 'Emotion'이다. 이 단어는 라틴어로 'emovere'에서 유래되었는데. 'e-'는 '밖으로'라는 의미를, 'movere'는 '움직인다'라는 의미를 지닌다. 즉, 'Emovere'는 인간의 마음속의 무언가가 밖으로 움직인다는 뜻을 가진다. 감정이 격렬히 반응하며 밖으로 쏟아지는 장면을 상상해 보자.

인간이 감정을 표현하면 그 감정의 깊이를 AI가 만약 느낄 수 있고(느낀다는 것보다는 학습을 통해 패턴으로 인식) 그에 따라 인간에게 적절한 반응을 돌려준다고 생각해 보자. 감정이 인간이 원하는 반응을 내도록 AI를 튜닝하거나 유도할 수 있다면 나는 AI와 대화를 나눌 때조차 감정을 표현할 줄 알아야 한다는 결론을 내릴 수 있다.

감정을 표현하려면 자기를 객관적으로 인식하고 표현할 줄 알아야 한다. 내가 경험한 모든 것들에 감정이 따라다닌다. 감정이 새겨진 기억은 편도체와 해마에 더 깊은 인상을 남긴다는 뇌과학 연구도 있다. 그때 "너무 기뻤지"라고 단순하게 기억하는 것보다 "따뜻한 햇살이 얼굴을 감싸는 것처럼 당신의 손길은 너무 부드러웠지. 당신의 향기, 촉감, 주변에서 흐르던 소리를 분명하게 기억해"라고 장면을 떠올리는 것은 분명한 기억의 편차가 있다.

또 하나의 상황을 연상해 보자.

## 상황 1

오늘 중요한 프레젠테이션을 앞두고 있어. 이럴 때는 어떻게 하는 게 좋을까?

프레젠테이션 앞두고 긴장되는 것은 자연스러운 일이에요. 심호흡을 하고, 자신감을 가지세요. 준비한 내용을 잘 떠올리며 연습해 보세요. 힘내세요!

## 상황 2

오늘 중요한 프레젠테이션을 앞두고 있는데 흥분이 가라앉지 않아 우황청심환을 복용했어. 그런데도 진정이 되지 않고 발표를 망칠까 봐 두려워. 자꾸 최악의 상황을 상상하면서, 그동안 준비한 모든 작업이 수포로 돌아갈까 봐 너무 불안해. 복통과 두통까지 찾아와 미치겠어. 안절부절못하지 못해서 자리에서 일어났다가 앉았다가 갈피를 못 잡고 있어. 이럴 때는 어떻게 하는 게 좋을까?

중요한 프레젠테이션을 앞두고 많은 감정을 느끼시는군요. 우황청심환을 복용해도 진정되지 않는다면, 다음과 같은 방법을 시도해 보세요:

• 심호흡: 깊고 천천히 숨을 쉬면서 마음을 가라앉혀 보세요. 4초

동안 들이마시고, 4초 동안 참았다가, 4초 동안 내쉬는 것을 반복하세요.

- 간단한 스트레칭: 간단한 스트레칭을 통해 몸의 긴장을 풀어보세요.
- 긍정적인 시각화: 프레젠테이션이 성공적으로 끝나는 장면을 머릿속에 그려보세요.
- 명상: 잠깐 눈을 감고 명상을 해보세요. 마음을 진정시키는 데 도움이 될 거예요.
- 적절한 휴식: 잠깐이라도 휴식을 취하면서 몸과 마음을 재충전하세요.

준비한 내용을 자신 있게 발표하면 잘 해낼 수 있을 거예요. 두통과 복통이 계속된다면, 간단한 진통제를 복용하거나 의료 전문가의 상담을 받아보는 것도 좋은 방법입니다. 당신의 노력은 헛되지 않을 거예요. 자신을 믿으세요!

첫 번째 대답은 간단하고 명확하다. 하지만 AI가 제공한 답변은 다소 1차원적이다. 상황을 놓고 판단하기 때문에 AI는 기본적인 위로와 조언을 제공하게 된다.

두 번째 답변은 더 구체적이고 현실적인 솔루션을 제시한다. 감정을 구체적으로 묘사하고, 상황을 상세히 설명하기 때문에 AI가 더 깊이 있고 맞춤형 조언을 제공할 수 있다. AI는 사용자의 구체적인 상황과 감정을 이해하고, 이에 맞는 다양한 해결책을 제시한다. 또한, 사용자가 느끼는 다양한 정신적, 신체적인 증상까지 고려해 보다 종합적인 답변을 제공한다.

오스카 와일드의 소설『도리언 그레이의 초상』에서는 감정을 실어서 그린 초상화는 모델의 것이 아니라 화가의 영혼인 그 자신을 드러낸다고 강조한다. 화가 자신의 영혼이 가진 비밀, 즉 감추고 싶은 감정 같은 게 드러날까 봐 두려워한다. 예술가가 감정을 작품에 싣는다는 것은 감정이 얼마나 강력한 역할을 하는지 보여 준다. 감정을 담은 표현은 단순한 정보 전달을 넘어, AI와의 깊은 교감을 이끌어 내는 중요한 요소가 된다. 감정을 프롬프트에 담아 표현하면, 더 깊이 있고 의미 있는 소통이 가능해진다.

프롬프트에 감정을 싣는 연습을 하다 보면 부가적으로 자기의 감정을 저절로 인식하는 계기가 된다. 이것은 자기 자신으로 향하는 첫걸음이자, 감정의 바다에 첫 항해를 나서는 순간이 된다. 따라서 내가 AI에게 요청을 한다는 것은 나의 욕망이나 염원을 프롬프트에 담는 예술 활동이라고 봐도 되지 않을까. 내 감정을 이해할 수 있다면 타인(AI를 포함)의 세계를 받아들일 수 있는 공감의 영역으로 우리는 확장될 수도 있다.

# 단순한 질문을 깊이 있는 질문으로 확장하려면?

────────────── ... ──────────────

　AI의 답변에 만족하려면 질문의 질이 좋아야 하다는 건 AI를 쓰는 초등학생도 안다. 질문에 정성을 들이고 구체적이고 명확하게 질문해야 AI도 정확한 답변을 제공할 확률이 높다. 그래서 앞서 개념을 묻는 명사형 질문보다 행위를 묻는 동사형 질문이 유리하다고 언급하기도 했다.

　궁금한 것이 생기면 스스로 생각해 본다. 그래도 문제를 해결할 능력이 부족하다면 그때는 AI에게 물어본다. AI의 답변을 무조건 수용하는 것보다 비판적으로 사고도 해보고 검증도 해 본다. 그리고 그것을 삶에 어떻게 적용할지 궁리해 본다. 보통 이런 절차대로 질문하고 답변을 들으면 거기서 대화가 종료되는 경우가 대부분이다. 만약 AI와 대화를 길게 주고받으며 그 가운데에서 인사이트를 얻고 싶다면 대화는 인스턴트 컵라면처럼 1회용으로 끝나서는 곤란하다. 더 추가적이고 심층적인 대화를 집요하게 이어 나가야 하는 것이다. 그렇게 하려면 AI의 답변에서 핵심을 발라내서 그것을 다시 질문으로 되돌려 줘야 한다. 어떤 개념을 묻는 것으로 대화를 시작해 보자.

**생각이란 무엇일까요?**

생각이란 무엇인가에 대해 깊이 고민하는 것은 철학, 심리학, 신경과학 등 다양한 학문에서 중요한 주제입니다. 생각이란 단순히 뇌에서 일어나는 신경 활동일 수도 있고, 복잡한 인지 과정의 결과일 수도 있습니다. 이 질문에 대한 다양한 관점을 살펴보겠습니다.

(…)

개념을 듣고 나서는 '왜'에 초점을 맞춘다. AI의 답변을 읽고 핵심을 발라낸다.

**신경과학적 관점에서 생각이 왜 일어나는지 그 이유와 절차에 대해 설명해 주세요.**

신경과학적 관점에서 생각이 일어나는 이유와 절차는 뇌의 복잡한 구조와 기능에 깊이 연관되어 있습니다. 생각이 일어나는 과정을 이해하려면 다음과 같은 주요 개념들을 살펴볼 필요가 있습니다.

① **뉴런과 시냅스**: 뇌의 기본 단위는 뉴런(신경세포)입니다. 인간의 뇌에는 약 860억 개의 뉴런이 있으며, 이들은 시냅스라는 구조를 통해 서로 연결됩니다. 시냅스는 뉴런 간 신호 전달을 가능하게 하며, 이 신호 전달이 바로 생각의 기초입니다.

② **전기화학적 신호**: 뉴런 간의 소통은 전기화학적 신호를 통해 이루어집니다. 뉴런의 축삭axon을 따라 전기적 신호가 이동하고, 시냅스에 도달하면 신경전달물질이라는 화학적 물질이 방출됩니다. 이 신경전달물질이 다음 뉴런의 수용체에 결합하면 다시 전기적 신호로 변환되어 전달됩니다.

③ **뇌의 특정 영역**: 생각은 뇌의 여러 영역이 협력하여 이루어지는 복잡한 과정입니다. 예를 들어:
- 전두엽: 계획, 의사결정, 문제 해결, 사회적 행동 등을 담당합니다.
- 측두엽: 언어 이해, 기억 형성, 청각 처리 등을 담당합니다.
- 두정엽: 공간 인식, 감각 정보 통합 등을 담당합니다.
- 후두엽: 시각 정보를 처리합니다.

AI에게 정보를 얻으면 내가 아는 것과 모르는 것을 파악한다. 이해가 가지 않는 것은 추가적인 자료를 요청한다. 컨텍스트를 이해해야 다음 질문으로 이어질 수 있다는 사실을 명심하자. 정확하게 분석하고 뾰족하게 질문하는 요령을 익혀야 한다. AI의 대답을 스스로 요약하고 다시 질문을 던지며 사고를 확장한다.

경험과 학습이 반복되면 우리의 감각 기관을 그 정보를 인지하고 해석하는 과정을 통해서 뇌의 특정 영역에 저장하겠네요. 그러한 과정은 뉴런 간의 전기적 신호에 따라 이루어지고요. 결국 축적된 경험이 생각을 만든다는 것인데, 생각은 사실 우리가 의식적으로 생각하고 싶다고 해서 일어나는 일은 아닌 것 같아요. 무의식적으로 생각이 찾아오죠. 원하지 않아도 생각은 무심하게 흘러가는 것 같습니다. 그 생각이 과연 의미 있다고 봐야 할까요?

경험과 학습이 축적된 결과로 나타나는 생각이 과연 의미 있는지에 대한 질문은 매우 흥미롭고 깊이 있는 주제입니다. 신경과학적, 심리학적, 철학적 관점에서 이 질문을 다각도로 살펴보겠습니다.

### 신경과학적 관점

신경과학적 관점에서 경험과 학습은 뇌의 신경 가소성을 통해 뉴런 간의 연결을 강화하고 새로운 신경 회로를 형성합니다. 이러한 과정에서 생각은 단순히 자동적으로 발생하는 현상이 아니라, 우리 뇌가 환경에 적응하고 생존에 필요한 결정을 내리는 데 중요한 역할을 합니다.

- 자동적 사고와 무의식적 과정: 많은 생각은 자동적이고 무의식적으로 일어납니다. 이는 뇌가 복잡한 정보를 빠르게 처리하고, 일상적인 활동에서 효율성을 유지하기 위해 필수적입니다.
- 의식적 사고와 문제 해결: 의식적으로 생각을 통제하고 문제를 해결하는 능력도 있습니다. 이는 전두엽과 같은 고차원 뇌 영역이 활성화될 때 발생합니다.

다른 관점으로 AI의 답변을 요청해 본다.

무의미하게 흘러가 버리는 생각이라는 것도 결국 우리에게 의식이 존재하기 때문에 가능한 것 같습니다. 의식이란 결국 나라는 자아를 스스로 인지한다는 것으로 해석될 수 있겠죠. 영장류 중에서 의식이 있다는 것, 즉 스스로를 지각할 수 있는 영장류는 인간 밖에 없겠죠. 생각을 메타적으로 인지해야만 무의미한 생각을 스스로 걸러낼 수 있을 것 같습니다. 생각이 의식으로까지 전환이 되네요. 이런 사유도 데카르트의 이론처럼 인간이 생각할 수 있기 때문이겠죠?

## 의식과 자아 인식

- 의식이란 무엇인가?: 의식consciousness은 우리가 자신과 주변 환경을 인식하고, 경험을 주관적으로 느낄 수 있는 능력입니다. 이는 감각적 정보, 생각, 감정 등을 포함합니다.
- 자아 인식: 자아 인식self-awareness은 자신의 존재와 상태를 인지하고 반영하는 능력입니다. 인간은 스스로를 객관적으로 바라보고, 자신의 생각과 감정을 분석하며, 이를 통해 자아를 형성합니다. 이러한 능력은 고등 인지 기능을 통해 이루어지며, 다른 영장류에서는 제한적이거나 발견되지 않는 경우가 많습니다.
- 생각의 메타 인지: 메타 인지metacognition는 자신의 생각 과정을 인식하고 조절하는 능력입니다. 이는 고차원적인 사고로, 자신이 생각하고 있는 내용을 반성하고 분석하는 과정을 포함합니다.


하루 동안에도 수만 가지의 생각이 스쳐 지나가는데요. 의식적으로 '좋은 생각을 해야 되겠어'라고 생각해도 의도대로 되지는 않더군요. '1분 후에 어떤 생각을 해야 되겠어'라고 다짐해도 그대로 안 되고요. 생각은 감각 기관을 통해서 흡수한 나와 대상의 거리를 주관적으로 해석한 후에 그것이 다시 생체 시스템의 번역을 통해 나타나는 작용이라고 볼 수도 있겠네요. 인간이 자아를 인식할 수 있으니(의식) 생각도 할 수 있는 거고요. 애석하게도 그 생각이란 것들의 대부분이 부정적인 것들이 많다는 것이고요. 뇌과학자들은 부정적인 생각을 버리기 위해서 운동(움직임)을 권유하더라고요. 의식적으로 생각을 버릴 수 없듯이, 부정적인 생각도 의지로 해결될 수 없다는 얘기죠.

**부정적인 생각을 다루는 방법**

① 운동과 움직임: 신경과학자들이 권장하는 운동은 부정적인 생각을 줄이는 데 효과적입니다. 운동은 뇌의 신경전달물질(세로토닌, 도파민 등)을 증가시켜 기분을 개선하고, 스트레스를 줄입니다. 신체 활동을 통해 부정적인 생각을 벗어나 긍정적인 상태를 유지할 수 있습니다.

② 명상과 마음 챙김Mindfulness: 명상과 마음 챙김은 현재 순간에 집중하고, 부정적인 생각을 판단하지 않고 받아들이는 연습을 통해 부정적인 생각의 영향을 줄이는 데 도움이 됩니다. 이는 뇌의 전두엽 기능을 강화하여 감정 조절 능력을 향상시킵니다.

③ 인지행동치료CBT: 인지행동치료는 부정적인 생각 패턴을 인식하고, 이를 긍정적이고 현실적인 생각으로 대체하는 데 도움을 줍니다. CBT는 심리 치료의 한 형태로, 많은 연구에서 효과가 입증되었습니다.

④ 감사 일기: 매일 감사한 일이나 긍정적인 경험을 기록하는 감사 일기는 부정적인 생각을 긍정적인 생각으로 대체하는 데 효과적입니다. 이는 긍정적인 감정을 증대시키고, 부정성 편향을 완화

시킵니다.

AI의 답변에 대해 비판적으로 사고해 본다. 생존 본능에 따라 부정적인 편향을 가진 인간이 생존할 확률이 높고 우리가 그 유전자 코드에 따라 진화한 결과라면, 우리는 앞으로도 계속 고통을 겪어야 한다는 얘기가 아닌가.

생존 본능에 따라 부정적인 편향을 가진 사람이 생존에 더 유리했다면, 과거와 달리 앞으로는 긍정적인 생각을 가진 사람이 타인과 관계를 맺기도 유리하고 종족을 보존할 확률이 더 높지 않을까요? 현재는 생존이 선사시대처럼 절박한 시대는 아니니까요. 그렇게 되면 미래의 인류는 불확실성을 대비할 능력이 사라질 수도 있겠군요.

미래의 인간 진화

① 긍정적 사고의 진화적 이점: 긍정적인 사고가 현대 사회에서 생존과 번영에 유리하다면, 이러한 특성을 가진 사람들이 더 성공적으로 자손을 남길 가능성이 높아집니다. 이는 미래 세대가 긍정적 사고에 더 유리한 유전적 특성을 가질 가능성을 열어줍니다.

② 불확실성 대비 능력: 그러나 부정적 사고는 여전히 불확실성에 대비하는 데 중요한 역할을 합니다. 부정적인 정보에 민감한 사

람들은 잠재적인 위험을 더 잘 감지하고, 대비할 수 있습니다. 이는 여전히 중요한 생존 전략이 될 수 있습니다.

**지금까지의 대화를 총정리해 주세요. 그리고 뇌에서 생각하는 과정을 요약해 줄 수 있나요?**

### 대화 요약

① 생각의 본질: 생각은 뇌에서 일어나는 신경 활동의 결과로, 감각 정보 처리, 기억 인출, 문제 해결 등의 과정에서 발생합니다. 철학적, 심리학적, 신경과학적 관점에서 다양한 설명이 가능합니다.

② 신경과학적 관점에서 생각: 뉴런 간의 전기화학적 신호 전달을 통해 뇌의 여러 영역이 협력하여 생각이 형성됩니다. 전두엽, 측두엽, 두정엽, 후두엽 등 각 영역이 특정 기능을 담당합니다. 경험과 학습은 신경 회로를 변화시켜 생각에 영향을 미칩니다.

③ 의식과 자아 인식: 의식은 자신과 환경을 인식하는 능력이며, 자아 인식은 자신의 존재와 상태를 반영하는 능력입니다. 메타 인지는 자신의 생각 과정을 인식하고 조절하는 능력으로, 부정적인 생각을 필터링하는 데 중요합니다.

④ 부정적인 생각과 긍정적인 생각: 부정적인 생각은 진화적으로 생존에 유리했으나, 현대 사회에서는 긍정적인 생각이 사회적 관계와 정신 건강에 더 유리합니다. 부정적인 생각을 관리하기

위해 운동, 명상, 인지행동치료 등이 효과적입니다.

⑤ 미래의 인간 진화: 긍정적인 사고가 사회적 관계와 정신 건강에 유리하지만, 부정적인 사고는 여전히 불확실성에 대비하는 데 중요합니다. 미래 인류는 긍정적 사고와 부정적 사고 간의 균형을 유지하며 유연하게 대응할 필요가 있습니다.

여기 뇌에서 생각이 형성되는 과정을 그림으로 나타낸 것입니다. 이 그림은 다음과 같은 단계를 보여줍니다:

① 감각 입력Sensory Input: 감각 기관(눈, 귀, 피부 등)을 통해 외부 환경에서 정보를 받아들입니다.

② 감각 처리Sensory Processing: 감각 정보가 뇌의 감각 피질에서 초기 처리됩니다.

③ 정보 통합Information Integration: 연합 피질로 정보가 전달되어 다양한 감각 정보가 통합되고 분석됩니다.

④ 의식적 인지Conscious Cognition: 전두엽을 비롯한 고차원 인지 영역에서 의식적인 생각과 판단이 이루어집니다.

⑤ 피드백과 조정Feedback & Adjustment: 결과에 대한 피드백을 통해 생각을 조정하고 수정합니다.

주어진 과제를 표면적으로 보는 것보다 다각도로 접근하

는 것이 필요하다. 생각이 무엇인지 묻는 단순한 질문으로 시작했으나 생각이 발생하는 원리와 절차에 대해 대화를 나눴고 진화적인 관점에서 철학적인 관점까지 대화가 입체적으로 진행되었다.

단순하게 개념을 묻는 것으로 대화를 끝내는 것보다 생각이 의식으로 전환되는 심층적인 연관 질문으로 질문을 도약시켰고 부정적인 관점에서 생각이 일어나는 이유가 진화론적인 관점에서 시작되었다는 것, 그리고 운동이 부정적인 생각에서 벗어나기 위한 좋은 방법인지 그 과정을 대화를 통해 이해하게 되었다.

생각이 무엇인지 이 대화만으로 완벽하게 이해할 수 있다면 얼마나 좋을까.

# 프롬프트 엔지니어링은
# 문제해결을 위한 창의적인 접근 방식이다

---

나는 매일같이 AI를 사용한다. AI 없이 일을 해 왔다고 생각하면 마치 커피 없이 하루를 시작하는 것처럼 말도 안 되는 일이다. AI는 이제 생활의 일부를 넘어 거의 대부분을 차지하고 있다. 어쩌다 보면 이러다 AI가 나의 디지털 반려동물이 될지도 모른다. AI를 더 잘 활용하기 위해 여러 실험을 시도해 보았고, 그 과정에서 나만의 비법을 터득한 것 같다. 하지만 내 실력이 늘어난 것인지, 아니면 AI를 활용하는 기술이 늘어난 것인지는 잘 모르겠다.

대화형 AI 얘기를 슬슬하자니 '프롬프트 엔지니어링'이라는 용어가 먼저 떠오른다. 프롬프트 엔지니어링은 마치 AI와의 대화에서 우아하게 오케스트라를 이끄는 지휘자의 역할을 한다. 원하는 출력을 위해 입력을 설계하는 것은 일종의 예술이다 이것은 AI 전문가들이 만들어 낸 실용적인 기법을 말한다. 그렇다면 AI를 잘 쓰려면 프롬프트 활용법부터 익히는 게 먼저일까? 대화형 AI가 어떻게 그리고 무엇 때문에 만들어졌는지 얌전하게 책상머리에 앉아 대화의 기술을 깨우치는 게 먼저일까?

프로그래밍의 세계에도 프롬프트 엔지니어링과 비슷한 '디자인 패턴'이라는 개발 방법론이 있다. '디자인 패턴'이란 소프트웨어 설계 시 자주 발생하는 문제들을 해결하기 위한 일종의 해결책이나 방법론을 의미한다. 이런 패턴들은 많은 프로그래머가 고충을 겪는 공통된 문제들에 대해 잘 정리된 솔루션을 제공한다.

레고 블록을 상상해 보자. 내 책상 위에는 다양한 모양과 알록달록한 색상의 레고 블록들이 접시 위에 고이 놓여 있다. 나는 조립 설명서를 펼치고, 각기 다른 모양과 색상의 블록들을 하나씩 손에 쥔다. 빨간 블록은 문이 되고, 파란 블록은 지붕이 된다. 손가락 끝에서 하나하나 블록이 맞물리며, 점차 구조물이 형성되어 간다. 어느새 아름답고 소박한 집 하나가 완성되었고, 나는 만족스러운 미소를 짓는다. 디자인 패턴도 이와 비슷하다. 소프트웨어를 만들 때, 특정 문제를 해결하는 '패턴'이라는 조립 설명서를 사용하면 더 효율적이고 빠르게 문제를 해결할 수 있다. 디자인 패턴은 레고 블록의 조립 방식처럼, 다양한 문제를 창의적으로 해결할 수 있게 도와주는 금쪽같은 도구가 된다.

디자인 패턴과 프롬프트 엔지니어링의 본질은 문제의 해결책을 제시하는 것이다. 문제는 마치 감춰진 보물과 같다. 그 본질에 다가가며 스스로 발견해야만 진정한 내 문제가 될 수 있다. 다른 사람이 만든 문제는 그저 남의 모험이 만든 결과물일 뿐, 나와는 무관한 이야기다. 내가 직접 벽을 체감하고 인지할 수 있을 때 문제는 내 것이 되고 도드라진다. 다른 사람이 만든 방법론을 단순하게 적용하는 것은 전문가가 직면했던 그 문제를 해결하는 측면에만 유효하다. 문제의 향방이 조금이라도 뒤틀리면 우리는 당황하고 벽 앞에 쓰러진다. 직접 난관에 봉착해서 그 난관을 뛰어넘어 보거나, 직접 뚫어본 경험이 없기 때문에 혼란에 빠지고 마는 것이다.

---

**ReAct 기법**

- **설명**: 모델에게 특정 상황에 반응하고 행동하도록 지시하는 기법.
- **프롬프트**: "당신은 지금 숲속을 걷고 있습니다. 갑자기 큰 소리가 들립니다. 어떻게 하시겠습니까?"
- **응답**: "저는 소리가 나는 방향으로 조심스럽게 다가가서 무엇이 있는지 확인하겠습니다."

예를 들어, 방금 소개한 프롬프트 엔지니어링 기법은 'ReAct 기법'이다. 이는 AI 모델이 특정 상황에만 반응하도록 유도하는 방법이다. AI에게 방향성을 설정해 줌으로써 엉뚱한 방향으로 빠지지 않도록 사전에 장치를 마련해 두는 것이다. 이렇게 함으로써 AI가 내가 원하는 방향으로만 반응하고 행동하도록 제한할 수 있다.

일종의 유도탄 같은 개념이라고 할까? 상황을 먼저 사용자가 보여 주고 그것에만 반응하도록 유도한다면 잘못된 대답이 나올 확률을 줄일 수 있을 것이다. 이 프롬프트 쓰는 방법을 쓰는 거 자체가 중요한 게 아니다. 왜 이렇게 쓰느냐, 우리는 이것에 초점을 맞춰야 한다. 명확하게 내가 원하는 방향으로만 진행하도록 배경과 무대를 꾸미는 게 중요하다는 그 사실을 이 프롬프트를 통해서 배울 수 있다.

---

**Self-Supervised Learning 기법**

- **프롬프트**: "다음 문장에서 빈칸을 채워 주세요: '고양이는 ＿ 옆에서 잤다.'"
- **응답**: "창문"

---

예를 하나 더 들어 보자. 당신은 거의 힌트가 없는 복잡한 퍼즐을 맞추려고 한다. 그러나 이 퍼즐의 조각들을 맞춰 가며

스스로 길을 찾는 과정은 마치 괴물 미노타우로스가 갇힌 미궁에서 길을 찾아가는 탐험의 길과 같다. 이때 당신은 조각 하나하나를 대입해 보고, 어떤 조각이 다른 조각과 잘 맞는지 스스로 체험해 보면서 퍼즐을 완성해 나갈 것이다. 이것이 바로 Self-Supervised Learning이다. 컴퓨터가 스스로 문제를 풀면서 배우도록 그러니까 더 똑똑하게 작동하도록 환경을 제공하는 것이다.

예를 들어, 컴퓨터는 문장 속 빈칸을 채우면서 어떤 단어가 들어가야 할지 스스로 학습한다. 위의 사례에서는 단순하게 '창문'이라고 답했지만 사용자가 프롬프트에 사용하는 어휘에 따라서, 혹은 어떤 대답을 AI가 제시할지 충분히 미리 가이드라인을 제시할 수도 있을 것이다.

결론적으로, 단순히 프롬프트 엔지니어링 기법을 외우기만 해서는 AI를 최대한 활용할 수 없다. 오히려 처음으로 돌아가 프롬프트 엔지니어링의 배경과 적용 원리, 그리고 다양한 상황에서 이를 어떻게 응용할 수 있을지 깊이 파고드는 것이 더 중요하다. 이 과정은 헤겔의 변증법적 사고를 떠올리게 만든다. 헤겔은 변증법적 과정을 통해 진리를 탐구해야 한다고 주장했다. 그의 철학에서 진리는 정반합의 과정을 거치며, 이론을 발견하고 그 이론의 배경과 맥락을 이해하고, 이를 비판적으로 분석해 새로운 통찰을 얻는 것이다. 프롬프트 엔지

니어링 역시 이런 변증법적 사고를 통해 더 깊이 이해하고 응용할 수 있을 것이다

AI를 잘 쓰고 싶다면 물론 프롬프트 엔지니어링을 알아 두는 것은 분명 도움이 된다. 하지만 생각 없이 외우기만 하거나 비판적 자세를 버리고 받아들이는 것은 위험하다.

# 텍스트에 이미지를 더해
# 욕망을 더 강렬하게 표현하다

—————————— ··· ——————————

표현은 생각이나 감정을 글과 몸짓, 혹은 눈빛과 같은 비언어적인 수단으로 타인에게 전달하는 예술이다. 표현은 나에게서 시작되지만, 그 지향점은 타인에게 향한다. 표정, 몸짓, 말이 합쳐질 때 표현의 마법이 일어나지만, AI를 사용할 때는 텍스트라는 제한된 마법만 부릴 수 있다. 이렇게 생각하고 오직 텍스트로만 AI와 대화한다면, 멀티 모달이라는 AI의 장점을 10% 이하로 사용하는 셈이다.

AI는 텍스트뿐 아니라 이미지, 음성, 비디오를 입력 수단으로 사용할 수 있다. 이를 '멀티 모달Multi Modal'이라고 한다. 멀티 모달을 사용하는 이유는 텍스트로만 의사소통하는 것보다 더 다양한 정보를 전달할 수 있기 때문이다. 이미지나 음성 같은 비언어적 정보를 AI에게 던져 주면 어떤 마법이 펼쳐질까? 아마도 AI는 상황의 맥락을 꿰뚫고 우리의 숨은 요구까지 파악할 것이다.

챗GPT-4의 출시로 멀티 모달을 직접 경험할 수 있게 되었다. 이제 텍스트 기반 대화는 기본이고, 이미지나 영상을 첨부해 더 심도 있는 대화가 가능해졌다. 게다가 스마트폰의 카메라를 통해 실시간으로 대화하며 표정과 제스처를 보여줄 수 있게 되었다. 멀티 모달은 AI가 우리의 표정과 제스처를 이해하게 하고, 음성의 톤과 억양으로 감정을 해석할 수 있게 한다. 이는 조지 오웰의 『1984』에서 빅 브라더가 모든 것을 감시하고 통제하는 것과는 반대 개념으로, 우리의 감정을 더 잘 이해하고자 하는 취지인 것이다.

그렇다면 AI와 대화할 때 멀티 모달을 사용하는 근본적인 이유는 무엇일까? 우리의 욕구나 욕망을 영화 「스타워즈」의 제다이 기사가 포스를 사용하듯 AI에게 더 강렬하게 전달하고 싶기 때문이다. AI가 우리의 욕구를 더 명확하게 이해하면, 우리가 원하는 대답을 제공할 확률이 높아진다.

멀티 모달의 대표 주자인 이미지를 통해 우리의 소망을 AI에게 리얼하게 표현하는 기술을 익혀 보자. 첫 번째로 준비한 자료는 '나'라는 인간의 아이덴티티를 만다라트 도표로 정리한 것이다. 만다라트는 큰 주제에서 작은 세부 사항을 포괄적으로 조망하게 만드는 표현 기법이다. 중앙 칸에는 주제나 목표를, 주변 여덟 칸에는 중앙 목표와 관련된 부주제나 구체적인 실행 계획을 배치한다. 이 구조는 다시 세분화할 수 있어, 각 부주제 아래 더 세부적인 아이디어나 작업을 추가로 구성할 수 있다. 그림을 보면 구조를 이해할 수 있다.

| 글쓰기(30분 안에 3천자 쓸 수 있다) | 도서관 및 기업에 다수 출강 경험 | 노션(Tool) | 부작정 걷기 | 다양한 음악 장르 메초가 (클래식, 팝, 재즈, 가요, 랩) | 메고 초밥 | 자기계발 | 글 잘 쓰고 싶다 | 나만의 콘텐츠 만들고 싶다 |
|---|---|---|---|---|---|---|---|---|
| 무엇이든 꾸준하게 잘 한다 | 전문성 | 프로그램밍을 쉽게 배운다 | 캘리그라피 | 취미 | 사이드잡 정립이 덜다 | 필급 독립 | 타인의 불편 | 전자책을 출간하고 싶다 |
| 아이디어 기획 | 실행력 | 대화형 인공지능 활용에 능하다 | 문학 취주의 독서 | 영화 감상 영화를 통해 인사이트 얻기 | 소설 쓰기 | 적극와 용위 올 받고 싶다 | 건강하게(다이어트) 오래도록 살고 싶다 | 미니멀리즘 |
| 생산성이 뛰어나다 | 뭘 때까지 도전한다 | 목소리가 좋다 | 나의 전문성 | 나의 취미 | 내가 생각하는 타인의 불편 | 흥미들 쉽게 잃는다 | 아이룬 소리를 못한다 | 지나치게 예민하다 |
| 모방을 잘한다 | 강점(재능) | 통찰력이 뛰어나다 | 나의 강점 | 공대생의 심야식제 | 나의 단점 | 내성적이다 | 단점 | 부정적인 생각을 자주 한다 |
| 아이디어가 많다 | 철학적 사유가 같다 | 정보에 강하다 | 나의 역사 | 내 삶의 목표 | 미래에 개방향 유망한 콘텐츠 | 생빨이 약하다 | 타인의 시선을 의식한다 | 끝물하지 못하다 |
| 열등감 | 커뮤니티를 성공하도로 이끈 경험 | 공부를 섬입하게 하지 않았다 | 10세 출간 작가 | 가족과 행복한 삶 누리기 | 글쓰기 전문가 | 노션과 같은 생산성 플 콘텐츠 개발 | 책 기획 및 출간 | 단편 소설로 작가 등단 |
| 게임에 관심이 많았다 | 나의 역사 | 스타트업 창업했다 | 회사 퇴사하고 자유로운 인생 살아가기 | 내 삶의 목표 | 10만 유튜버 되기 | 풍남시인 | 콘텐츠 | 낭독 내 글 읽어주기 |
| 개발자이지만 사업 기획래도 뛰어난다 | 버티는 데 나름의 재능이 있다 | 책을 세 권 출간했다 | 지속적으로 공부하며 살아가기 | 콘텐츠 기획 전문가 | 노후 완벽하게 대비하기 | 인공지능과 인공지능을 정복한 아이디어 쌓알 | 독서 관련 유튜버 되기 | 인공지능을 활용한 사람들의 불편함 해결해주기 |

만다라트는 엑셀을 이용해 손쉽게 만들 수 있다. 마치 라파엘로가 벽면에 프레스코화를 세심하게 그리듯, 엑셀의 셀들을 채우며 중앙에는 핵심 주제를, 주변에는 관련된 세부 사항을 배치한다. 완성된 작품은 하나의 완벽한 도표가 된다. 이제, 그 도표를 캡처해 AI 프롬프트 창에 드래그 앤 드롭하는 순간, 우리의 아이디어는 디지털 프레스코 위에 펼쳐진다. 이 작업을 마친 후 다음과 같이 프롬프트를 입력해 보자.

첨부한 이미지는 만다라트로 '나'라는 인간의 아이덴티티를 정리해 본 겁니다. 만다라트를 분석해서 각각의 세부 주제를 3개 이상 조합해서 50대 이후 개발해야 할 아이템을 제안해 주세요.

이 만다라트를 기반으로 노년기에 개발할 아이템을 제안드리겠습니다. 각 카테고리에서 중요하고 관련성이 높은 주제들을 조합하여 아이템을 만들어 보았습니다.

## ① 생산성 툴과 인공지능을 결합한 콘텐츠 관리 시스템

• 포함 주제: 생산성 툴, 인공지능 활용, 내 삶의 목표

• 설명: 노후를 대비하여 생산성 툴과 인공지능 기술을 통합한 콘텐츠 관리 시스템을 개발합니다. 이 시스템은 일상적인 기록뿐만 아니라 창의적인 글쓰기, 일정 관리, 독서 기록 등을 자동화하여 노년기의 생활을 더욱 편리하게 만들어 줄 수 있습니다.

## ② 디지털 도서관과 연계된 작가 네트워크 플랫폼

• 포함 주제: 나의 경험, 서재와 도서관, 온라인 플랫폼 활용

• 설명: 노년기에는 독서와 글쓰기에 더욱 몰두할 수 있는 환경을 조성하는 것이 중요합니다. 디지털 도서관과 연계하여 사용자가 쉽게 정보를 얻고, 다양한 작가들과 소통할 수 있는 네트워크 플랫폼을 개발하는 것이 좋습니다. 이 플랫폼은 작가들 간의 협업

을 촉진하고, 다양한 문학적 영감을 주고받을 수 있는 공간을 제공합니다.

### ③ 감성 인공지능을 활용한 맞춤형 글쓰기 코치

- 포함 주제: 내가 되고싶은 작가, 인공지능 활용, 내가 좋아하는 글쓰기
- 설명: 노년기에 자신만의 글쓰기 스타일을 더욱 발전시키고 싶은 사용자를 위해 감성 인공지능을 활용한 맞춤형 글쓰기 코치를 개발합니다. 이 인공지능은 사용자의 글쓰기 스타일을 분석하여 개선점을 제시하고, 무라카미 하루키와 같은 유명 작가들의 스타일을 모방할 수 있는 훈련도 제공할 수 있습니다.

이 세 가지 아이템은 노년기의 여가 생활을 풍부하게 하고, 지속적으로 자기 계발을 할 수 있는 기회를 제공합니다. 또한, 기술과 글쓰기를 접목시켜 보다 창의적이고 생산적인 노년 생활을 할 수 있도록 돕습니다.

만다라트는 일종의 '자기가 누구인지' 묻는 자기 분석 방법이다. 이 방법도 AI에게 내 욕구를 표현하는 데 사용할 수 있을까? 자기 분석과 표현은 어떤 연관성을 가질까? 자기 분석과 표현은 밀접하게 연관되어 있다. 자기 분석을 통해 얻은

통찰을 바탕으로 우리는 자신의 욕구와 목표를 명확하게 정의하고, 이를 AI와 대화하며 더 뾰족하게 다듬을 수 있다.

자기 이해 없이는 욕구와 목표를 설정할 수 없다. 만다라트와 같은 기법으로 욕구와 목표를 정리하더라도 각각의 세분화된 목표를 조합해야 더 분명한 방향이 정립될 수 있다. AI는 우리의 복잡한 생각을 구조화하고 체계적으로 정리하는 데 도움을 준다. 나 혼자서는 불가능한 일들을 AI와의 협업을 통해 가능하게 만드는 것이다.

AI가 제안한 3가지 방향성에 대해 더 깊은 대화를 나눌 수 있다. 구체적인 실행 방안이나 전략도 함께 논의할 수 있다. 특히 은퇴 후의 삶을 고민 중인 50대에게 가장 잘 맞는 진로를 제안할 수 있다. 물론 만다라트 하나로 나의 모든 것을 보여줄 수는 없다. 그래서 나는 AI가 제안한 조합이 마음에 들긴 했지만, 내 현실을 더 깊이 반영한 질문을 다시 요청해 보았다.

현재 50대로서 퇴사를 고민 중입니다. 회사를 그만둔다면 개발자 관련 직업은 더 이상 하고 싶지 않아요. 노션 앰버서더라서 생산성 툴 관련 노하우는 나름 계속해서 콘텐츠로 개발하고 싶지만 그것도 주 업무는 아닙니다. 현재도 작가로서 책은 계속 출간하고 있고 인공지능과 인문학을 접목한 책을 곧 출간 예정입니다. 아마도 작가로서는 지속적으로 활동을 할 것 같아요. 오프라인에서 강의 의뢰가 종종 들어와서 강의 활동도 병행할 예정입니다. 이를 기초로 다시 아이템을 조합해 주세요.

당신의 경력과 관심사를 고려하여, 50대 이후 새로운 직업 경로를 모색하는 데 도움이 될 수 있는 다양한 아이템을 다음과 같이 조합해 보았습니다:

## ① 작가와 강사로서의 역량 강화 프로그램 개발

• 포함 주제: 내가 되고 싶은 작가, 나의 경험, 온라인 플랫폼 활용
• 설명: 작가로서의 경험과 강의 활동을 바탕으로, 예비 작가 및 강사를 위한 역량 강화 프로그램을 개발합니다. 이 프로그램은 온라인과 오프라인 모듈을 통해 글쓰기 기술, 출판 과정, 효과적인 강의 방법 등을 교육하며, 개인 브랜드를 구축하는 방법에 대해서도 다룹니다.

## ② 인공지능을 활용한 문학 창작 워크숍

• 포함 주제: 인공지능 활용, 나의 경험, 스토리텔링이 탄탄한 글
• 설명: 인공지능 기술을 활용하여 참가자들이 자신만의 스토리를 창조하고 발전시킬 수 있는 워크숍을 진행합니다. 이 워크숍은 인공지능이 제공하는 다양한 문학적 영감과 스토리텔링 기술을

통해 참가자들의 창작 능력을 향상시킬 수 있습니다.

### ③ 온라인 교육 플랫폼 개발

- 포함 주제: 온라인 플랫폼 활용, 강의 요청, 내가 되고 싶은 작가
- 설명: 당신의 강의 요청과 작가 경험을 통합한 온라인 교육 플랫폼을 개발합니다. 이 플랫폼은 글쓰기, 인공지능, 인문학 등 다양한 주제에 대한 강의를 제공하며, 사용자들이 언제 어디서나 학습할 수 있도록 돕습니다.

### ④ 개인 맞춤형 콘텐츠 개발 컨설팅

- 포함 주제: 나의 콘텐츠, 콘텐츠를 지속적으로 창출, 삶의 목표
- 설명: 개인이나 작은 출판사를 대상으로 맞춤형 콘텐츠 개발 컨설팅 서비스를 제공합니다. 이 서비스는 각 개인의 목표와 스타일에 맞추어 효과적인 콘텐츠 전략을 수립하고, 지속 가능한 콘텐츠 생산 방법을 제공합니다.

이러한 아이템들은 당신의 현재 역량과 흥미를 기반으로 하면서도 새로운 영역에서의 성장 가능성을 탐색하는 데 도움을 줄 수 있습니다. 각각의 아이템은 당신의 작가로서의 경험과 강의 역량을 활용하여 지속적으로 발전할 수 있는 기회를 제공합니다.

만다라트로 자신의 욕구를 시각적으로 표현하고 이를 바탕으로 AI와 소통해 보자. 이것은 다른 차원으로 통하는 작은 시작에 불과하다. 멀티 모달은 AI를 영화 「Her」의 사만다처럼 작동할 수 있게 만든다. 그것이 가능한 것은 우리의 창의적인 응용력과 표현하고자 하는 욕망, 그리고 AI의 신기술인 멀티 모달이라는 놀라운 능력 때문이다.

그뿐이 아니다. 예를 들어, 인공지능과 아이디어 개발을 위해 브레인스토밍하는 상황을 생각해 보자. 사용자가 종이에 아이디어를 다이어그램이나 도표로 정리한다. 그것을 스캔하여 AI에게 보여 주고 대화를 통해 아이디어를 발전시킬 수 있다. 대화로 아이디어를 전개시키는 것보다 이미지로 시각적으로 표현하면 복잡한 아이디어를 개념이 아닌 직관적인 구조로 표현해 구체화할 수 있을 것이다. 디자이너가 그린 와이어 프레임을 보여 주고 디자인 피드백을 받을 수도 있고, 코드로 제안받을 수도 있다. 코딩을 할 줄 몰라도 와이어 프레임만 보여 주면 AI가 코드를 만들어 준다.

더 놀라운 것은 예술 작품의 이해도를 높이기 위해 질문과 이미지를 함께 활용하는 방법이다. 예를 들어, 라파엘로의 「아테네 학당」의 사진을 보여 주고 그 장면에 담긴 의미를 AI에게 분석해 달라고 요청할 수 있다.

## 작품의 배경과 구성

- 제작 시기: 1509-1511년 사이에 제작된 이 작품은 바티칸 궁전의 아포스톨릭 궁전 벽에 그려져 있습니다.

- 의의: 이 작품은 르네상스 인문주의의 이상을 반영하며, 고대 그리스 철학자들의 지혜와 학문적 업적을 기리는 의미를 담고 있습니다.

- 중심인물: 그림의 중심에는 플라톤과 아리스토텔레스가 서 있습니다. 플라톤은 하늘을 가리키며, 이데아의 세계를 강조하고, 아리스토텔레스는 땅을 가리키며 경험과 현실을 중시하는 철학을 나타냅니다.


## 주요 인물들

- 플라톤: 중앙에서 손가락으로 하늘을 가리키고 있으며, 그의 저서 "티마이오스"를 들고 있습니다. 그의 얼굴은 레오나르도 다빈치를 모델로 했다고 전해집니다.

- 아리스토텔레스: 플라톤 옆에 서 있으며, 그의 저서 "니코마코스 윤리학"을 들고 있습니다. 손바닥을 아래로 향해 현실적이고 경험적인 철학을 나타냅니다.

- 소크라테스: 왼쪽에 위치하며, 대화를 나누고 있는 모습입니다. 독특한 얼굴 생김새로 쉽게 식별됩니다.

- 피타고라스: 좌측 아래에 앉아 있으며, 숫자와 도형을 그리고 있

습니다.

- 에우클레이데스 또는 아르키메데스: 우측 아래에서 컴퍼스로 도형을 그리는 모습으로 묘사되어 있습니다.
- 디오게네스: 계단에 홀로 누워 있는 인물로, 독특한 삶의 철학을 표현합니다.
- 헤라클레이토스: 중앙 아래에 앉아 생각에 잠긴 모습으로, 미켈란젤로의 얼굴을 모델로 했다고 전해집니다.

**구성과 의미**

- 건축적 배경: 중앙의 원형 돔과 웅장한 아치는 르네상스 시대의 건축 양식을 반영하며, 그림의 깊이감을 제공합니다. 이는 지식과 학문의 웅장함을 상징합니다.
- 대칭과 균형: 그림은 대칭적 구도로 배치되어 있으며, 이는 르네상스 미술의 특징인 조화와 균형을 강조합니다.
- 색채와 명암: 인물들의 옷 색깔은 다양하며, 서로 다른 학파와 사상을 상징합니다. 명암 처리는 인물들을 더 입체적으로 보이게 합니다.

**철학적 의미**

- 인문주의: 이 작품은 인간의 이성과 지혜를 찬양하는 인문주의 사상을 반영합니다. 다양한 철학자들이 모여 지식을 나누는 모

습은 학문의 중요성을 강조합니다.

- 사상적 조화: 플라톤과 아리스토텔레스의 상반된 철학이 중앙
에 배치됨으로써, 이성적 사고와 경험적 사고의 조화를 나타냅
니다.

**결론**

라파엘로의 "아테네 학당"은 르네상스 예술과 철학의 정수를 담
고 있는 작품으로, 고대 그리스 철학자들의 지혜와 학문적 업적을
기리는 의미를 담고 있습니다. 이 작품을 통해 인간의 이성과 학문
에 대한 경의를 표현하며, 다양한 사상과 철학적 접근의 조화를 시
각적으로 보여줍니다.

멀티 모달 덕분에 우리의 욕망을 더 생생하게 표현할 수
있다. 멀티 모달을 쓰지 않을 이유가 없다.

# 명확하고 간결하게
## 표현하다

‘글'도 안 되고, '말'도 불가능하다! 입력은 오직 기호만 허용된다! 이게 무슨 뜻일까? 기호란 무엇인가? 기호학의 창시자인 찰스 샌더스 퍼스는 기호가 인간의 사고와 소통에 필수적인 요소라고 보았다. 퍼스에게 기호학이 인간에게 의미하는 것이 무엇인지 물어봐야 하는 걸까? AI에게 이모티콘이라도 보내며 우리의 관계를 재정립해야 할지 고민이 된다. 아니, 기호도 말이 아닌가? 이게 무슨 말도 안 되는 소리인가! 기호도 말인데 말은 안 된다니! 그때 AI가 터프하게 답한다.

"기호를 잘 쓰면 프롬프트를 간단하게 쓸 수 있으니 기호를 적극 활용하라는 얘기라고요!"

기호의 정체를 찾기 위해 오랜만에 도서관으로 향했다. 저녁 노을이 어슴푸레 비치는 도서관에 들어서며 나는 평소처럼 서가 사이를 미로처럼 헤매는 대신, 오늘은 기호라는 그림자를 따라가기로 했다. 서가 사이로 낡은 책들이 먼지에 뒤덮인 채 마치 늙은 병정처럼 사열해 있었다. 나는 하나씩 그 책들을 소집하는 대신 길을 찾게 도와주는 기호를 따르기로 했다. "유레카!" 작은 외침이 나도 모르게 흘러나왔다. 기호, 그것이 무엇인지 이제야 이해할 수 있을 것 같았다. 기호는 수많은 정보를 단 하나의 문자로 압축하는 마법 같은 존재였다. 기호야말로 표현의 예술이 아니던가.

'〈 〉' 기호로 단어나 문장을 강조하고, 별표(*)로 중요한 부분을 표시할 수 있다. 이를 통해 AI가 우리의 의도를 명확히 이해하고 빠르게 답변할 수 있다. 또한 말로 장황하게 설명하는 대신, 하이픈(-) 기호를 사용해 요구사항을 개조식으로 표현할 수도 있다. 슬래시(/) 기호는 AI가 두 가지 중 하나를 선택해 답변하도록 유도할 수 있으며, 마크다운 문법을 사용해 요구사항을 체계적으로 정리해 전달할 수도 있다.


1. 중요한 요청인 '예산'을 별표(*) 기호로 표현할 수 있다.

(…) 위의 글은 회의를 녹음한 자료입니다. 분석해서 내용을 요약해 주는데 *예산*을 더 중점적으로 정리해 주세요.

2. 하이픈(-)을 사용하면 요구사항을 구체적으로 나열할 수 있다.

프로젝트 준비를 위해 다음과 같은 사항이 필요합니다:

- 일정 계획하기
- 예산 책정
- 팀원 할당

3. 슬래시(/)를 사용하여 대답을 두 가지 중 하나로 선택하게 유도할 수 있다.

커피/녹차 중에서 어느 음료를 마실까요? 추천해 주세요

4. 특정 문장을 인용할 때는 꺾쇠(>)를 사용한다.

> 당신이 본 모든 것이 동화가 될 수 있고, 당신이 만진 모든 것으로부터 이야기를 얻을 수 있습니다. - 안데르센

위의 인용에 대한 AI의 의견을 말씀해 주세요.

5. 대괄호 [ ]를 사용해 특정 요소를 집합으로 묶거나 분류를 나눌 수 있다.

아래 사항을 적극적으로 고려해 주세요.

- 키워드: [독서, 글쓰기, AI]
- 세부 키워드: [대화, 언어]

- 독자: [40대, 50대]
- 톤 앤 매너: [구체적이고 확실한 어조로, 다정하고 따뜻한 언어로]

프롬프트에 기호를 사용하는 이유는 우리의 의도를 명확히 전달하고, AI가 특정 요소에 집중하도록 하기 위해서다. "다음 회의에서 논의할 주요 안건들은 다음과 같습니다: [예산 조정, 프로젝트 일정, 신규 팀원 소개]. 각 안건에 대한 상세 정보와 준비사항을 요약해 주세요" 이렇게 프롬프트에 대괄호([ ])를 사용하면 예산 조정, 프로젝트 일정, 신규 팀원 소개 요소에 AI의 주의를 집중시키고 목록을 통해 정보를 구조적으로 제시할 수 있다.

6. 조건문(If)을 사용해 프로그래밍 코드를 기호로 표현할 수 있다.

If 오늘 비올 확률 > 60 %
우산을 꼭 챙겨.
Else
우산을 챙기지 않아도 돼.

이 프롬프트는 오늘 비올 확률이 60% 이상이라면 우산을 챙기라고 말하고 그렇지 않다면 우산을 챙기지 않아도 된다고 AI는 말할 것이다. 조건문을 통해서 AI가 다양한 대답을 하도록 유도할 수 있다.

개념을 물을 때 'A' 알파벳 기호를 변수처럼 사용할 수도 있다. A는 간단한 단어일 수도 있지만 복잡한 개념을 지닌 긴 문장일 수도 있다. 무엇이든 묻고 싶은 핵심 개념을 A 변수에 대입해 보자. 그리고 AI에게 물어보자. 변수를 사용하면 변수에 값을 할당하는 부분만 수정하면 된다.


A의 개념에 대해 알고 싶어요.
① A의 개념을 정리할 때 일반적인 사실에서 구체적인 내용으로 확장해서 설명해 주세요
② A가 사용된 실제 사례를 꼭 보여 주세요.
③ A를 문학 작품에서는 어떻게 언급했는지 보여 주세요
④ A에 관한 철학자 한 명의 의견을 보여 주세요
A = 자유 의지


**자유 의지**Free Will**에 대한 개념**
**① 일반적인 사실에서 구체적인 내용으로 확장한 설명**
**일반적인 사실**
- 자유 의지는 사람들이 자신의 행동과 결정을 자율적으로 선택할 수 있는 능력을 의미합니다. 이는 외부의 강요나 운명에 의해 결정되지 않고, 자신의 의지와 선택에 따라 행동하는 것을 뜻합니다.

**구체적인 내용**

- 철학적 측면: 철학에서 자유 의지는 인간의 행동이 필연적인 법칙에 의해 결정되지 않고, 개인의 의지에 따라 자유롭게 결정될 수 있다는 견해를 포함합니다. 이는 결정론<sup>determinism</sup>과 대립되는 개념으로, 결정론은 모든 사건이 자연법칙에 의해 필연적으로 일어난다고 주장합니다.

- 윤리적 측면: 윤리학에서 자유 의지는 도덕적 책임과 밀접하게 연결되어 있습니다. 자유 의지를 가정하지 않으면, 사람들은 자신의 행동에 대해 도덕적 책임을 질 수 없게 됩니다.

- 과학적 측면: 신경과학 및 심리학에서는 자유 의지의 실재 여부에 대해 논쟁이 많습니다. 일부 과학자들은 인간의 행동이 뇌의 화학적 및 전기적 과정에 의해 결정된다고 주장하기도 합니다.

② 자유 의지가 사용된 실제 사례

- 자유 의지의 개념은 다양한 실생활 사례에서 확인할 수 있습니다. 예를 들어, 법적인 맥락에서 범죄자는 자신의 자유 의지로 범죄를 저질렀기 때문에 처벌을 받습니다. 또한, 자선 활동을 하는 사람들도 자신의 자유 의지로 도움을 주기로 선택했기 때문에 그들의 행동이 도덕적으로 평가됩니다.

- 사례: 마틴 루터 킹 주니어의 인권 운동은 그의 자유 의지로 인한 결정의 좋은 예입니다. 그는 인종 차별에 맞서 싸우기로 결정

했고, 이로 인해 많은 사람들이 평등을 향한 변화를 경험할 수 있었습니다.

### ③ 문학 작품에서의 자유 의지 언급

• 문학에서는 자유 의지가 종종 인간의 갈등과 선택을 다루는 주요 주제로 나타납니다. 예를 들어, 도스토옙스키의 소설 '죄와 벌'에서는 주인공 라스콜니코프가 자신의 자유 의지로 범죄를 저지르고 그 후에 겪는 도덕적 갈등을 중심으로 이야기가 전개됩니다. 이 작품은 자유 의지와 도덕적 책임의 관계를 깊이 탐구합니다.

### ④ 철학자의 의견

• 장-폴 사르트르Jean-Paul Sartre: 사르트르는 실존주의 철학자 중한 명으로, 자유 의지에 대한 그의 견해는 매우 중요합니다. 그는 "인간은 자유롭게 태어났으며, 자유로움을 피할 수 없다"라고 주장합니다. 그의 대표적인 저서 '존재와 무'에서 사르트르는 인간이 본질적으로 자유롭다고 주장하며, 이 자유는 인간 존재의 근본적 특징이라고 봅니다. 그는 또한 자유 의지가 사람에게 책임을 수반한다고 강조합니다. 인간은 자신의 선택에 책임을 져야하며, 이는 불안과 고통을 동반하기도 한다고 설명합니다.

**요약**

- 자유 의지란: 자율적으로 행동하고 결정할 수 있는 능력.
- 철학적/윤리적/과학적 측면에서의 논의
- 실제 사례: 마틴 루터 킹 주니어의 인권 운동
- 문학 작품: 도스토옙스키의 '죄와 벌'
- 철학자 의견: 장-폴 사르트르의 실존주의적 자유 의지론

기호는 우리와 AI가 어떻게 쉽게 빠르게 소통할 수 있는지 보여 주는 사례일 뿐이다. 몇 개의 기호로 복잡한 말들을 줄일 수 있으니, 그게 바로 스마트한 커뮤니케이션이 아닌가. 장황한 설명? 간단한 기호로 뚝딱 해결할 수 있다. AI도 이걸 훨씬 더 잘 알아듣는다. 결국, 기호가 단순한 문법적 요소를 넘어서 의사소통의 천재적 도구로 자리 잡았다는 것을 당당하게 보여 주는 것 아닌가.

# 4

ARTIFICIAL      INTELLIGENCE

# AI와 함께
# 글쓰기를 배우다

# 어휘력은 새로운 지식-관계를 만들어 준다

---  ...  ---

AI와 특정 주제를 중심으로 대화를 시도해 본다. 주제와 연관된 다양한 아이디어를 떠올리고 이를 질문 형식으로 전환한다. 이러한 질문들은 글의 형태를 띤다. 일반적으로 AI 프롬프트에서 작성하는 글은 짧은 경향이 있다. "멀티 모달이 무엇인가요?", "LLM이 무엇인가요?"와 같은 개념을 묻는 질문이 대부분이다. 물론 적당히 작성해도 AI는 성실히 답변한다. 그러나 그 답변이 사용자의 의도에 부합하는지는 결국 스스로 판단해야 한다.

프랑스 철학자 미셸 푸코는 "권력은 지식을 만들고, 그 지식이 다시 권력을 강화한다"고 말했다. 마치 언어로 쌓아 올린 탑처럼 지식은 층층이 쌓여 간다. 거대한 지식의 탑을 소유하는 인간이 권력을 갖는다. 이 원리를 모두 이해한 AI를 활용하는 인간 역시 권력을 얻는다. AI는 우리가 제공한 데이터와 알고리즘을 바탕으로 지식을 어휘로 변환하지만, 그것은 결코 인간이 만든 언어의 벽을 뛰어넘지 못한다. AI는 그저 우리의 언어를 모방하는 앵무새일 뿐이다. AI를 진정으로 활용하려면, 우리가 이미 알고 있는 지식과 권력의 경계를 초월해야 한다. 그렇다면, '초월'이란 무엇을 뜻할까?

프롬프트가 단문의 형태를 띠더라도, 단문으로만 AI를 사용하는 것은 해당 분야의 정보 부족을 여실히 드러낼 뿐이다. 궁금증은 단문에서 시작되지만, 그 과정은 단문으로 끝날 수 없다. 프롬프트는 생각이 확장될수록 더 긴 문장 구조를 갖게 된다. '주어 + 서술어' 구조를 가지기도 하지만, 목적어, 부사어, 보어 등이 더해져 더욱 복잡한 구조를 형성할 수 있다. 긴 글을 쓰는 것에 자신이 없기 때문에 생각을 개조식으로 짧게 정리하기도 한다. 하지만 프롬프트를 단문으로만 쓴다는 것은 AI가 만든 기존의 지식-권력의 틀에 갇힌다는 뜻이다.


이번 주말에 코엑스에서 열리는 전시회를 알려주세요.

이번 주말에 코엑스에서 열리는 전시회의 이름과 그 전시회에서 주로 다루는 주제가 무엇인지 알려줄 수 있을까요?

문장을 한글의 문장 성분에 따라 분석하면, 주성분은 주어와 서술어로 나뉜다. 이 문장에서는 주어가 생략되어 있다. 서술어는 '알려줄 수 있을까요?'라는 의문문 형태다. 부속 성분은 관형어와 부사어로 나뉘며, 관형어는 '이번 주말에 코엑스에서 열리는'으로 전시회를 꾸며 준다. 부사어는 '주로'로 '다루는 주제'를 꾸며 준다.

위 질문은 사실 성분을 분석할 정도로 복잡하지 않다. 그러나 AI를 사용하면서 느끼는 점은 항상 질문이 간단하지 않다는 것이다. 그러므로 간단한 질문을 고무줄처럼 더 길게 늘려 보겠다.

"이번 주말에 서울 코엑스에서 열리는 전시회의 이름이 궁금합니다. 또한, 그 전시회에서는 어떤 주제들을 다루고 있는지 자세히 알고 싶어요. 만약 가능하다면, 해당 전시회의 주제 중에서 특히 주목받고 있는 점들에 대해서도 추가적인 설명을 부탁드립니다. 이 정보들을 제공해 주실 수 있을까요?" 이렇게 3~4줄 정도로 더 다양한 궁금증을 질문에 포함시킬 수 있다. 다소 긴 문장을 만들기 위해 필요한 능력은 무엇일까? 물론 먼저 질문을 여러 개 떠올라야 한다는 사실은 두말할 필요도 없다. 하나의 질문이 다른 질문을 끌어와야 하고, 그 질문들이 부드럽게 여러 문장으로 연결되어야 한다는 점도 이해할 수 있다. 또한, 일차적으로 궁금증이 길게 나열되었다면 맞춤법이나 띄어쓰기 같은 문법적 구조보다 문장이 어색하지 않은지, 무엇을 묻는지 명확한지 살펴볼 필요가 있다. 또한, 어휘에 문제가 없는지도 점검해야 한다.

"이번 주말, 서울 코엑스에서 어떤 전시회가 개최되는지 궁금합니다. 또한, 그 전시회에서는 어떤 주제들을 다루고 있는지 그리고 어떤 기획으로 전시회가 진행되며 어떤 기업들이 참여하는지 자세한 정보를 알고 싶어요. 만약 가능하다면, 해당 전시회의 주제 중에서 특히 요즘 트렌드가 되고 있는 점들에 대해서 추가적인 설명들을 보완해 주세요. 정보를 제공할 때는 행사가 시작되는 시점에서 종료되는 시점까지 일정을 시간대별로 정리해 주세요."

'열리는지'를 '개최되는지'로 수정했고 '트렌드'라는 단어로 수정했다. '기획', '보완', '행사', '정리'와 같은 단어를 사용해서 반복적으로 사용되는 단조로운 단어를 조금 변형했다.

예제 문장은 첫 질문보다 꽤 분량이 늘어났다. 몇 가지 어휘도 추가했다. 그것을 풍부한 어휘라고 단언할 수는 없지만, 어휘를 풍부하게 쓰고 다양한 표현을 활용하면 AI는 사용자의 질문에 더 집중하고 반응한다. 또한, 단문으로 묻는 것보다는 장문으로 물을 때 답변의 질이 달라진다. 귀찮더라도 장문을 사용할 이유는 여기에 있다.

풍부한 어휘의 사용은 인간과 AI 모두 글에 깊이 몰입하게 만든다. 어휘가 늘어나면 언어 사용에 자신감이 생겨, 동료들이 옆에서 지켜보더라도 주눅 들지 않는다. 그렇다면 어휘는 어떻게 늘릴 수 있을까? AI와 대화를 주고받다 보면 신기하게도 어휘력이 향상된다. 어느 대학교 교양 글쓰기 수업에서는 챗GPT를 활용해 에세이 쓰기 과제를 진행했는데, 챗GPT로부터 실시간 피드백을 받으면서 학습자들의 글쓰기 능력이 크게 '레벨 업'되었다고 한다. 챗GPT와의 상호작용을 통해 문법, 어휘력, 문장 구조 등에 대한 피드백을 받고 이를 수정하는 과정에서 자연스럽게 글쓰기 능력이 향상되었다는 것이다. 해외 연구에서도 챗GPT를 글쓰기 도구로 활용했을 때 학습자의 글쓰기 능력이 크게 향상되고, 학습 동기 부여에도 긍정적인 영향을 미쳤다는 결과가 있다.[*]

AI가 전달하는 답변을 이해하기 위해서는 문해력이 요구된다. 『KOREAN JOURNAL OF ENGLISH LANGUAGE AND LINGUISTICS』에 따르면, AI를 활용한 언어(영어) 학습이 학습자의 독해력과 어휘력 향상에 긍정적인 영향을 미쳤다고 전한다. 대학생 30명을 대상으로 8주간 AI와 대화를 나누고, 대

---

[*] Song C and Song Y (2023) 'Enhancing academic writing skills and motivation: assessing the efficacy of ChatGPT in AI-assisted language learning for EFL students', "Front Psychol", Volume 14.

조군은 전통적인 학습법을 거쳤다. AI와 대화를 나눈 학습자들은 다양한 주제와 표현에 자연스럽게 노출되었고, 독해력과 어휘력이 대조군에 비해 유의미하게 향상되었다고 밝혔다. 특히, 실제적인 언어로 소통하며 문맥 속에서 생소한 어휘를 자연스럽게 습득할 수 있었다.[*]

텍스트 기반의 대화를 통해 문장을 구성하는 능력을 기르고 어휘력이 점차적으로 개선된다. 문장의 구조와 사용자가 쓰는 어휘에 따라 AI의 답변이 달라지는 것을 실제로 체감해야 한다. 나아가 멀티 모달 능력을 통해 글쓰기뿐 아니라 입으로 말함으로써 어휘력까지 실질적으로 개선할 수 있다.

프롬프트 창에 쓰는 문장도 결국 글쓰기다. 인문학적 깊이가 얕으면 질문도 얄팍해진다. AI와 계속 질문하고 답하는 것도 괜찮지만, 어휘력을 높이려면 독서를 통해 새로운 단어와 표현을 접하는 것이 좋다. 필사나 메모를 하면서 그 표현들을 AI와의 대화에 적용해 보면 어휘력도 저절로 늘어난다. AI는 복잡한 인간의 사고와 글쓰기를 이미 배웠기 때문이다.

---

[*] 오선경(2023), 「대학 교양 글쓰기에서의 챗GPT 활용 사례와 학습자 인식 연구」, 『Korean Journal of General Education』, 17호 3권, 한국교양교육학회, 11-23쪽.

# 어휘력을 구체적으로 향상시키는
# 방법이 있다

···

어휘력을 향상시키는 가장 효과적인 방법 중 하나는 직접 글을 써 보며 언어 놀이를 즐기는 것이다. 그러면 글을 쓰면서 반복적으로 사용하는 언어적 패턴을 발견하고 교정할 수 있는 기회를 갖게 된다. 또한, AI가 던져 주는 신박한 단어들을 가지고 문장을 조립하다 보면, 어느새 단어들이 내 머릿속에서 춤추고 있을지도 모른다. 다음 대화를 읽고 적용하면 당신만의 어휘를 길러낼 수 있다. 다음 프롬프트를 통해 대화를 이어 가자.

어휘력을 기르기 위해 대화를 이어 나가 볼 예정입니다. 인간이 어떤 질문을 하면 그것에 대해 AI의 의견을 말하고 다시 사용자에게 질문해 주세요. 문장을 만들 때는 사람들이 일반적으로 쓰는 보편적인 단어보다 확률적으로 사람들이 잘 안 쓰는 희귀한 단어를 사용해 주세요. 사용자가 어휘력을 기르도록 말입니다.

지침 : AI는 모든 대화에 희귀한 어휘를 3개 이상 사용해 주고 반드시 마지막 줄에는 주석으로 그 단어의 뜻을 간단하게 정리해 주세요(사용자가 지침을 생략해도 AI는 모든 문장에서 지침을 따라야 합니다).

첫 번째 질문은 "(어휘력을 기르는 좋은 방법이 무엇일까?)" 입니다.

괄호 안의 내용은 자신에 상황에 맞게 바꾸면 된다.

어휘력을 향상시키는 데에는 다양한 방법이 있으며, 그중 하나는 독서를 통해 다채로운 문체와 어휘를 접하는 것입니다. 특히, 고전 문학이나 전문 분야의 책을 읽으면서 모르는 단어에 대해 상고하고, 그 의미와 용례를 사전에서 찾아보는 연습이 매우 유익할 수 있습니다. 또한, 매일 정해진 시간에 새로운 단어를 몇 개씩 익히고, 이를 자신의 일기나 글쓰기에 적용해 보는 것도 좋은 방법입니다.

어휘력을 키우기 위해 일상에서 어떤 신문이나 잡지를 주로 읽으시나요? 이와 더불어, 특정 분야에 관심이 많으신가요?

(**상고**: 심사숙고하다, **새로운 단어를 '익히다'**: 배우고 암기하다, **'용례'**: 단어나 표현의 사용 예)

AI가 제공한 어휘를 반드시 사용해서 새로운 질문을 만들 도록 하자.

저는 신문이나 잡지를 거의 읽지 않습니다. 어휘력을 익히는 좋은 방법은 소설을 읽는 거라고 생각합니다. 다양한 장르를 상고한 다음 소설을 고릅니다. 또한 소설을 자주 읽고 완독한 후에는 기록 하는 과정을 거칩니다. 읽을 때, 생소한 단어나 비유를 발견하면 반드시 그 용례를 메모해 둡니다. 노션에 'Dictionary Notes' 페이지 를 만들고 명사, 동사, 형용사, 부사, 비유로 카테고리를 나눠 놓고 그 단어가 가진 풍부한 뜻을 꼼꼼하게 정리해 놓는 편입니다.

귀하의 방법은 어휘력 증진을 위한 체계적이고 효율적인 접근법 임에 틀림없습니다. 'Dictionary Notes'라는 페이지를 통해 각 단어 와 그 의미를 분류하고 정리하는 과정은 언어의 뉘앙스를 깊이 이 해하는 데 크게 도움이 될 것입니다. 이와 유사하게, 특정 주제나 감 정을 표현하는 데 사용되는 다양한 어휘들을 모아 테마별로 정리해 보는 것도 어휘력 강화에 효과적일 수 있습니다.

소설을 통해 어휘력을 향상시키는 것 외에, 일상 대화나 글쓰기 에서도 새로 배운 단어를 적극적으로 활용하시는지 궁금합니다. 어 휘 사용을 실제 언어 활동에 적용함으로써 어휘력의 내면화가 이루 어진다고 생각하시나요?

(**뉘앙스**: 섬세한 차이나 어감, '**내면화**': 배운 내용이나 기술 등을 자연스럽게 자기 것으로 만드는 과정, '**적극적**': 능동적으로, 열심히 하는 태도)

최근에 『화씨 451』을 읽었는데, 원자 폭탄이 도시에 떨어지는 장면을 베이킹파우더 같다고 레이 브래드버리가 표현했어요. 원자 폭탄과 베이킹파우더라니 묘한 뉘앙스였습니다. 멋진 비유가 앞뒤 문맥을 자연스럽게 연결한다는 사실을 깨닫게 됐죠. 비유는 작가의 표현을 독자에게 내면화시킨다는 인상을 받았어요. 그래서 더 적극적으로 비유는 밑줄도 치고 나만의 사전에 기록도 합니다.

레이 브래드버리의 그러한 비유 사용은 정말로 인상적입니다. 작가가 일상적이지 않은 이미지를 사용하여 극적인 상황을 효과적으로 전달하는 방식은, 독자로 하여금 그 장면을 더욱 강렬하게 상상하게 만듭니다. 비유는 확실히 언어의 힘을 증폭시키며, 이를 통해 단어와 문장이 갖는 의미의 깊이를 더욱 풍부하게 합니다.

당신이 비유를 밑줄 치고 기록하는 습관은 언어를 보다 창의적이고 표현력 있게 사용하는 데 크게 기여할 것입니다. 이러한 접근 방식은 또한 글쓰기나 대화에서 비유를 적절히 활용할 수 있는 능력을 향상시키는 데 도움이 될 것입니다.

다음으로 읽을 계획인 소설에는 어떤 주제나 장르를 탐색하고 싶으신가요? 어떤 스타일의 작가의 작품을 추가로 경험하고 싶으신가요?

(**증폭시키다**: 효과나 강도를 더욱 증가시키다, '**표현력**': 감정이나 생각을 나타내는 능력, '**탐색하다**': 새로운 것을 찾아보거나 조사하다)

저는 비유가 이야기를 증폭시키는 아주 중요한 소재라고 믿는 사람입니다. 글과 독자가 더 친근해질 수 있는 방법은 비유라고 생각해요. 다음 작품도 비유와 같은 표현력이 주된 선택이 될 것 같습니다. 단테의 신곡을 읽으면서 작가의 어두운 세계를 탐색하고 싶어요. 당신이 생각하는 멋진 비유와 이유를 설명해 주시겠습니까?

단테의 『신곡』은 비유와 상징을 통한 표현의 걸작으로, 그의 서사는 인간 정신의 깊이와 복잡성을 탐구합니다. 그중에서도 "정의의 무게를 이기지 못한 영혼들이 죄의 무게에 짓눌려 고통받는다"라는 비유는, 인간이 범한 죄에 상응하는 고유한 벌을 받는 저승의 모습을 잘 표현합니다. 이러한 비유는 독자로 하여금 심오한 윤리적 교훈을 자연스럽게 내면화하도록 유도합니다.

당신이 언급한 바와 같이, 비유는 단순히 이야기를 전달하는 것을 넘어서서, 이야기와 독자 사이의 감정적 연결을 강화하는 데 중요한 역할을 합니다. 단테의 작품을 통해 그 어두운 세계를 경험하시면서, 작가가 어떻게 각 캐릭터와 장면을 통해 광범위한 인간 경험의 의미를 조명하는지 관찰해 보시기 바랍니다.

비유를 사용하여 감정이나 사상을 전달하는 데 있어서, 개인적으로 가장 인상적이었던 문학 작품이나 비유는 무엇인가요?

(서사: 이야기를 전달하는 방식, '내면화하다': 깊이 이해하고 자신의 일부로 받아들이다, '조명하다': 어떤 사물이나 주제에 대해 자세히 설명하거나 분석하다)

좋은 비유는 감정을 보여 주는 서사 그 자체입니다. 때로는 코믹하고 익살스러운 비유로 분위기를 유쾌하게 이끌기도 합니다. 비유는 감정을 더욱 내면화하고, 극대화하는 측면이 존재하는 것 같습니다. 고독하고 불안하고 허무한 현대인의 감정을 조명하기도 하고, 반면에 긍정적이고 행복하고 즐거운 일상을 대변하기도 합니다. 비유는 글을 아주 다채로운 색채로 만듭니다. 비유는 때로 오감을 사용해서 생동감 있는 장면을 만들어주는 것 같습니다. 통제할 수 없는 인간의 마음을 타인과 감정적으로 연결하는 역할을 비유가 해 주죠. 사물을 인격화시키고 긍정적인 에너지를 제공하는 것이 비유라고 믿습니다. 저는 하루키의 비유 중 '마치 공을 던져줘도 잡으러 달려가지 않는 개를 바라보는 듯한 눈빛으로'가 아주 인상 깊었습니다. 하루키와 같은 비유를 하려면 어떤 구체적인 훈련을 갖는 게 좋을까요?

하루키의 비유가 주는 감정적인 울림과 이미지는 독특하며, 이를 통해 문장에 생동감과 깊이를 부여하는 기술을 발전시키는 것은 매우 가치 있는 목표입니다. 하루키와 같은 비유를 스스로 만들어 낼 수 있도록 훈련하는 데에는 몇 가지 방법이 있습니다:

① **일상 관찰 강화**: 하루키는 일상적인 사물이나 행동에서 비범함을 추출해 내는 데 탁월합니다. 일상에서 마주치는 사물, 행동, 상황을 관찰하고, 그것들이 갖는 비일상적인 면을 탐구하는 연습을 해보세요. 예를 들어, 카페에서 사람들의 대화 방식이나 거리의 소음 등을 관찰하며, 이것들을 어떻게 문학적으로 표현할 수 있을지 생각해 보세요.

② **창의적 글쓰기 연습**: 짧은 스토리를 만들거나 이미지나 개념을 가지고 독특한 비유를 창조해 보세요. 주어진 주제에 대해 여러 가지 비유를 생각해 보고, 가장 독창적이고 감정적인 표현을 찾아내려고 노력하세요.

③ **문학적 비유 분석**: 하루키의 작품뿐만 아니라 다른 작가들의 비유도 분석해 보세요. 각 비유가 어떻게 감정을 전달하고, 어떻게 독자와의 감정적 연결을 구축하는지를 이해하려고 하세요. 이러한 분석을 통해, 당신만의 비유를 만드는 데 필요한 감각을 키울 수 있습니다.

④ **일기나 메모 작성**: 일상에서 느낀 감정이나 생각을 메모하고, 이를 바탕으로 비유를 만들어보세요. 개인적인 경험과 감정을 통해 생생하고 진정성 있는 비유를 만들어 낼 수 있습니다.

하루키의 비유처럼 감정과 상황을 풍부하게 묘사하는 데 어떤 점이 가장 도전적이라고 느끼시나요? 아니면, 특정 감정이나 사상을 표현하기 위해 사용하고 싶은 비유가 있으신가요?

(**인격화**: 사물이나 개념에 인간적인 성격이나 특성을 부여하는 것, **'생동감'**: 살아있는 듯이 느껴지는 감정이나 상태, **'울림'**: 감정이나 생각이 깊게 다가오는 것)

저는 비유 사전에 정리한 비유를 내 글을 쓸 때 응용하는 편입니다만, 응용만 해서는 독창적인 비유를 창조하기 힘듭니다. 비유를 상황에 맞게 사물에 인격화시키려면 그만큼 더 많은 문학 작품을 읽으며 거기에서 울림을 받아야 응용도 할 수 있다고 믿습니다. 생동감 있는 비유를 발견하는 것도 중요하지만 밑줄도 긋고 기록도 하고 내 글에 응용하는 자세가 중요하겠죠. 말씀대로 일상에서 사물과 사람들을 관찰하며 그것에서 느낌을 비유로 표현하는 연습도 필요할 테고요. 그런 면에서 시를 쓰는 것도 좋다고 생각합니다. 당신이 생각하는 독특한 비유 5가지만 소개해 주시겠습니까?

비유를 창조적으로 사용하는 능력은 확실히 문학적 감수성을 풍부하게 하며, 개인적인 표현의 영역을 확장시킵니다. 여기에 몇 가지 독특한 비유를 제공해 드리겠습니다. 이 비유들은 일상적인 사물이나 현상을 새롭고 흥미로운 방식으로 바라보게 하는 데 도움이 될 것입니다:

① **별빛처럼 흩어진 단어들**: 사람들의 대화나 생각을 별이 밤하늘에 흩어져 있는 것에 비유하여, 각기 다른 생각과 의견이 어둠 속에서 빛나는 모습을 상상하게 합니다.

② **시간의 모래시계를 거슬러 오르는 기억**: 과거의 기억을 모래시계에 비유하여, 시간을 거슬러 오르려는 기억들이 마치 모래알처럼 서서히 위로 올라가는 것을 묘사합니다.

③ **가을바람에 날리는 생각들**: 마음속 생각이 가을바람에 흩날리는 낙엽과 같이, 가볍고 무작위적으로 움직이는 것을 표현합니다.

④ **책장을 넘기는 손길처럼 부드러운 시간의 흐름**: 시간의 흐름을 부드럽게 책장을 넘기는 손길에 비유하여, 섬세하고 묵직한 순간들이 조용히 지나가는 것을 상상합니다.

⑤ **희미한 불빛 아래에서 깨어나는 추억**: 추억을 희미한 불빛에 의해 서서히 깨어나는 것에 비유하여, 오랜 시간 동안 잊혔던 기억들이 불빛을 받아 다시 생명을 얻는 모습을 그립니다.

이러한 비유들을 통해 당신의 글에 생동감과 깊이를 추가할 수 있으며, 독자들에게 강한 시각적 이미지와 감정적 울림을 제공할 수 있습니다. 당신의 작품에서 이러한 비유를 사용하거나 변형하여 적용하는 것에 대해 어떻게 생각하시나요?

(**인격화**: 사물이나 개념에 인간적인 성격이나 특성을 부여하는 것, '**울림**': 감정이나 생각이 깊게 다가오는 것, '**생동감**': 살아있는 듯이 느껴지는 감정이나 상태)

다른 사람이 이미 쓴 비유는 식상하죠. 별빛처럼 흩어진, 가을바람에 날리는, 불빛 아래에서 깨어나는 추억은 그다지 독특한 비유라고 생각하지 않습니다. 내가 생각하는 독특한 비유란 이런 것들입니다. '난데없이 마치 콘크리트 벽에 고무 점토를 내던지듯', '우리는 진실을 꾀어내 허구가 있는 곳으로 옮겨 놓고', '터키 암살자의 글씨체'처럼 유머스럽기도 하고, 뭔가 상상을 자아내게 만들어야 좋은 비유입니다. 쉽게 만들어지는 비유, 누구나 쓰는 비유는 죽은 비유라고 생각합니다. 그런 면에서 당신이 추천한 비유는 죽은 것들입니다. 다른 독창적인 비유를 소개해 주세요. 그리고 조금 더 다양한 어휘를 사용해 주세요. 위의 어휘는 이미 언급한 것들이지 않습니까?

말씀하신 바와 같이, 흔히 쓰이는 비유들은 종종 식상하게 느껴질 수 있습니다. 새롭고 생동감 있는 비유를 통해 독자의 상상력을 자극하고, 문장에 신선함을 부여하는 것은 글쓰기에서 중요한 요소입니다. 이를 위해 다음과 같은 독창적이고 상상력을 자극하는 비유를 제안해 드립니다:

① **안갯속에서 길을 잃은 달빛**: 혼돈과 불확실성을 표현하면서 동시에 몽환적인 이미지를 제공합니다.
② **바다 위를 걷는 그림자**: 실체가 없으나 존재감을 나타내는 비유

로, 꿈과 현실 사이를 나타내는 데 적합합니다.

③ **고대 유적에서 깨어난 속삭임**: 역사적 깊이와 신비로움을 동시에 표현하며, 과거와 현재의 연결고리를 상상하게 합니다.

④ **허공을 가르는 번개처럼 찾아온 영감**: 갑작스럽고 강렬한 창조의 순간을 묘사하며, 예측 불가능한 창의력의 발현을 나타냅니다.

⑤ **얼음 위에 새겨진 불꽃의 자국**: 상반된 요소의 조화를 통해 생겨난 아름다움과 긴장감을 동시에 표현합니다.

이러한 비유들은 일상적이지 않은 요소들을 조합하여 새로운 감각적 경험을 제공할 수 있으며, 글에 독창성과 심오함을 부여합니다. 여러분의 글쓰기에 이런 비유들을 어떻게 활용하고 싶으신가요? 이외에 특별히 표현하고 싶은 감정이나 상황이 있으신가요?

(**몽환적**: 꿈같은, 이상적인 상태를 나타냄, '**영감**': 창작 활동에 자극이 되는 사상이나 감정, '**심오함**': 깊고 복잡하여 쉽게 이해할 수 없는 상태)

새로운 비유 제안 감사합니다. 신비하고 몽환적인 비유를 글에 응용해 봐야겠네요. 뭔가 기묘한 영감을 주는 비유네요. 심오한 의미를 담아서 비유를 새롭게 각색해 보겠습니다. 그럼 여기서 대화를 마치겠습니다.

어휘력을 기르는 건 그리 어렵지 않다. 조금만 신경 쓰면 누구나 할 수 있는 일이다. 뭐, 대단한 노력이 필요한 것도 아니고. AI와 대화를 나누며 자연스럽게 단어를 익히고 사용하면 된다. 그러다 보면 어느새 어휘력이 쑥쑥 늘어난다. 그렇다고 너무 집착하지는 말고, 적당히 재미있게 해 보는 자세가 좋다.

# AI와 함께
# 자료를 수집하다

···

    태양이 뜨겁게 내리쬐는 오후, 나는 혼자서 카페 테라스에 앉아 마치 우주의 비밀을 풀어낼 것처럼 진지하게 노트북 화면을 조작하고 있었다. 문득 떠오른 아이디어를 잡으려 구글링을 시작했지만, 이제 대세는 AI라는데 괜히 시간을 낭비하고 있다는 느낌이 들었다. 한숨이 절로 나왔다. "뭐, 진전이 잘 보이지 않을 때는 AI에게 물어보는 것도 나쁘지 않겠지" 하는 생각이 스쳤다.

    "제레드 다이아몬드의『총, 균, 쇠』를 읽고 있는데, 유럽이 다른 대륙을 정복하게 된 근본 원인이 무엇인지 알고 싶어" 조금 기대를 품고 물어봤다. 책을 완독했음에도, 머릿속은 여전히 백지장처럼 하얗게 비어 있었다. 마치 분명 꿈에서 깨어났지만, 계속 공백과 대화를 나누는 듯한 기분이었다.

AI는 마치 기다렸다는 듯이 대답하기 시작했다. 제레드 다이아몬드의 『총, 균, 쇠』는 유럽이 다른 대륙을 정복할 수 있었던 근본 원인을 지리적, 기술적, 생물학적, 사회적 조직, 정치 구조적인 요인들의 상호작용으로 설명하는 책이라고 말하며 유럽의 우월성을 주장하는 대신, 이런 요인들이 어떻게 유럽에게 군사적, 경제적, 정치적 우위를 제공했는지 분석해 줬다.

잠시 생각에 잠겼다. "유럽의 병원균이 다른 대륙을 정복하는 데 어떤 역할을 했는지 궁금해졌어요. 구체적인 사례를 들어 설명해 줄 수 있어요?"라고 이어 물었다.

AI는 마치 오래된 비밀을 털어내듯이 천천히 말을 이어갔다. 유럽인들이 아메리카 대륙에 발을 디딜 때, 그들은 보이지는 않지만 치명적인 무기를 들어왔다. 그 무기는 바로 병원균이었다. 유럽인들은 수 세기 동안 병원균과 싸우며 면역력을 쌓아왔지만, 푸른 초원과 울창한 원시의 숲에서 평화롭게 살아가던 원주민들에게는 처음 접하는 적이었다. 병원균은 조용히, 그러나 치명적으로 원주민들을 정복해 나갔다. 수많은 원주민이 천연두에 속수무책으로 쓰러졌고, 유럽인들은 거의 저항 없이 대륙을 장악할 수 있었다.

이야기를 듣고 보니, 병원균이야말로 아메리카 대륙을 정복한 숨은 공로자라는 사실이 실감 났다. 하지만 여기서 그치지 않고 더 깊이 탐구해 보기로 했다. "다양한 작물이 사회를 어떻게 발전시킨 걸까요?"

AI는 지체 없이 답변했다. 인구 증가는 식량 생산을 증가시켰고 다양한 작물은 식단의 영양 상태를 개선했다고 설명했다. 이는 인구 증가와 도시의 형성과 중앙집권적인 사회 구조를 형성시켰다고 설명했다. 예를 들어, 중동의 비옥한 초승달 지대에서는 밀과 보리 같은 작물들이 재배되었고, 이는 도시 국가의 형성을 촉진했다. 이는 사회 전반의 생산성을 높이고, 다양한 직업군이 생겨나는 토대가 되었다.

작물의 다양성은 사회가 발전하는 핵심 요소였다. 이 정보를 바탕으로 글의 윤곽을 잡을 수 있었다. 하지만 보다 정교한 글을 쓰기 위해서는 좀 더 구체적인 자료의 보완이 필요했다.

AI와의 대화에서 얻은 자료 외에도 추가적인 자료 확보가 필요하다. 나는 '퍼플렉시티 AI'를 구글 대신에 활용한다. 퍼플렉시티 AI는 사용자의 질문을 상세한 카테고리로 나눠 주고, 필요하다면 연관 자료도 자동으로 검색해 주는 도구다. 예를 들어, "제레드 다이아몬드의 『총, 균, 쇠』에서 병원균이 신대륙에 어떤 영향을 미쳤는지 자세히 설명해 주세요"와 같은 질문을 던지면, 퍼플렉시티 AI는 1차적으로 『총, 균, 쇠』에 대한 정보를 찾고, 2차적으로 『총, 균, 쇠』에서 설명하는 병원균이 신대륙에 미친 영향을 찾는다. 또한 3차적으로 병원균이 신대륙에 미친 영향을 요약하는 작업을 단계별로 실시한다.

자료를 검색하고 그 자료를 토대로 글을 쓰려면 AI가 제안한 자료를 체계적으로 기록하는 것이 중요하다. 나는 지금까지 AI와 대화를 나눈 자료와 '퍼플렉시티 AI'가 찾아준 자료를 노션에 데이터베이스를 만들어 저장했다. 그리고 자료의 마무리를 위해 마지막 질문을 던졌다. **"다이아몬드의 이론은 현대의 우리에게 어떤 교훈을 줄 수 있을까요?"**

AI의 의견을 요약하자면, 다이아몬드는 『총, 균, 쇠』를 통해 인류의 발전이 단순히 기술이나 지식의 문제가 아니라, 환경적 요인과 긴밀하게 연결되어 있음을 보여줬다고 설명했다. 이는 현대 사회에서도 중요한 교훈을 준다. 지속 가능한 발전을 위해서는 환경과 조화를 이루는 것이 필수적이며, 과거의 교훈을 통해 미래를 계획하는 지혜가 필요하다. 이는 마치 찰스 디킨스의 『크리스마스 캐럴』에서 스크루지가 과거, 현재, 미래의 유령들과의 만남을 통해 삶의 교훈을 깨닫는 것과 같다. 스크루지는 과거의 잘못에서 배우고, 현재를 소중히 여기며, 미래를 계획하는 지혜를 얻었다.

잠시 생각해 보자. 우리가 AI와의 대화를 통해 배우는 것은 단순한 정보 이상의 가치가 있다. AI는 우리가 더 깊이 생각하고, 더 넓게 바라볼 수 있도록 도와준다. 이는 글쓰기의 진정한 묘미다. AI와의 대화는 끝이 없는 지식의 탐험이며, 그 탐험에서 우리는 항상 새로운 가능성을 발견하게 된다. 또한, 이렇게 자료를 수집하고 정리하는 과정은 글쓰기의 기초 작업에서 매우 중요하다. 잘 정리된 자료는 글의 흐름을 자연스럽게 만들어 주고, 독자에게 더 큰 설득력을 준다. 그래서 자료 수집과 정리는 결코 소홀히 할 수 없는 중요한 단계다.

이처럼 AI와 대화를 나누면서, 나는 제레드 다이아몬드의 『총, 균, 쇠』에 대한 풍부한 자료를 추가적으로 수집할 수 있었다. AI는 단순한 도구를 넘어, 글 쓰는 데 얼개를 짜주고 방향을 제시해 줬다. 이제 차가운 아아를 목구멍 깊숙이 들이키고, 글쓰기 작업에 몰두만 하면 된다.

# AI로부터
# 키워드 낚아채는 법

— ··· —

프롬프트를 벗어나 이제 긴 글을 쓰고 싶다면, 본문을 읽기 이전에 다음 문장을 읽고 이에 해당하는지 확인해 보자.

"나는 생각 없이 본능적인 직관에 따라 글을 쓴다. 프롬프트에서는 더욱 그렇다."

글쓰기는 외국어를 배우는 것과 비슷하다. 처음에는 기본적인 문법과 단어를 익혀야 한다. 이런 기초 과정을 생략하면 복잡한 문장을 조합할 수 없다. '프롬프트 글쓰기'든 '일상의 글쓰기'든 마찬가지다. 간단해 보이는 질문이라도 기본적인 글쓰기 원칙을 지키지 않으면, 내용 전달이 흐트러질 수 있다. 따라서 글쓰기의 기본을 탄탄히 다져 실패를 줄이는 과정이 중요하다.

이 기본기는 AI와의 상호작용에서도 중요하다. 글을 잘 쓰면, 마치 외국어를 능숙하게 구사하듯 AI는 우리의 요구와 의도를 정확하게 이해할 수 있다. 프롬프트에 질문을 던지는 것은 단순한 질문을 넘어 새로운 언어로 대화하는 것과 같다. 우리의 생각을 정교하게 표현할수록 AI는 더욱 똑똑하게 반응한다.

프롬프트 작성이든 긴 글을 쓰는 일이든 글쓰기는 우리의 복잡한 생각과 감정을 번역하는 일이다. 이는 마치 마르셀 프루스트의 소설 『잃어버린 시간을 찾아서』에서 주인공이 과거를 회상하며 자신의 경험에 깃든 감정을 섬세하게 되살리는 것과 비슷하다. 주인공 마르셀은 마들렌과 홍차를 마시는 순간, 과거로 돌아간다. 사랑했던 사람과의 추억을 떠올리며 잃어버린 시간을 자신의 감정과 글로 표현해 낸다. 이 과정에서 경험과 감정이 문장에 집약되고, 시간이 지나 문장이 글로 표현될수록 그의 평범한 삶은 점점 더 특별해진다. 마르셀이 자신의 기억을 글로 정리하면서 내면의 성장을 이룬 것처럼, 우리도 그럴 수 있다. 우리의 글쓰기 능력이 성장함에 따라 AI와의 상호작용도 함께 성장한다. 결국 AI는 우리의 생각과 아이디어를 확장시키는 데 기여한다.

생각은 우리의 경험에서 피어나지만, AI와 나누는 과정에서 그 경험은 확장된다. 생각은 다양한 인문학적 요소에서 싹튼다. 예를 들어, 철학적인 질문은 우리의 사고를 깊게 만들고, 문학 작품은 우리의 상상력을 자극하며, 역사적 사건은 우리의 이해력을 넓혀 준다. 상상력이나 영감은 생각에 영향을 미친다. 생각은 글로 표현할수록 더 구체화된다. 구체화된 생각 중 하나가 키워드다. 키워드는 거대한 생각으로 발전하거나, 여러 생각의 갈래가 하나로 묶여 글로 표현된다. 우리는 그중 한 가지 끈을 붙들고 싶다. 그 끈이 프롬프트의 질문이나 긴 글의 바탕이 되기 때문이다.

우리는 짧은 질문을 글로 표현하는 데에도 곤란을 겪는다. 이는 생각 속에 흘러가던 키워드를 바로 잡아채지 못하기 때문이다. 누군가를 사랑하게 됐지만, 도파민이 급격히 상승하는 순간에도 고백할 용기가 없는 것과 같다. 키워드만 제대로 표현하면 글쓰기는 산책하며 음악을 듣는 것처럼 자연스러운 일이 될 것이다.

글쓰기의 중심 키워드는 우리의 경험이나 관심사, 미래를 담는다. AI에게 키워드를 맡기기보다는 스스로 고민하고 탐색하는 자세가 더 의미 있다. 우리에게는 생각이 낳은 키워드 하나가 필요하다. AI라는 키워드로 시작하는 건 어떨까? 프롬프트에 질문해 본다.

AI라는 키워드를 바탕으로 글을 쓰고 싶어요.

이렇게 막연하게 질문하면 AI는 "어쩌라고요?"라고 저항하지는 않겠지만, AI도 속으로는 엄청 답답해할지도 모른다. 그래서 질문을 조금 다듬어 본다.

AI라는 키워드를 중심으로 글을 쓰고 싶습니다. 연관 키워드로는 '프롬프트 엔지니어링', '멀티 모달', '머신러닝', '질문력'이 떠오릅니다. 제 키워드와 비교해서 당신이 중요하다고 생각하는 연관 키워드를 제안해 주고, 그 근거도 설명해 주세요.

이렇게 최초로 생각한 키워드에 연관 키워드를 추가로 제안해 달라고 요청하는 것이다. 글은 여러 디테일한 키워드들이 조화롭게 어우러져 하나의 종합적인 형태로 통일된다. 내 것과 AI가 제안한 키워드를 모아 앞으로 작성할 글의 방향성을 정하는 것이다. AI는 아마도 "콘텐츠 생성", "파이썬 코딩", "자연어 처리", "데이터 분석"과 같은 상호 연관된 키워드를 추가로 제안할 가능성이 높다. 물론 "종말"이나 "인류 파괴"와 같은 아포칼립스Apocalypse적인 단어를 제안할 수도 있다.

자, 다시 한번 점검하지만 우리의 목표는 무작정 생각나는 대로 글을 쓰는 것이 아니다. 우리는 마치 미로와 같은 정글

속에서 길을 찾아가듯, 적절한 키워드를 찾아 글쓰기의 발판을 마련해야 한다. 이 정글엔 각종 아이디어와 단어들이 빽빽하게 숨겨져 있다. 나무 사이로 햇빛이 살짝 비치는 길을 따라, 자신만의 길을 찾아가려는 이들은 자유롭게 발걸음을 내디뎌도 좋다. 하지만 길을 찾지 못해 방황하는 이들은, 그늘 아래에 앉아 잠시 숨을 고르며 생각에 잠기는 것도 나쁘지 않다. 키워드라는 나침반을 들고 우리는 정글을 탐험하며, 나만의 길을 개척해 나갈 것이다.

중심 키워드와 연관 키워드 몇 가지를 찾았다면 이제 키워드들을 어떻게 활용할지 생각해야 한다. 어떻게 요리할 것인가, 볶아 먹을 것인가, 지져 먹을 것인가, 이 선택은 글을 완성하기 전까지 우리를 괴롭힐 것이다. 마치 프로메테우스가 인간에게 불을 선물한 것처럼, AI는 우리에게 창의성이라는 불꽃을 손에 쥐어 준다. 이 불을 어떻게 사용할지는 우리의 선택에 달려 있다. 글쓰기가 태양이라면, 키워드는 헬륨 원소다. 그것들은 핵융합을 통해 폭발한다. 글을 잘 쓰고 싶다면 AI와 글쓰기 훈련을 하며 가능성을 폭발시켜 보자. 첫 번째 단계는 키워드를 찾고 연관된 키워드를 조합하는 것이다. 이는 글쓰기의 재료를 수집하는 과정이다.

자, 이제 키워드의 중요성을 깨달았으면 처음의 문장을 다시 보고 다음 장으로 넘어가자.

# 글쓰기는 뼈대를 단단하게 짓는 일로부터 시작된다

····

글쓰기에서 뼈대를 구축하는 일은 첫 단추를 끼우는 것과 같다. 뼈대를 잘못 세우면 전체 흐름을 흐트러뜨리며, 독자의 이해를 방해한다. 그리스 신화에서 헤르메스가 메시지를 전달하는 전령의 역할을 했듯, AI 또한 글쓰기 과정에서 필수적인 정보를 전달하는 중요한 매개체가 될 수 있다.

키워드는 글쓰기의 핵심 요소다. 마치 요리에서의 주요 재료와 같이, 없어서는 안 될 중요한 요소다. 이를 강조하는 것은 당연한 일이다. 여기서 한 걸음 더 나아가, 키워드로 글쓰기의 뼈대를 작성하는 AI의 역할을 구체적으로 탐구해 보겠다.

키워드는 일종의 얘깃거리다. 화제가 없으면 글을 쓸 수 없다고 강조한다(당연한 거 아닌가?). 키워드를 인공지능과 함께 발굴하는 방법도 고민해 봤다. 다음 과정으로 자연스럽게 넘어가려면 이제 키워드로 구체적인 전략을 짜야 한다. 전략은 어떻게 글을 시작하고 어떻게 마무리를 맺을 것인지 흐름을 만드는 일이다.

물론, 귀찮으니 인공지능에게 적당한 키워드 몇 개를 던져주고 "대신 글 좀 써봐요"라고 할 수도 있다. 인공지능은 꽤 성의 있게 글을 작성해 주는 편이다. 겉으로 보기에도 나쁘지 않다. 짧은 시간이긴 하지만, 나름 주제에 대해 깊이 사유했음도 알 수 있다. 그런데 "아 좋았어! 굉장한데요? 이거면 충분히 됐어요!"라는 완결된 느낌은 좀체 생기진 않는다.

더군다나 인간으로서 자존심이 있지. 어떻게 글쓰기를 AI에게 덜컥 맡겨버리나. 아무리 하루 동안에 몇 백 편의 글을 공장처럼 생산할지라도 내가 쓰지 않은 글을 블로그에 무차별적으로 공개한다는 게 인간의 생각하는 일을 AI에게 빼앗기는 기분이 든다. 솔직히 그런 일은 인간이 게으르기 때문에 발생하는 게 아닐까? 그 일은 내가 만든 수렁에 직접 뛰어드는 일과 마찬가지다.

그러니 뼈대를 만드는 일, 즉 구조를 짜는 일은 인공지능과 협업하는 걸 추천하지만, 뼈대에 살을 붙이는 일은 귀찮더라도 인간이 직접 하는 것으로. 그럼 이제 프롬프트의 첫삽부터 떠 보자.

AI를 세계적인 작가 폴 오스터라고 생각하고 행동해 주기 바랍니다. 사용자가 제시하는 [#글 제목]과 [#콘셉트]을 읽어 보고 어떻게 [#키워드]에 따라 에세이를 전개할지 기>승>전>결의 구조를 바탕으로 뼈대를 탄탄하게 제시해 주고 전개 방향을 독특하게 제시해 주세요. [#반드시 준수해야 할 사항]을 준수해 주세요.

[#글 제목]
책을 더 오래 기억할 수 있는 방법

[#콘셉트]
• 뼈대를 기승전결 구조로 만들고 각 뼈대에 한 줄 내용 넣기
• 반복의 중요성과 한계: 반복은 기억력 강화에 필수적이지만, 목적 없는 단순 반복은 효과가 떨어진다.
• 일상과 습관: 직장인의 삶에서 반복되는 일상적 업무가 정체성과 일의 의미 사이에서 내적 갈등을 야기한다.
• 기록과 기억: 책을 읽고 기록하는 행위는 반복을 통해 기억을 강화할 수 있다.
• 반복의 재구성: 기록에 변화를 주고, 일상에서 실천할 액션 아이템을 추가하여 반복의 효과를 높인다.

- 기억의 심화와 연구: 뇌과학의 공부를 통해 기억의 원리를 이해하고, 다양한 기록과 학습 방법을 강조한다.

[#반드시 준수해야 할 사항]
① 뻔한 전개 말고 독특하고 예상치 못한 전개를 제안해 주세요.
② 기본적으로 고려해야 할 사항은 #글 제목으로 뼈대를 짜야 합니다.
③ 뼈대를 짤 때, 개념적으로 접근하지 말고, 가상으로 상황이나 시나리오를 만들어서 제안해 주세요.
④ 이 주제와 어울리는 인물을 그리스 신화에서 반드시 한 명을 찾아서 소개해 주세요.
⑤ 이 주제와 어울리는 문학 작품의 인물과 그의 이야기를 찾아 소개해 주세요.

[#키워드]
① 기억
② 독서
③ 기록
④ 뇌과학

AI는 예상 밖의 전개를 보여 준다. 줄거리도 그럴싸하고 기억의 여신을 통해서 신비로움까지 자아낸다. 기>승>전>결의 구조로 이야기도 치밀하게 구성되어 있다. 당신은 고개를 갸웃거리며 어떻게 이런 절대 무너지지 않을 뼈대가 나온 건지 의아해할 수 있다. 이것이 가능한 이유는 질문에 영혼을 담았기 때문이라고 말하고 싶지만, 질문에 요구사항을 치밀하게 적었기 때문이라고 대답하고 싶다.

- 글 제목: 책을 더 오래 기억할 수 있는 방법
- 서론: 메네모시네와의 만남
- 시나리오: 주인공이 도서관의 한구석에서 낡은 책을 발견하고, 그 책을 통해 메네모시네라는 기억의 여신과 대화를 나누는 상상을 한다.
- 중요 내용: 메네모시네는 기억의 중요성과 기록의 가치를 설명하며, 오래된 기억을 지키는 방법에 대한 첫 번째 통찰을 제공한다.

- 기: 일상에서의 반복과 그 한계
  시나리오: 주인공은 평범한 직장인으로서, 일상에서 반복되는 업무와 그로 인한 정체감의 혼란을 경험한다.
  중요 내용: 반복의 중요성을 인식하되, 무의미한 반복이 개인의 내적 성장을 저해할 수 있다는 점을 깨닫는다.
- 승: 기록을 통한 기억의 강화

시나리오: 주인공이 일기를 쓰며 그날 읽은 책의 내용을 요약하고, 자신의 생각을 추가하는 모습을 보여준다.

중요 내용: 기록은 단순한 반복을 넘어서 개인의 내면과 외부 세계를 연결하는 고리가 될 수 있다는 통찰을 얻는다.

• 전: 반복의 재구성과 일상의 변화

시나리오: 주인공은 메네모시네의 조언을 받아, 일상에서 새로운 반복의 형태를 실험한다. 예를 들어, 책을 읽은 후 친구와의 대화에서 그 내용을 공유하거나, 책의 주제에 맞는 활동을 계획한다.

중요 내용: 새로운 반복의 형태는 기억을 보다 효과적으로 강화하며, 삶에 새로운 의미를 부여한다.

• 결: 심화된 기억과 뇌과학의 탐구

시나리오: 주인공이 뇌과학 강연에 참여하며 기억의 작동 원리에 대해 배우고, 자신만의 기억 강화 전략을 개발한다.

중요 내용: 과학적 접근과 개인의 경험이 결합되어, 기억을 지키는 새로운 방법이 모색된다.

• 문학적 연결: 프루스트의 "잃어버린 시간을 찾아서"
• 문학적 인물: 마르셀 프루스트의 소설에서, 주인공은 마들렌을 먹으며 과거의 기억을 되살리는 유명한 장면을 통해, 감각적 경

험을 통한 기억의 부활을 경험한다.

- 중요 내용: 감각적 경험과 연결된 기억은 특히 강력하게 뇌에 남으며, 이를 통해 우리는 과거와 다시 연결될 수 있다는 메시지를 전달한다.

이러한 구조와 시나리오는 예상치 못한 방법으로 주제를 탐구하며, 독자에게 새로운 통찰과 동기를 제공합니다. 기억력 강화의 주제를 신화와 문학을 통해 보다 풍부하고 다층적으로 탐구함으로써, 단순한 기술적 접근을 넘어선 문화적, 철학적 이해를 도모할 수 있습니다.

AI의 답변은 나의 요구사항에 맞게 기>승>전>결 구조로 제기되었다. 깊게 들여다보면 '아하! 이런 거구나'라는 감이 잡힌다. 아니 대충 들여다봐도 얼간이가 아니라면 충분히 구조를 파악할 수 있다. 의외로 그럴 가능성은 거의 없겠지만, AI의 대답이 흡족하지 않을 수도 있다. 이럴 때는 크게 화를 내며 "AI 엉? 그거밖에 못 해!"라고 엄포를 놓을 수도 있지만, 그럴 때는 위의 요구사항을 귀찮더라도 반복하면 된다. 맘에 드는 대답이 나올 때까지. AI 세계에도 꽤 느긋함이 요구될지도.

# 시작이 늘 문제를 일으킨다 그러니
# 첫 문장만 AI에게 맡겨보자

---

도스토옙스키의 소설 『지하에서 쓴 수기』의 주인공은 자신을 다음과 같이 소개했다.

자신은 아무짝에도 쓸모가 없는 사람이라고 카프카의 소설에 나오는 벌레만도 못한 존재라고 그저 방구석에 처박혀 하루를 낭비하는 존재라고 자조한다.

나는 저 소설 속의 인물처럼 암흑 세상에서 자신의 처지를 한탄하며 살아가는 신세는 면했지만, 때로는 스스로를 비하하며 미래에 찾아올 가능성을 미리 제거하기도 한다. 말하자면 무엇을 시작해도 제대로 해낼 수 없을 거라는 근거 없는 자의식에 빠져 버리는 것이다. 그런데 나를 오래도록 지켜봐온 결과, 문제는 시작의 장까지 견인하지 못하는 의지의 문제였지, 행동력의 문제는 아니었다.

모든 문제는 시작의 링 위로 나를 인도하지 못하는 데 있다. 수단과 방법을 가리지 말고 일단 시작하는데 성공하게 되면, 어떻게든 중간은 넘길 수 있다. 시작하지 못하는 현상은 인생 전반에 걸쳐 우리를 괴롭히는데, 어차피 시작해도 실패하고 말거라는 패배주의가 인생을 뒤덮어 버린다.

실패가 가장 큰 영향력을 발휘하는 무대는 바로 글쓰기다. 모두가 글쓰기를 공포스러운 존재로 여기고 시작도 하기 전에 미리 포기해 버린다. 그런데 만약 내 글이 당신의 단단하게 굳어 버린 그러니까 황소의 뿔처럼 단단한 시작 불가주의론을 살짝 허물어뜨릴 수 있다면, 당신의 가능성은 어떻게 될까? 철옹성 같은 비관주의에서 당신을 탈출시킬 용기를 심어줄 수 있다면 얼마나 좋을까? 그러나 그러기에는 이 글 하나만으로는 부족하다. 당신의 등을 받쳐줄 수는 있겠지만 앞으로 나아가려는 의지는 당신에게 있으니까.

우리는 이전에 키워드와 뼈대를 단단하게 짓는 법을 고찰해 봤다. 이제 쓰는 단계다. 그런데 그걸 알지만, 시작을 어떻게 해야 할지 감을 잡을 수 없다면? 그렇다면 다음 프롬프트를 AI에게 보내 보자.

**AI를 글쓰기 전문가라고 생각하고 행동해 주기 바랍니다. 아래**

에 사용자가 제시하는 [#콘셉트]을 반영해서 대답해 주세요.

[#콘셉트]
- 글쓰기 시작을 하지 못하는 사람에게 도움이 될만한 아이디어를 제시할 것
- 첫 문장 쓰기를 두려워하는 사람을 위한 고전문학의 한 문장이나 한 문단을 인용해서 제시할 것
- 첫 문장 이후 어떻게 전개하면 될지 실용적인 방법을 제안해 줄 것

AI는 소설 『안나 카레니나』의 첫 문장처럼 위대한 작가가 남긴 문장을 출발점으로 삼아, 당신이 탐구하고 싶은 가정의 모습을 써 보라고 제안했다. 또한 일반적인 가정의 특징을 정리해 보며, 나의 가정은 어땠든지 적어보는 것도 추천했다. 나는 이 문장이 만족스럽지 않아 다음과 같은 프롬프트를 전송했다.

이 문장은 너무 유명해요. 다른 문장을 제시해 주고 첫 문장 다음에 어떤 방법으로 전개하는 게 좋을지 더 구체적으로 의견을 제시해 주세요.

AI는 『1984』의 첫 문장을 다시 인용하며, 짧은 문장이지만

13번 종이 친다는 것으로 상황의 기묘함을 전달하며 시간이 주인공에게 어떤 의미가 될 수 있을지 상상해 보라고 제안했다. 그리고 앞으로 주인공에게 어떤 상황이 펼쳐질지 예측해 보는 것도 흥미를 유발할 수 있을 거라고 말했다. 시계가 13번 종을 칠 때, 주인공이 서 있는 장소와 감정을 생각해 본다든지, 앞으로 이야기가 전개될 방향을 상상하며 미리 달려가 보는 것도 좋다고 추천했다.

중요한 것은 AI에게 첫 문장이나 첫 문단 정도만 맡겨 보자는 거다. AI에게 전적으로 글쓰기를 맡기지 말고 마치 여행 가이드가 방향만 안내하면 그다음 단계의 느낌은 여행자의 몫인 것처럼 완성은 인간 스스로 해내자는 것이다. 단지 첫 문장, 시작이 문제니까 그 정도 간단한 것은 AI에게 작성을 시켜도 무방할 것 같다.

다만, 우리는 고마워해야 한다. AI가 탄생하기 전까지, 많은 작가가 첫 문장을 작성하기 위해, 그러니까 시작하는 장소에 도달하기까지 각고의 시간을 투자했다는 사실이다. 그러니 『지하에서 쓴 수기』의 지하에서 사는 인간처럼 '자기 비하 일기'에서 해방되어 지상으로 올라오는 게 좋지 않을까?

# 골치 아픈 첫 문장을
# 쉽게 쓰는 방법이 있다

---·· ---

글을 쓸 때 골치 아픈 것은 첫 문장을 어떻게 시작해야 할지 감을 전혀 잡을 수 없다는 점이다. "시작만 해봐. 나머지는 어떻게든 내가 도와줄 테니까"라고 누군가 옆에서 속삭이는 기분이 들지만, 나도 모르게 외면하고 만다. "사기 치지 말라고 그렇게 될 리가 없어!"라고 말하며 펜을 내려놓는다.

시작 테이프를 끊지 못하면 그 어느 곳에도 절대 닿을 수 없다. 의심의 여지가 없다. 하지만 안 되는 걸 어찌하랴. 일단 시작만 해봐라는 말은 아무런 도움이 되지 않는다. 첫 문장은 커녕 첫 글자도 못 쓰는 사람에게 '시작하라'니, 마치 물에 뜨지도 않는 사람에게 배영부터 배우라는 격이다. 그러니 혼자고민하지 말고 AI를 호출해 보자.

첫 문장 프레임 : 1. 주제 설명, 2. 확신에 찬 주장, 3. 질문, 4. 이 야기, 5. 인용구

은퇴를 주제로 글을 쓰고 싶어요. 이 글의 첫 문장을 위의 5가지 프레임으로 작성해 주세요.

- 주제 설명: 은퇴는 직장인의 삶에서 중요한 전환점으로, 이 시기는 재정적 안정과 새로운 취미 생활을 즐기는 시기로 볼 수 있습니다.
- 확신에 찬 주장: 은퇴는 새로운 시작이며, 이를 통해 우리는 진정한 자유를 경험할 수 있다고 확신합니다.
- 질문: 은퇴 후 여러분은 어떤 새로운 도전을 계획하고 계신가요?
- 이야기: 마리아는 은퇴를 앞두고 있었지만, 그녀의 열정은 젊은 시절 못지않게 뜨거웠습니다.
- 인용구: 헨리 데이비드 소로우가 말했듯이, "많은 사람들이 성공한 삶을 살기 위해 노력하지만, 중요한 것은 가치 있는 삶을 살기 위해 노력하는 것입니다."

AI는 5가지 주제에 맞게 짧은 문장을 생성해 줬다. 이 파편화된 문장 5가지를 모아, 조화롭게 엮어진 문장을 만들면 된다. 어떻게 문장을 구성하는 게 좋을까? 가장 쉽고 편하게 문장을 작성하는 방법은 두괄식이다. 주장을 전개하고 그

에 대한 의견을 작성하는 방식이다. 물론 AI에게 위의 문장을 묶어서 한 문단을 작성해 달라고 요청할 수도 있다. 하지만 AI에게 모든 일을 맡겨 버려서는 곤란하다. 한 시간 만에 PDF 전자책을 만들었다고 떠벌리는 인간 중에서 순수한 자기 힘만으로 책을 완성한 사람은 보지 못했다. 그렇게 만든 책에 과연 자기의 생각이 담겼다고 자신 있게 말 할 수 있을까? AI에게 제안은 받을 수 있지만, 글을 써서 완성하는 일은 스스로 해내자!

은퇴는 새로운 시작이며, 진정한 자유를 경험할 수 있는 시기다. 재정적 안정이 인생의 중요한 전환점을 맞이한 우리에게 새로운 취미 생활에 뛰어들 수 있는 여유를 만든다. 은퇴 후 우리는 어떤 도전에 임해야 할까? 젊은 시절의 열정 못지않게 우리는 그 열의를 유지할 수 있다. 소로가 말했듯 중요한 것은 가치 있는 삶을 살기 위해 계속 노력해야 것일 테니까.

나는 이렇게 AI가 제공한 5가지 첫 문장 프레임(1. 주제 설명, 2. 확신에 찬 주장, 3. 질문, 4. 이야기, 5. 인용구)에 따라 한 문단으로 글을 썼다. 두괄식으로 '확신에 찬 주장'을 먼저 배치하고 그 이후에 '주제 설명'에 해당되는 문장을 붙였다. 그리고 적절하게 '질문'과 '이야기' 그리고 '인용구'를 이어 나갔다. 그저 앞뒤의 문장이 연결되도록 약간 조율만 했을 뿐이다. 만약 이렇게 한 문단으로 엮는 것조차 힘겹다면, 그것 역시 AI에게 요청할 수는 있다. 그렇지만 자존심이 상하는 일이 아닌가.

"위의 첫 문장 프레임 5가지를 자연스럽게 엮어서 한 문단으로 작성해 주세요. 두괄식으로 '확신에 찬 주장'을 먼저 작성해 주세요" 라고 요청하면 AI는 아래처럼 프레임 5가지를 한 문단으로 정리해 준다.

은퇴는 새로운 시작이며, 이를 통해 우리는 진정한 자유를 경험할 수 있다고 확신합니다. 은퇴는 직장인의 삶에서 중요한 전환점으로, 재정적 안정과 새로운 취미 생활을 즐기는 시기로 볼 수 있습니다. 마리아는 은퇴를 앞두고 있었지만, 그녀의 열정은 젊은 시절 못지않게 뜨거웠습니다. 그렇다면 은퇴 후 여러분은 어떤 새로운 도전을 계획하고 계시나요? 헨리 데이비드 소로우가 말했듯이, "많은 사람들이 성공한 삶을 살기 위해 노력하지만, 중요한 것은 가치 있는 삶을 살기 위해 노력하는 것입니다." 이처럼 은퇴는 삶의 또 다른 아름다운 시작을 의미할 수 있습니다.

이번에는 우리가 직접 작성한 첫 문장을 AI에게 보여 주고 분석을 요청해 보자. 문장의 장단점과 개선 방안을 제시해 달라고 요청하는 것이다.

"사용자가 작성한 첫 문장의 장단점을 분석하고, 개선 방안을 제시해 주세요"라고 요청하면 AI는 문장의 강점과 단점을 나눠 제시한다. 개선 방안으로 특정 주제에 더 집중할 것을, 문장을 간결하게 나눌 것을 제시했다. 읽는 사람이 내용을 상상할 수 있도록 시각적인 장치나 취미생활을 더 구체적으로 제시하라는 의견도 덧붙였다. 첫 문장에 지나친 기대를 하는 게 아닌가 싶기도 하다.

AI에게 첫 문장을 제공해 달라고 요청한 후, 그 문장에 우리가 살을 붙이는 방법도 있다. 예를 들어, 아래와 같이 프롬프트를 작성해 보자.

'인공지능', '철학', '천재', '빅뱅', '빵', 5가지의 주제를 사용해서 흥미로운 첫 문장을 만들어 주세요. 그리고 AI도 사용자에게 5가지 주제를 제시해 주시면 첫 문장을 작성할 테니 이를 평가해 주세요.

인공지능이 철학을 통해 '의식'이라는 천재적인 이해를 도모하고 있는 가운데, 우주의 빅뱅에서부터 빵의 발효까지, 모든 것이 얽혀 있는 놀라운 연결고리를 탐색합니다.

AI는 바다, 연극, 추억, 식물, 스마트폰이라는 엉뚱한 주제를 제시했다. 그 주제에 나름 생각을 쥐어짜 한 문단을 작성해 봤다.

나무판자 하나에 의지한 채 바다와 바다 사이를 둥둥 떠다니는 상상을 하다 보면, 삶은 한낱 식물인간이 지어낸 연극에 지나지 않는다는 생각에 빠지게 된다. 물론 실제로 그런 일은 스마트폰에서 상영되는 영화 속에서나 가끔 일어나는 사건이겠지만….

내가 억지로 만들어 낸 문단에 대해 AI는 창의적이고 흥미를 유발한다는 평가를 내렸지만, 문장을 짧게 분할하고 연결고리를 강화했으면 좋겠다는 의견을 내놓았다. 그런데 AI가 조언한 문장은 너무 평이했다. AI의 문장을 쓸 것인지 말 것인지는 우리의 판단력에 따른다.

그리고 "인공지능이 철학을 통해 '의식'이라는 천재적인 이해를 도모하고 있는 가운데, 우주의 빅뱅에서부터 빵의 발효까지, 모든 것이 얽혀 있는 놀라운 연결고리를 탐색합니다" AI가 만들어 낸 이 터무니없는 논리로 무장된 문장은, 단어를 연결해서 개연성을 갖추는 문장을 만드는 일이 얼마나 어려운지 깨닫게 한다.

AI는 첫 문장을 인간 대신 작성해 줄 수도 있으며, 첫 문장 쓰는 방법을 알려 주기도, 그 원리를 깨우치게 도와주기도 한다. 단순히 프롬프트 엔지니어링보다 글쓰기 차원의 역량이 AI를 글쓰기 코치로서 극대화할 수 있다는 측면을 발견하게 해 준다. 다만, AI에게 전적으로 매달리지는 말자. 시작을 못 하는 사람에게 이런 글쓰기 훈련 방법도 있다는 것을 알려 주려는 것뿐이다.

그래도 감이 잡히지 않는다면 다소 충격적인 카프카의 『변신』과 같은 첫 문장으로 내 이야기를 전개하는 방법도 있다. 나머지는 재주껏 작성해 보자.

# 내가 좋아하는 작가와
# 똑같이 쓰고 싶다

많은 이가 자신이 좋아하는 소설가 하나쯤은 가슴에 품고 산다. 그들의 작품을 읽다 보면 자신도 똑같이 글을 쓰고 싶어 미칠 지경이다. 하루키는 『바람의 노래를 들어라』를 출판한 후 주변 사람들에게 "그게 소설이라면 나도 쓸 수 있어!"라는 말을 듣곤 했다. 하루키도 그 말을 인정했지만, 실제로 소설을 쓴 사람은 아무도 없었다. 말과 행동은 전혀 다른 경험이기 때문이다.

AI와 간단한 대화만으로도 하루키처럼 쓸 수 있다면 얼마나 좋을까? 하지만 많은 이가 하루키를 닮고 싶다고 말하면서도, 그의 스타일을 진지하게 연구해 본 적은 거의 없다. 소설 한 권을 읽고 깊은 감동을 느꼈다고 떠들지만, 대부분 거기에서 그치고 만다. AI와 독서 토론을 나누는 행위만으로는 하루키를 닮을 수 없다.

그렇다면 좋아하는 작가를 모방하는 일은 영영 불가능한 걸까? 글쓰기 능력을 향상시키려면, 먼저 좋아하는 작가의 스타일을 모방해야 하지 않을까? 아리스토텔레스는 『니코마코스 윤리학』에서 덕을 습득하는 방법 중 하나로 모방을 강조했다. 훌륭한 사람을 모방함으로써 우리는 그들의 덕을 배울 수 있다. 글쓰기도 마찬가지다. 좋아하는 작가를 모방하는 것은 배우는 과정의 중요한 단계이며, 이는 글쓰기를 향상시키는 밑거름이 된다. 무작정 글을 쓰는 것과는 전혀 다른 도전이 될 것이다. 단순히 단어를 고르고 문장을 만드는 것을 넘어서, 그 작가만의 독특한 세계관과 부드러운 리듬, 그리고 감성을 내 글에 녹여 내야 하기 때문이다. 배우는 단계에서 모방은 죄가 아니다. 자, 그럼 방법을 모색해 보자.

첫 번째 단계는 좋아하는 작가의 특징을 파악하는 것이다. 예를 들어 무라카미 하루키의 글은 어떤 면에서 특별할까?

우주의 공백을 삼켜버린 듯한 주인공의 굶주림을 담은 문장을 인용했어요. 이 문장은 무라카미 하루키의 소설에서 발췌했습니다. 문장의 구조와 특징을 분석해 주세요. 이 문장을 모방하고 싶은 작가에게 어떤 면을 배워야 할지 편집자의 페르소나로서 조언해 주시기를 바랍니다.

AI의 답변을 요약하자면, 하루키는 상황을 말로 설명하는 것보다 비유를 통해 감정을 생생하게 전달한다. 문장은 간결하지만 분위기는 점진적으로 고조되어 독자가 점점 이야기에 몰입하게 된다. 주인공의 심리 상태를 세밀하게 묘사하는 것도 중요하다. AI는 구체적인 비유를 사용해 감정을 독자가 느낄 수 있도록 묘사하라고 조언한다. 작은 사건을 점진적으로 크게 변화시키고, 문장의 길이를 일정하게 유지해 리드미컬한 흐름을 만들라고 조언한다.

짧은 문장 하나만 읽어도 마치 꿈을 꾸는 듯한 몽환적인 세상으로 미끄러지는 기분이 든다. 하루키의 문장은 간결하지만 그 속에 깊은 감정과 철학이 담겨 있다. 등장인물들은 일상에서 벗어나 신비로운 세계로 기묘한 여행을 떠나며, 현실과 비현실의 경계에서 정체성의 혼란을 느낀다. 이를 모방하기 위해 하루키의 작품에서 자주 등장하는 요소들을 면밀히 분석해야 한다. 예를 들어, 그의 작품에서는 고양이, 우물, 벽, 음악 등이 단순한 소재가 아니라 그의 세계관을 형성하는 중요한 요소다.

"자, 하루키의 스타일을 모방하려면 무엇을 해야 할까?"라고 생각해 본다. 하루키의 스타일을 반영한 첫 번째 시도로,

간단한 프롬프트를 만들어 보자.

무라카미 하루키의 스타일로, 고양이와의 대화를 통해 인생의 의미를 탐구하는 짧은 이야기를 써 주세요.

이렇게 질문을 던지면 AI는 꽤 재미없는 소설을 써 줄 것이다. 하지만 그 글이 과연 하루키의 글과 얼마나 유사한지도 확신할 수 없다. 초현실적인 분위기는 드러나지만 마음에 들지 않는다. 차라리 내가 직접 쓰는 것이 나을 정도다. 우리가 원한 것은 모방을 통해 직접 배우는 것이다. 프롬프트를 조금 변형해 보자.

위에서 인용한 『빵 가게를 습격하다』의 문장을 연습하는 차원에서 패러디해 볼게요. 제가 작성한 문장을 읽어 보고 하루키의 스타일대로 잘 모방했는지 편집자의 날카로운 시선으로 평가해 주세요.

아무튼 나는 글이 너무 쓰고 싶었다. 아니, 단순하게 쓰고 싶은 걸 넘어서서 하루키처럼 현실과 환상을 오고 가는 주인공의 방황을 그럴싸하게 그려 보고 싶었다. 그런데 AI에게 도움을 요청하는 방법이, 그게 우리가 할 수 있는 최선이었다. 세상의 모든 AI 서비스를 유료 결제하고 AI에게 숙제를 맡겨도 하루키가 가진 비밀의 수수께끼는 풀릴 것 같지 않았다. 세상의 모든 허무를 믹서기에 부어 넣고 갈아 마신 기분이었다. 금방 소화가 될 줄 알았는데, 위장 가운데 이물질이 낀 듯한 불편함은 결코 가시지 않았다.

AI는 이렇게 답변했다. 하루키의 스타일을 모방하려는 노력은 돋보인다. 몇 가지 수정 사항을 반영하면 하루키의 스타일에 가까워질 가망성은 있다. AI는 구체적이고 독창적인 비유를 사용할 것, 감정의 점진적 변화를 시도할 것, 리듬감을 줄 수 있는 문장 길이의 변화를 줄 것, 내면의 갈등을 깊이 있게 묘사할 것을 제안하며, 직접 수정안을 보여 줬다. AI의 수정안은 다음과 같다.

아무튼 나는 글이 너무 쓰고 싶었다. 아니, 단순히 쓰고 싶은 걸넘어서서, 하루키처럼 현실과 환상을 넘나드는 주인공의 방황을 그럴싸하게 그려보고 싶었다. 그러나 AI에게 도움을 요청하는 것, 그것이 우리가 할 수 있는 최선이었다. 세상의 모든 AI 시비스를 유료 결제하고 AI에게 숙제를 맡겨도, 하루키가 가진 비밀의 수수께끼는 풀리지 않을 것 같았다. 마치 세상의 모든 허무를 믹서기에 부어 넣고 갈아 마신 듯한 기분이었다. 금방 소화가 될 줄 알았는데, 위장 한가운데 이물질이 걸린 듯한 불편함은 결코 가시지 않았다.

솔직히 내가 작성한 문장과 별반 다를 게 없다. AI가 아무리 똑똑하다 해도 내가 제시한 한 문장을 학습한 것뿐이다. 편집자처럼 여러 의견을 제시해 주지만, 결국 문은 내 손으로 직접 열어야 한다. 무엇을 따라 하고 무엇을 배워야 할지 스스로 느껴야 한다.

좋아하는 작가의 스타일을 담기 위해서는 나만의 분위기를 창조하는 것이 중요하다. 우주의 공백을 설정하고 그것을 삼킨다고 표현하는 능력은 저절로 만들어지지 않는다. 아마도 하루키도 누군가를 베끼고 싶었을 것이다. 하루키도 소설을 열심히 읽고 다른 소설가의 표현을 빌려가며 자신만의 세계를 구축하려 노력했을 것이다. 상상만 할 게 아니라 우리도 쓰기 시작한다면, 하루키든 레이먼드 카버든, 마르셀 프루스트든 작가의 스타일을 반영한 글을 생성할 가능성이 조금이라도 높아진다.

문장의 성분을 분석하고 재구성하는 작업도 필요하다. 하루키의 문장은 단순하지만, 그 안에 많은 것을 담고 있다. 예를 들어, 어떤 문장을 AI에게 제안하고 그 문장에서 주어와 서술어, 목적어를 분석해 달라고 요청하는 방법도 추천한다. 문장은 길고 복잡해 보이지만, 짧은 호흡과 긴 호흡이 교차하며 독자가 리듬을 타도록 돕는다. 이런 단순한 구조 속에 하루키의 독특한 분위기를 담아내는 것이 중요하다. 문장을 단순히 나열하는 것이 아니라, 그 안에 내재된 감정과 분위기를 어떻게 표현할 것인지 고민해야 한다.

"문장을 어떻게 더 확장할 수 있을까요?"라는 질문을 스스로에게 던져 보고 AI에게도 물어보자. 세 번째 단계는 문장을 확장하는 것이다. 간단한 문장을 더 복잡하고 긴 문장으로 늘려가며, 작가의 스타일을 유지하는 것이 필요하다. 내가 만든 문장과 AI가 제안한 문장을 비교해 어느 문장이 더 하루키의 스타일을 반영했는지 분석해 본다. 확장된 문장 속에서 우리는 더욱 깊이 있는 이야기를 경험할 수 있게 된다.

아래는 하루키의 소설에 이야기를 덧붙인 것입니다. 하루키의 스타일을 잘 유지했는지 읽고 분석해 주세요.

아무튼 우리는 배가 고팠다. 아니, 그냥 배가 고픈 정도가 아니었다. 우주의 공백을 고스란히 삼켜버린 듯한 그런 기분이었다. 처음에는 도넛 구멍만 한 정말 조그만 공백이었는데, 시간이 흐르면서 몸 안에서 점점 크기가 커지더니 끝내는 그 깊이를 모를 허무가 되고 말았다.

그 허무에 갇혀 더 깊은 허무의 블랙홀 속으로 영원히 꺼져버릴 것 같던 그 순간에, 녀석이 냉장고 문을 덜컥 열었다. 그러나 그 안도 우리의 꺼진 뱃속처럼 공백의 연속이었다. 공백은 미분해 봤자, 무한대의 공백 조각으로 나눠질 뿐이다. 작은 공백이건 큰 공백이건 어차피 공백의 외형이 달라지진 않는다.

"성심당을 털러 가자고!" 녀석이 냉장고 안에서 찾은 말라빠진 북어를 바닥에 패대기를 치며 말했다.

AI의 충고는 지면상 생략한다고 말하고 싶었으나 사실은 부끄러워서 공개하지 않는다가 맞다.

결국, 좋아하는 작가를 모방하는 것은 단순한 흉내 내기의 과정이 아니다. 그것은 그들의 세계를 이해하고, 그들의 문체를 나만의 방식으로 재해석하는 과정이다. 그러니까 쓰고 또 쓰고 피드백을 받고 반복해서 고쳐 쓰는 과정의 연속이다. AI는 이 과정에서 강력한 코치가 될 수 있다. 우리가 열심히 연습하고, AI와 함께 끊임없이 쓰는 일을 멈추지 않다 보면, 어느새 자신도 모르게 좋아하는 작가의 스타일을 자연스럽게 내글에 녹여낼 수 있을 것이다. 그리고 이 과정을 견뎌내야 나만의 스타일도 만들어갈 수 있을 것이다. 이 지난한 과정은 아마도 괴롭고 고통스러울 것이다. 과연 우리는 견딜 수 있을까?

"그래서, 자 다시 시작해야 할까?"라는 새로운 의욕과 함께, 지금 당장 좋아하는 작가의 책을 한 권 집어 들고, AI와 함께 그들의 스타일을 탐구하러 떠나 보자.

# 대구법을 쓰면 글에
# 리듬감을 줄 수 있다

---…---

집 앞 공원을 산책하던 중 두 마리 까마귀가 눈에 들어왔다. 쏙 빼닮은 쌍둥이처럼 생긴 두 까마귀는 서로를 바라보며, '까악!'이라고 외치고, 또다시 '까악!'이라고 응답했다. 인간이 이해할 수 없는 그들만의 언어로 의사소통하는 것인지 확실하지 않지만, 그 장면이 어찌나 재미있던지, 나는 벤치에 앉아 한동안 그들의 대구(대화)법을 물끄러미 바라봤다.

대구법은 까마귀의 알쏭달쏭한 대화처럼, 두 가지 문장을 나란히 놓고 비교하는 글쓰기 기법이다. 예로, "그는 겉으로 천사처럼 웃었지만, 속으로는 악마처럼 증오했다"와 같은 문장을 들 수 있다. 대구법은 천사와 악마 같은 대조적인 요소를 나란히 배치해 그 의미를 더 강렬하게 강조하는 기법이다. 다른 예로, "당신은 낮에는 졸린 고양이처럼 조용하지만, 밤에는 춤추는 고양이처럼 활기차군요"를 들 수 있는데 이러면 다른 두 가지 요소를 나란히 두어 독자가 그 차이를 명확하게 느끼게 할 수 있다.

이제 AI를 통해 대구법을 연습해 보자. 먼저 프롬프트를 열고 다음과 같이 입력하자.

"대구법이 무엇인지 설명해 주고 간단한 예시를 보여 주세요."라고 물으면 AI는 대구법의 의미를 간략하게 설명하고, 대조적 대구법과 유사적 대구법의 예시 두 가지를 소개해 준다.

다음으로는, 특정 주제나 상황을 가정해 놓고 대구법의 예시를 AI에게 요청해 보자. "인문학과 AI를 주제로 대구법을 사용한 문장을 5개 만들어 주세요"라고 질문하면, 다음과 같이 그럴싸한 대구법을 만들어 준다.

인문학은 인간의 마음을 이해하고, AI는 인간의 행동을 예측한다.

인문학은 과거를 탐구하고, AI는 미래를 설계한다.

인문학은 감성을 키우고, AI는 지능을 높인다.

인문학은 이야기를 들려주고, AI는 데이터를 분석한다.

인문학은 의미를 찾고, AI는 패턴을 발견한다.

이번에는 지금까지 공부한 패턴에 따라 우리가 직접 대구법을 적용한 문장을 만들고 AI에게 평가를 요청해 보자. "내가 만든 이 문장이 올바른 대구법을 사용했는지 냉정하게 평가해 주세요" 이렇게 묻는다.

문장은 생각을 번역하고, 생각은 상상을 낳는다.
재택근무는 행복한 꿈이고 출근은 악몽이다.

AI는 나의 대구법에 대해 정말 날카롭게 평을 했다. 대구법을 잘 사용했지만, 첫 번째 문장의 '번역'과 '낳는다'의 이미지가 불일치하니, "문장은 생각을 번역하고, 생각은 상상을 자아낸다"라고 교정해 줬다. '낳는다'와 '자아낸다'가 얼마나 다른 뉘앙스를 풍기는지 모르겠지만, 일단 수긍하고 받아들인다.

다음 단계에서는 대구법이 아닌 문장을 AI에게 제공하고 대구법으로 바꿔 달라고 요청할 수도 있다.

아래 문장을 대구법을 사용한 문장으로 바꿔 주세요.
"아무튼 우리는 배가 고팠다. 아니, 그냥 배가 고픈 정도가 아니었다."

하지만 AI는 요청에 제대로 부응하지 못했다. 대구법으로 바꿨다고 강력하게 주장했을 뿐이다. 어찌 보면 대구법으로 바꿀 만한 문장이 아니었을지도 모른다. 그러나 내가 대구법이 무엇인지 명확하게 이해하지 못했을 가능성도 있다. 감정이 고조되며 더 강렬하고 극적으로 의미를 확장하는 것도 대구법의 일종이라는 AI의 주장을 검증해 봐야 한다.

"대구법에는 여러 형태가 있습니다. 대구법의 다양한 형태와 각각의 예시를 설명해 줄 수 있나요?"라고 물어서 대구법의 다양한 사례를 익혀 보자. 대구법에는 우리가 잘 알고 있는 '대조적 대구법'과 '유사적 대구법'을 비롯해 첫 번째 구절의 의미를 두 번째 구절에서 보완하는 '종속적 대구법', 의미가 점진적으로 확대해 나가는 '단계적 대구법', 반복적인 리듬으로 문장을 강조하는 '반복적 대구법'도 있다고 AI는 설명해 준다. 따라서 위에서 언급한 오류는 나의 착오였음이 밝혀졌다.

이번에는 문학 작품 속에 사용된 대구법이 사용된 예를 요청해 보자. "윤동주의 시에서 대구법이 사용된 예를 들고 그 효과를 설명해 줄 수 있나요?"

"죽는 날까지 하늘을 우러러 한 점 부끄럼이 없기를, 잎새에 이는 바람에도 나는 괴로워했다."

이 구절에서는 대구법이 두 가지 주요 부분에서 나타납니다. "죽는 날까지 하늘을 우러러 한 점 부끄럼이 없기를"과 "잎새에 이는 바람에도 나는 괴로워했다": 이 두 구절은 대조적인 이미지를 통해 대구법을 형성합니다. 첫 번째 구절은 이상적인 삶의 목표와 순수한 도덕성을 표현하고, 두 번째 구절은 그 목표를 이루기 위한 내면의 고통과 민감한 감수성을 나타냅니다.

AI를 활용하면 다소 생소한 대구법 사용법도 대화를 풀어 나가면서 자연스럽게 체득할 수 있다. 개념도 익히고 실용적인 연습도 동시에 경험할 수 있는 좋은 방법이다. 추가적으로 AI에게 특정 주제나 상황을 제시하고, 짧은 글을 직접 작성하여 AI에게 내가 작성한 문장이 대구법에 맞는지 확인해 볼 수도 있다. 그러니, 이제 AI와 함께 이 흥미진진한 여정을 시작해 보라. 끝에 뭐가 있을지 아무도 모를 일이다. 어쩌면 까마귀의 기묘한 대화처럼 이해할 수 없는 깨달음을 얻어 갈지도 모른다.

# 어려운 개념을 이해하고 싶다면
## 비유가 최고다

어려운 개념을 이해하고 싶을 때면 AI에게 "쉽게 설명해 주세요"라고 주문하는 것보다 "마치 초등학생에게 설명하듯 쉽고 재치 있는 비유를 써서 설명해 주세요"라고 주문하는 편이 좋다. 이렇게 요청하면 AI는 같은 개념이라도 추상적인 설명보다는 일상적인 사례를 가져와서 개념을 설명해 준다. 비유는 우리에게 친숙한 이미지나 성질을 빌려 그것과 설명하려는 개념을 대입시켜서 설명하는 기법이다. 즉, 개념에 익숙하지 않은 사람에게 이해를 시켜줄 수 있는 기법이다.

비유를 글에 표현하면 개념이 구체화되고 의미가 더 생생해진다. 글이 살아 있는 느낌이 든다. 비유만 생각해도 어려운 개념의 이미지가 떠오른다. 그럼 AI를 통해서 비유를 어떻게 익힐 수 있을지 먼저 개념부터 정리해 달라고 요청하자. 단순하게 개념에 대해 묻는 것보다 "자유 의지를 양자역학에 비유해서 설명해 주세요"라고 물어보자. 아마도 무지막지하게 긴 내용으로 설명해 줄 공산이 크다. 그러니 프롬프트를 보완해야 한다. "자유 의지를 양자역학에 비유해서 설명하는데 한 문장으로 표현해 주세요"라고 말하는 것이다.

자유 의지는 양자역학의 중첩 원리처럼, 다양한 가능성 중에서 선택이 이루어지기 전까지 여러 경로가 동시에 존재하는 상태입니다.

AI는 자유 의지를 양자역학의 중첩 원리로 비유했다. 자유 의지란 일종의 다양한 경로 중에서 한 가지를 고르는 상황과 비슷하다. 나름 비유의 원리를 적용해서 '자유 의지'와 '양자역학'을 표현했음을 알 수 있다.

AI를 사용하면 다양한 비유 사례를 연습할 수 있다. 예를 들어, "일요일 밤에 찾아오는 직장인의 월요병에 대한 괴로움을 비유로 만들어주세요", "오늘 헤어졌어요. 이별의 아픔을 비유로 표현해 주세요", "오늘 자격증 시험에 합격했어요. 내 심정을 비유로 표현해 주세요"처럼 여러 상황을 비유로 만들어 달라고 요청해 본다. 상황에 잘 어울리는 성의 있는 비유를 만들어 줄 것이다.

더 나은 비유 연습을 위해 이번에는 문학 작품의 비유를 소개해 달라고 요청할 수도 있다. "문학 작품의 비유를 다섯 가지 소개해 주세요"라고 요청해 보자. AI가 창작을 할 수도 있으니 인용한 문학 작품이 무엇인지 언급해 달라고 요청하는 것도 잊지 말자.

"비유의 종류가 무엇이 있는지 소개해 주고 각 비유별로 사례를 보여 주세요"라고 물으면 AI는 직유를 먼저 언급한다. 직유는 '~와 같다' 혹은 '~처럼'이라는 비교어를 써서 어떤 이미지를 나타내는 방식이다. 은유는 'A는 B다'라는 형태로 한 가지로 나머지를 묘사하는 방식이다. 그 밖의 인물화, 과장법, 활유, 체유와 같은 비유의 종류와 간단한 예시를 보여 준다.

만약 AI의 대답이 다소 석연찮다면 사전에서 '비유법'을 검색해서 어떤 종류가 있는지 스스로 점검해 보는 것도 좋다. 사전에서 찾은 내용을 토대로 AI에게 다시 물어보자.

"비유법에는 직유법, 은유법, 의인법, 의성법, 의태법, 풍유법, 제유법, 환유법, 중의법이 있는데 각각의 정의와 구체적인 사용 예시를 보여 주세요. 필요하다면 인터넷에서 검색해서 정리해 주세요."

AI의 대답 중에서 '은유법'은 두 대상을 비교하면서 한 대상을 다른 대상으로 묘사하는 방식이며, '시간은 도둑이다'를 예시로 보여 줬다. 이제 '은유법'을 더 자세한 내용과 예제를 보여 달라고 요청한 후 우리가 직접 은유법이 적용된 간단한 문장을 만들어 보고 AI에게 은유법이 맞는지 평가를 요구하자.

은유법의 더 자세한 내용과 예제를 보여 주고 아래 제가 표현한 은유법에 대해 평가해 주세요.
글은 사람이다.
수학은 음악이다.
인간의 본성은 깊고 어두운 심해다.

AI는 은유법의 예시를 통해서 더 자세하게 의미를 설명해 주고 내가 샘플로 작성한 은유에 대해 평가한다. 세 번째 은유에 대한 AI의 평가를 들어 보자.

인간의 본성은 깊고 어두운 심해다. 인간 본성의 복잡함과 탐험하기 어려운 심오함을 바다의 심해에 비유함으로써, 우리가 아직 이해하지 못한 인간 본성의 어두운 측면이나 미지의 영역을 효과적으로 표현합니다. 이 비유는 인간 내면의 심층적이고 때로는 무서운 면모를 강조하여, 심리적 깊이와 미스터리를 부각시킵니다.

비유는 우리에게 친숙한 이미지로서 낯선 개념을 설명한다. 읽는 사람의 이해를 돕고 마음을 건드린다. 어렵고 장황한 설명을 함축적으로 설명할 수 있다. 또한 비유를 사용한 문장을 읽으면 우리의 그 기억은 머릿속에 더 오래 남는다. 또한 비유를 쓰면 창의성이 발휘된다. 아리스토텔레스는 비유를 '천재의 징표'라고 표현했다.

추가적으로 AI에게 몇 가지 비유를 보여 달라고 요청한 후 비유를 변형해 보는 연습을 갖는 것도 추천한다. 개선점이나 더 효과적인 표현 방법을 배울 수 있다.


직유법, 은유법, 의인법, 의성법, 의태법, 풍유법, 제유법, 환유법, 중의법 중에서 몇 가지 비유 사례를 보여 주세요. AI가 비유를 제공하면 사용자가 변형해 보겠습니다. 변형한 결과에 대해 피드백해 주세요.

그녀는 마치 꽃처럼 화사하다.

그녀는 마치 나비처럼 훨훨 날아갔다.

바람이 나무를 깨웠다.

낮달이 저녁을 불태웠다.


'낮달이 저녁을 불태웠다'라는 매우 창의적인 의인화 예시로, 낮달이라는 일반적으로 조용하고 차분한 이미지에 강렬한 동작을 부여함으로써 기대를 뒤엎는 효과를 만들어 냈습니다. 이 표현은 낮달의 불가사의하고도 강렬한 존재감을 강조하며, 흔히 보지 못하는 자연 현상을 인간의 감정과 연결 지어 생동감 있게 표현하고 있습니다.

환유법이 이해가 가지 않아 한 번 더 되물었다.

**환유법이 이해가 가지 않습니다. 더 자세한 설명과 사례를 5가지 이상 보여 주세요.**

환유법Metonymy은 어떤 것을 직접 언급하지 않고, 그것과 밀접하게 관련된 다른 대상을 통해 간접적으로 표현하는 비유법입니다. 환유법은 물리적, 개념적 연관성에 기초하여 하나의 객체나 개념을 다른 것으로 대체하여 표현합니다. 이러한 대체는 종종 해당 대상을 보다 간결하게 또는 상징적으로 표현하는 데 도움을 줍니다.

실리콘밸리가 또 한 번 혁신을 시작했다(실리콘밸리 지역에 위치한 기술 회사들을 실리콘밸리로 대체).

- "실리콘밸리가 인공지능 분야에서 새로운 돌파구를 발견했다." 여기서 '실리콘밸리'는 그 지역의 기술 회사들을 의미합니다.

**판교 테크노 밸리에서는 절대 불이 꺼지지 않는다. 이 문장이 환유법에 해당될까요?**

네, "판교 테크노 밸리에서는 절대 불이 꺼지지 않는다"라는 문장은 환유법의 예가 될 수 있습니다. 여기서 "불이 꺼지지 않는다"라는 실제로 전기나 불빛을 의미하는 것이 아니라, 판교 테크노 밸리라는 지역에서 활발하게 이루어지는 기술 개발과 혁신의 끊임없는 활동을 상징적으로 표현합니다. 이 문장은 그 지역의 기업들이 밤낮으로 활동하며 지속적으로 혁신하고 있다는 의미를 내포하고 있으므로, 환유법을 사용한 효과적인 표현입니다.

AI의 대답을 통해 내가 표현한 환유법이 나름 옳다는 것을 확인할 수 있었다. AI는 글쓰기에서 비유를 연습하도록 도와준다. 처음에는 개념을 묻고 사례를 묻는 방식으로 학습을 전개했다. 그리고 사용자가 직접 비유를 연습하고 피드백도 받아 봤다. 글쓰기 선생님이 없어도 충분히 AI를 통해서 비유 구사 능력을 키울 수 있다는 사실을 배웠다. 이제 비유를 구사할 일만 남았다.

# 내 글과 잘 어울리는
# 그림을 생성하다

---

그림과 글쓰기가 서로 어울리는 표현의 수단일까? 인간의 생각과 감정을 담아내는 창의적인 수단이라는 면에서는 공통적이다. 둘은 같이 존재할 수도 있지만 독립적으로 존재할 수도 있다. 가깝고도 먼 사이라고 할까. 글쓰기는 오직 글자를 사용해서 이야기를 전달하는 반면, 그림은 시각적 요소를 부각시켜서 더 깊게 이야기에 몰입하게 만든다. 글쓰기는 글자의 예술이고 그림은 시각의 예술이다. 다만, 단 한 장의 그림이 수천 자의 글을 대신할 수 있는 위력을 가지기도 한다. 두 가지가 같이 존재할 때 가장 극적인 효과를 나타낸다.

AI를 쓰면 그림을 그릴 재능이 없는 사람도 얼마든지 재주를 부릴 수 있다. 예를 들어 AI에게 이런 요청을 해 보자.

"봄날의 정원을 그려 주세요."

    나무랄 데 없는 봄날의 정원을 그렸다. 벚꽃과 오리, 작은 연못이 조화롭게 엮여 있다. 봄날을 연상하면 떠오르는 이미지를 대체로 의도대로 표현해 준 것 같다. 그런데 너무 일반적이다. 더 세세하게 봄날의 한때를 표현해 주길 바랐다. 이럴 때 묘사가 중요함을 깨닫는다. 제대로 글로써 표현해 줘야 AI도 그림을 그려줄 테니.

    상상할 수 없다면 창조할 수 없다고 작가 폴 호건은 말했다. 인간은 두 눈으로 실제 본 것들만 상상할 수 없다. 보고 듣고 만진 것들이 생각 안에서 혼합될 때 자기의 눈으로 세상을 감각할 수 있다. 묘사하는 능력은 제대로 보고 제대로 표현하는 것으로 시작된다. 마르셀 프루스트의 『잃어버린 시간을 찾아서 1 스완네 집 쪽으로 1』에 있는 특정 문장을 인용했다.

"(…)"이 문장을 읽고 화가처럼 먼저 상상해 주세요. 상상이 끝나면 그 세계를 그림으로 표현해 주세요.

AI가 새롭게 만들어준 그림에는 인물이 담겨 있다. 그저

멋진 봄날의 정원뿐이라면 다소 밋밋하다. 인물이 등장할 때 이야기에는 힘이 실린다. 인물과 자연의 소통이 이야기를 강조하는 것이다. 예를 들어, 위에서 인용한 프루스트의 소설의 어느 장면에 AI가 생성해 준 그림을 붙여 준다면 어떻게 될까? 문장과 이미지가 기억에 겹쳐지면서 독서의 경험이 더 오래도록 머리에 남게 되지 않을까?

AI를 통해서 그림을 그려 보자. 내가 쓰려는 글과 어울리는 그림을 창조하며 간접적으로 글쓰기에 필요한 묘사력을 길러 보자.

첫 번째는 몇 가지 주제나 키워드를 입력해서 그림을 생성한다. 이전에 '봄날의 정원'을 그린 것처럼 말이다. 다음 단계에는 그림에 담긴 요소를 글로써 상세하게 묘사해 본다. 묘사를 잘 하려면 그림을 차분하게 관찰해야 한다. 관찰해야 세밀하게 요소들을 추출할 수 있다.

한가로운 오후, 햇살이 봄날의 정원으로 따스하게 내려앉는다. 오른쪽에는 아주 큰 벚꽃 나무가 우뚝 서 있고 그 아래에는 두 사람이 앉을만한 벤치가 놓여 있다. 커다란 벚꽃 나무 주변에는 작은 연못이 잔잔하게 고여 있고 그 위엔 한가롭게 오리가 노닌다. 벤치 주변에는 잔디가 포근하게 깔려 있고 돌로 다져진 길섶 옆으로 꽃들이 만개했다.

첫 번째 그림을 간단하게 묘사해 봤어요. 제대로 묘사했는지 평가해 주세요.

AI는 몇 가지 보완할 부분을 지적해 줬다. 더 구체적으로 묘사한 다음 AI의 평가를 받아 본다.

한가로운 오후, 햇살이 봄날의 정원으로 따스하게 내려앉는다. 봄날의 정원에는 작은 연못이 있어 하늘 빛깔을 푸르게 반사한다. 그 위에는 오리들이 유유히 헤엄치고 있다. 오른쪽에는 아주 큰 벚꽃 나무가 우뚝 서 있고 그 아래에는 두 사람이 앉을만한 갈색 벤치가 놓여 누군가를 기다리고 있다. 벤치 주변에는 푸른 잔디가 낮고 포근하게 깔려 있고 돌로 다져진 길섶 옆으로 튤립과 수선화들이 만개해 춤을 춘다.

묘사는 그림에 나타난 요소를 글로 표현하는 일이다. 관찰이 먼저고 그다음이 표현 단계다. 표현은 연습이 중요하지만, 읽기를 통해 묘사가 쓰인 문장을 공부하는 것도 중요하다. 묘사가 뛰어난 소설을 읽고 그 묘사에 사용된 어휘나 비유를 살펴본다. 그 묘사에 사용된 시각, 청각, 후각, 미각, 촉각 등의 오감을 떠올려본다. 마지막으로 묘사한 문장을 AI에게 보여주고 피드백을 받는다.

이번에는 묘사한 문장을 AI에게 그림으로 그려 달라고 요청해 본다. 그림을 AI가 그려 주고 묘사하는 연습도 해 봤지만, 상상력으로 묘사한 문장으로 그림을 창조해 보는 것이다. 아래 글은 내가 어린 시절의 특정한 순간을 글로 짧게 묘사해 본 것이다. 이 기억을 AI에게 그려 달라고 부탁해 본다.

삐걱거리는 월넛 마루 끝엔 인켈 오디오가 놓여 있었고 그 옆에는 성인 두 사람이 앉을 만한 소파가 우두커니 서 있었다. 마루는 꽤 넓었고 소파 바로 뒤엔 큰 미닫이창이 있었는데, 늘 활짝 열려 있었다. 열린 미닫이문 뒤는 작은 동산의 산등성이가 시작되는 곳이었다. 가파른 산등성이에는 잡초와 이름 모를 들꽃이 무성했고 온갖 작은 곤충이 날아다녔다. 미닫이창 바깥쪽에서는 여름의 따가운 햇살과 동시에 시원한 바람이 불어와 소파에 앉은 아버지와 어머니를 시원하게 만들기도 했다.
위의 문장을 그림으로 그려 주세요.

분위기는 비슷했으나 소파의 위치가 다소 달랐다. 그래서 수정해서 다시 요청했다.

미닫이창 앞에 소파를 배치해 주시고 아버지와 어머니는 소파 위에 앉아서 대화를 나누는 모습으로 다시 그려 주세요.

  이런 방식으로 AI의 그림 생성 기능을 통해서 이야기를 더
풍성하게 만들 수 있다. 묘사가 디테일할수록 그림도 더 충실
해진다. 그리고 단순하게 상황을 묘사만 할 게 아니라 상황에
감정을 대입하면 그림을 더 생생하게 표현할 수 있다.

  삐걱거리는 월넛 마루 끝엔 인켈 오디오에서 바흐의 평균율이
재생 중이었고 그 옆에는 성인 두 사람이 앉을 만한 가죽이 벗겨진
소파가 쓸쓸하게 앉아 있었다. 마루는 꽤 넓었고 소파 바로 뒤엔 큰
미닫이창이 있었는데, 무더워서 그런지 늘 활짝 열려 있어도 짜증

나게 더웠다. 에어컨도 없는 오래된 한옥집이었다. 열린 미닫이문 뒤는 작은 동산의 산등성이가 시작됐다. 가파른 산등성이에는 잡초와 이름 모를 들꽃이 무성했고 작은 곤충들이 여기저기 날아다녔다. 매미가 아주 시끄럽게 울었다. 미닫이창 바깥쪽에서는 한여름의 따가운 햇살과 시원한 바람이 불어와 소파에 앉은 아버지와 어머니의 불편한 사이를 가끔 시원하게 바꿔 주기도 했다.

위의 글로 다시 그림을 그려 주세요.

AI가 나름 그림을 열심히 그리기는 하지만 의도와는 다르게 표현을 하기도 한다. 그럴 때는 추가적으로 요청을 건네면

된다.

내가 원하는 그림이 거의 90% 가깝게 그려졌다. 에세이를 한 편 쓴다고 가정해 보자. 글만 존재하는 것보다 중간에 그림 한 장 정도가 추가되면 장면이 나타내는 분위기를 제대로 전달할 수 있다. 전체적인 톤이 어떤 감정으로 흘러가는지 간접적으로 정보를 제공하는 것이다.

# 글을 쓰면 AI에게
# 피드백을 받자

글은 내가 쓴다. 내 생각이 기초가 되어 글이라는 형태로 나타난다. 생각은 손가락 끝에서 글로 배출된다. 그렇다면 나와 분리된 글을 과연 내 것이라고 할 수 있을까? 분명 '나'와 '글' 사이에는 객관적인 거리가 존재한다. 따라서 글은 나에게서 비롯되었지만 내 손을 떠났으니 더 이상 내 것이라고 할 수 없다. 게다가 글을 읽을 사람은 내가 아니라 다른 사람이다. 글은 타인이 읽어야 비로소 의미를 갖는다.

그런 의미로 보면, 글은 다른 사람에게 평가받아야 한다. '나'라는 주관적 시선에만 머물러 있으면 '타자'라는 객관성을 얻을 수 없다. 하지만 내가 쓴 글을 누가 읽어 줄까? "그래, 이번 글은 꽤 잘 썼네. 글이 철학적이야! 하지만 두 번째 문단은 전개가 조금 어색하네? 주장에 대한 논증도 생략되어 있어. 설득력이 부족하다고!"라고 긍정적인 면과 부정적인 면을 동시에 애정 어린 피드백으로 줄 사람이 있을까? 가까운 아내에게 부탁하는 것도 하루 이틀이다. 게다가 용돈까지 요구하니 주머니 사정이 곤란해진다.

예를 들어, 글을 한 편 완성했다고 가정해 보자. 글의 전체 구조를 서론-본론 1-본론 2-본론 3-결론, 이렇게 다섯문단으로 요약한다. 그 요약한 구조를 AI에게 보여 주어 연결이 자연스러운지 피드백을 받는다. 글의 내용을 피드백 받는 것이 아니라 1차적으로 글의 흐름을 분석 받는 것이다. 글은 일반적으로 두괄식으로 작성하는 것이 좋다. 서론에 주장을 제시하고, 본론에서 그 이유를 논증한다. 결론에서는 내용을 정리한다.


㉠ 서론(주장): 사람들은 꾸준하게 글을 쓰지 못한다.

본론 1(논증): 동기가 부족하다. 구체적인 목표가 없으니 시간을 할애할 수 없다.

본론 2(논증): 시간 관리를 잘 못한다. 우선순위에서 밀린다.(직장, 학교, 가정)

본론 3(논증): 자신감 부족. 타인의 시선을 지나치게 의식한다.(비판적 시선 의식)

결론: 꾸준한 글쓰기를 위해 동기 부여, 시간의 효율적 관리, 자신감을 높이자.

5문단으로 구성한 글의 구조입니다. 연결이 자연스러운지 평가해 주세요.

AI는 구조 자체는 논리적이고 전개가 명확하지만 더 자연스러운 연결을 위해 구문을 추가해 줬다. AI가 제안해 준 내용은 우리가 판단해서 적용하면 된다. 만약, 글이 완성되지 않은 상태에서 출발한다면 먼저 구조부터 작성하고 이 프롬프트로 피드백을 받은 이후 글을 쓰기 시작하면 된다.

각 문단의 주제문은 아래와 같습니다. 이 흐름이 논리적인지 평가해 주세요.

글쓰기는 사람과 사람을 연결하는 중요한 의사소통 수단이자 자기를 나타내고자 하는 표현의 도구다. 잘 쓰고 싶은 욕구도 충만하고 그럴싸한 이유를 만들어 쓰기 시작하지만 많은 이들은 글을 꾸준하게 쓰지 못한다.

첫 번째, 명확한 동기부여에 실패한다. 글쓰기는 시간과 노력을 요한다. 그렇기 때문에 동기부여가 충분하지 못하면, 즉 자기 설득에 실패하면 글쓰기는 쉽게 무너진다. 작가의 꿈, 전자책 쓰기, 명 강사

되기처럼 구체적인 목표를 설정해야 꾸준하게 글을 쓸 수 있다.

두 번째, 직장과 가정 등 다른 우선순위에 밀려 글쓰기를 미루게 된다. 바쁜 일상이 글쓰기를 위한 충분한 시간 투자를 방해하는 것이다. 꾸준하게 글을 쓰려면 시간의 배려가 필수적이다.

세 번째, 타인의 시선을 지나치게 의식한다. 자기 글이 부족하다고 평가하거나 타인이 자신의 글을 비판할까 두려워 글쓰기를 포기한다. 두려워하는 마음을 떨치지 않으면 꾸준한 글쓰기는 불가능하다. 자신감을 충전해야 한다.

꾸준한 글쓰기는 명확한 동기부여, 효과적인 시간 관리, 충분한 자신감의 충전이 결합될 때 가능해진다. 3가지를 명심하고 자신의 생각을 글로 담아내는 연습을 꾸준하게 펼쳐 보자.


5문단 구조에 따라 짧게 글을 썼다. 각 문단의 흐름이 논리적인지 평가를 받는다. AI는 각 주제문의 연결이 자연스러운지 무엇보다 논리적인지 평가한다. 그리고 필요하다면 명확한 연결을 위해 글을 교정해 준다.

다음은 우리가 쓴 글이 논리적으로 문제가 없는지, 즉 설득력이 떨어지지 않는지 체크해 보자.


사람들이 글을 꾸준히 쓰지 못하는 이유는 신체 활동 부족에서 비롯된다. 신체적으로 활동적이지 않은 사람들은 종종 정신적으로도 활동적이지 않을 가능성이 높다. 따라서, 이들은 창의적인 생각을 하는 데 필요한 에너지가 부족하여 글쓰기를 꾸준히 이어가지 못하게 된다. 실제로, 매일 조깅을 하는 사람들이 그렇지 않은 사람들보다 더 많은 글을 쓴다.

위의 글이 논리적으로 오류가 없는지 검토해 주세요.

위의 주장에 대해 AI는 성급한 일반화에 해당된다며 신체와 정신적 활동 사이의 관계의 일반화를 지적했다. 또한 원인과 결과를 보여주지만 과학적 근거가 부족하다는 의견을 보였다. 마지막 사례 역시 조깅 하나만으로 글쓰기 습관에 미치는 영향을 설명할 수 없다는 의견을 보였다. 그리고 다음과 같이 글을 교정해 줬다.

사람들이 글을 꾸준히 쓰지 못하는 이유 중 하나는 신체 활동 부족일 수 있다. 일부 연구에 따르면, 신체적으로 활동적인 사람들이 정신적으로도 더 활동적일 가능성이 높다는 결과가 있다. 이러한 신체 활동은 창의적인 생각을 촉진하고 에너지를 증진시켜 글쓰기에 긍정적인 영향을 미칠 수 있다. 예를 들어, 매일 조깅을 하는 사람들은 그렇지 않은 사람들보다 더 많은 글을 쓸 수 있다는 연구 결과가 있다. 물론, 글쓰기 습관에는 다양한 요인이 영향을 미칠 수 있으며, 신체 활동은 그중 하나일 뿐이다.

글 한 편을 완성하고 다시 그 글을 다섯 문단으로 요약해 본다. 글의 맥락(문단 간의 연결)이 자연스러운지 피드백을 받는다. 각 문단의 주제 의식과 설득력을 점검한다. 이 모든 작업을 AI와 함께 수행할 수 있다.

그리고 AI에게 페르소나를 대입하는 것도 좋다. 예를 들어 "당신은 세계적인 베스트셀러 작가를 배출한 출판사의 편집자입니다. 제 글을 검토하고 개선할 사항을 제안해 주세요"라고 하거나 "당신은 50대를 위한 소설가입니다. 해당 독자에게 어울리는 글인지 평가하고 조언해 주세요" 나아가 "제가 쓴 에세이의 장단점을 3가지씩 제시하고 개선 방안을 제안해 주세요"라고 말하고 글의 개선 방향을 구체적으로 제시할 수도 있다.

글 한편이 완성되면 다음과 같은 작업을 AI에게 요청할 수 있다. 한 편의 완성된 글을 보여 주고 아래 프롬프트를 요청해 본다.

**글쓰기 피드백 프롬프트**
① 문장과 문장이 서로 자연스럽게 연결되었는지 점검해 주세요.
② 문단과 문단이 서로 자연스럽게 연결되었는지 점검해 주세요.
③ 같은 얘기를 반복하지 않았는지 점검해 주세요(중언부언).
④ 번역체 문장을 고쳐 주세요(~를 가지고 있었다, ~로 인해, ~에 의해서, ~에 대해).

⑤ 간단한 맞춤법을 점검하고 수정해 주세요.

⑥ 주어와 술어가 일치하는지 비문을 점검하고 교정해 주세요.

⑦ 어휘를 점검해 주세요(상황이나 맥락에 맞는 단어나 표현을 제안해 주세요).

⑧ 문장의 끝이 동사로 끝났는지 확인해 주세요(명사로 끝난 문장 찾아서 동사로 수정해 주세요).

⑨ 비유를 사용해서 문장을 교정해 주세요.

⑩ 어떤 감정이 느껴지는지 체크하고 감정을 표현해야 하는 문장을 제시해 주세요.

⑪ 글이 전체적으로 일관성이 있는지 점검해 주세요(시제, 어조, 스타일).

⑫ 글을 읽는 독자가 명확하게 인식되는지 체크해 주세요.


　여기까지 구경은 실컷 잘 했으나 어떻게 시작해야 할지 아마도 고민하고 있을 것이다. 중요한 것은 글을 써야 한다는 점이다. 구조부터 작성하든 한 문단을 쓰든, 서울역에서 KTX를 타고 출발해야 대전 성심당에도 갈 수 있는 것이다. 글을 일단 쓰고 AI에게 피드백을 받는다는 생각을 하면 문제는 없다. 아내에게 보여 주고 핀잔받는 것보다는 훨씬 나을 테니!

# 내 감정도 찾고
# 글쓰기도 찾읍시다

---

글쓰기는 내 마음을 세심하게 글로 옮기는 작업이다. 즉, 마음을 움직이는 일이다. 마음을 움직이려면 현재 나를 지배하는 감정을 알아야 한다. 감정은 밖으로 표현하지 않으면 이해하기 어렵다. 요컨대 우리 마음 안에 감정이라는 나무가 자란다고 가정해 보자. 매일 물을 주고 가지를 치는 일은 감정을 일기로 기록하는 과정과 같다. 때로는 빛이 바랜 낙엽 같은 감정은 털어 내고 감정이라는 꽃을 피우기 위해 노력한다.

감정 일기를 쓰면 감정을 알아차릴 수 있다. 감정 일기를 쓰는 요령은 다음과 같다. 오늘 하루 중 가장 깊게 각인된 기억을 떠올려 본다. 마치 눈앞에 사과 한 알이 놓여 있다고 상상하며 그 장면을 정물화 그리듯 글로 표현해 본다. 이때 억지로 감정을 찾으려 하지 말고, 떠오르는 장면과 그 장면에 속한 인물들을 묘사한다. 마치 영화 상영하듯 몇 컷의 장면을 글로 이어나가 본다. 나 혼자 보는 것이니 맞춤법 같은 형식에 구애받지 않는다. 토해내듯 솔직하게 쓴다. 완성되면 AI에게 감정 일기를 보여 주고 어떤 느낌을 받았는지 물어본다. 어떤 감정을 느꼈는지 감정 형용사로 표현해 달라고 요청한다. 그 과정에서 내가 느낀 감정이 무엇인지 비로소 알게 된다. 또한 AI와 대화하며 감정을 이해하고 조절하는 법을 배운다.

아래는 오늘 쓴 감정 일기입니다. 글을 읽어 보고 어떤 감정을 느꼈는지 설명해 주고, 일기를 쓴 사람에게 전문 상담심리사로서 조언해 주세요.

문득, 길을 걷다 보면 사고가 정지한다. 가끔 낯선 길에서, 그 길을 한 번도 가보지 않은 사람처럼 걷는 편이다. 그런 습관 자체가 낯설어질 때, 그것이 따분해지는 순간, 나는 이방인이 되고 싶다는 소망에 빠지곤 한다. 이방인이 된다는 건 무엇일까? 과연 나는 누구인가, 떠나야 할지, 남아야 할지, 모르겠다. 나라고 확언할 수 있는 정체성을 찾거나 혹은 회복할 수 있을까. 고유의 정체성이란 대체 무엇인지, 자꾸만 어지러워진다. 신호등이 빨간 불로 점멸 중인데도 나도 모르게 길을 건너 본다. 지나가는 사람은 물론 자동차조차

한 대도 없다. 이 광활한 지구, 아니 작은 동네에 나 혼자뿐인가, 라며 근원이 모를 생각이 밀려온다. 그러다가도 다시 정신을 차리고 걷게 된다. 정지된 사고가 다시 작동한다.

AI는 내 감정 일기를 읽고 다양한 생각과 감정을 읽어 낸다. 내면 깊은 곳의 불안과 정체성에 대한 혼란이 존재의 의문으로 이어지는 점을 찾아낸다. 무의식적으로 자신의 한계를 시험해 보고 싶어하는 마음까지 읽어 낸다. 그리고 상담심리사처럼 따뜻한 조언도 해 준다.

감정 일기는 감정을 스스로 찾아내기보다는 처음에는 짧고 간단한 메모 형태로 시작하는 것이 좋다. 다만, 육하원칙에 따라 언제, 어디서, 누구와, 무엇을, 어떻게, 왜를 생각하며 구체적으로 적어 보자. 상황을 리얼하게 보여 주며 내가 느낀 모호한 감정을 AI에게 물어볼 수도 있지만, 스스로 알아낼 수 있다면 감정을 구체적으로 표현해 보는 것이 좋다. 감정 단어에 익숙하지 않다면 AI에게 **"긍정적인 감정과 부정적인 감정을 나타내는 형용사 50개를 각각 보여 주세요"**라고 요청할 수도 있다.

긍정적인 감정 형용사는 행복한, 기쁜, 만족스러운, 신나는, 상쾌한, 열정적인, 생기 있는, 충만한, 다정한 등이 있다. 부정적인 감정 형용사는 슬픈, 우울한, 절망적인, 좌절한, 짜

중 나는, 무기력한, 불쾌한, 허무한, 괴로운 등이 있다. 다양한 감정의 층위를 오르내리며 오늘 내가 경험한 감정이 어디에 속하는지 구체적으로 인식해 보자.

감정 일기와 더불어 다른 방식의 일기도 추천한다. AI에게 일기에 맞는 주제를 추천받아 일기를 쓰는 것이다. 예를 들어, "오늘의 일기 주제를 추천해 주세요"라고 하면, AI는 감사, 오늘의 성공, 미룬 일에 도전하기, 새로운 습관 같은 주제를 제공한다.

감정 일기에 포함될 소재는 주로 하루의 일과다. 그날의 날씨, 학교나 직장에서 있었던 일, 사람들과의 만남 등이 모두 소재가 된다. 그날 특별히 맛있었던 음식이나 취미 활동인 독서나 음악 감상도 소재가 될 수 있다. 상황을 자유롭게 쓰는 것도 좋지만, 하루에 경험했던 일에 내 생각을 짧게 남기는 것이 더 중요하다. 그 생각에 내 감정이 담겨 있기 때문이다. 감정은 대부분 기쁨과 분노라는 두 가지 큰 카테고리로 나눌 수 있다. 분노는 보통 욕망의 결핍을 나타낸다. 기쁜 감정보다 부정적인 감정을 찾아내 궁극적으로 내가 원하던 욕망이 무엇이었는지 찾아내고 그것을 해소할 방법을 찾아야 한다. 그 이유로 감정 일기를 쓰는 것이다.

감정 일기를 잘 쓰려면 일상을 세심하게 관찰해야 한다. 매일의 경험과 특별한 순간들을 주의 깊게 관찰하고 일기를 쓸 때는 그 생각에 집중한다. 좋은 영감이 떠올랐다면 가상의 시나리오를 창의적으로 상상하며 소망 일기로 변형할 수도 있다. 형식이 존재하지 않으므로 발상에 따라 찾아온 생각을 잡아내기만 하면 된다. 중요한 것은 일기를 쓰고 AI에게 피드백을 받아보는 것이다. 상담심리사나 글쓰기 코치로서 다양한 인격을 부여해 피드백을 받는 방법은 우리가 직접 조정하면 된다.

긍정적인 감정과 부정적인 감정에 점수를 부여해 매일 감정 점수를 기록하는 방법도 있다. 가장 부정적인 감정을 -10점으로 시작해 가장 긍정적인 감정을 10점으로 가산한다. 점수 배분은 각자가 알아서 판단하면 된다. 감정 배점표를 엑셀이나 노션에 저장해 두고, AI가 분석해 준 오늘의 감정에 따라 배점한다. 일주일 동안 엑셀에 기록한 감정 배점표를 AI에게 보여 주고 그래프로 그려 달라고 요청하자. 감정의 추이를 분석할 수 있다.

| 행복한 | 10 | 차분한 | 5 | 지친 | -1 | 분노한 | -6 |
| 기쁜 | 9 | 충만한 | 4 | 불만족스러운 | -2 | 우울한 | -7 |
| 유쾌한 | 8 | 따뜻한 | 3 | 서운한 | -3 | 실망한 | -8 |
| 만족스러운 | 7 | 충족된 | 2 | 답답한 | -4 | 짜증하는 | -9 |
| 평화로운 | 6 | 설레는 | 1 | 무기력한 | -5 | 절망적인 | -10 |

감정에 따라 점수를 배정해 봤습니다. 앞으로 일기를 제공하면 글을 읽어 보고 어떤 감정을 느꼈는지 설명해 주고, 일기를 쓴 사람에게 전문 상담심리사로서 조언해 주세요. 그리고 감정 점수표에 따라 어떤 감정에 해당되는지 알려 주고 점수도 알려 주세요.

월요일부터 일요일까지 7개의 감정 일기를 AI에게 보여주고 매일 감정 점수를 기록한다. 일기마다 다양한 감정을 찾아줄 것이다. 감정의 평균을 찾아서 기록해 보자. 월요일부터 일요일까지 감정 점수를 기록한 후 AI에게 감정 그래프를 그려 달라고 요청해 보자. 감정의 추이를 살펴보는 것이다.

일주일 간의 감정 일기의 점수입니다. 값을 그래프로 그려 주세요.

감정 일기로 우리는 마음속 깊은 곳에 흐르는 감정의 바다를 만나게 된다. 비록 매일 기록하는 것이 사소한 메모에 지나지 않을지라도, 그것은 감정 나무에 물을 주고 가지를 치는 일이다. 감정의 변화를 일기로 관찰하고, AI와의 대화를 통해 더 깊은 내 마음을 이해하며 우리는 조금씩 더 자신을 알아간다. 감정 일기를 쓰는 과정은 글을 잘 쓰는 데 있어서도 중요한 연습이 된다. 내 감정을 이해해야 타인의 감정에 공감할 수 있을 테니까. 글이란 감정과 감정을 연결하는 일이니까.

그 과정 속에서 나아갈 방향을 찾아보자. 내일은 어떤 감정이 기다리고 있을까? 그것은 아마도 우리의 일기 속에 숨어 있을 것이다.

# 글쓰기는 뇌의 여러 영역을
# 활성화한다

연구에 따르면, 동사를 말할 때 뇌의 여러 영역이 더 활발하게 작동한다. 15분의 글쓰기 연습만으로도 두뇌 활동을 촉진할 수 있다. 이런 두뇌 활성화 훈련을 AI를 통해 실천해 봅시다.

방법은 간단하다. 먼저 AI에게 임의의 사진을 생성해 달라고 요청한다. 그 사진에 어울리는 명사를 AI에게 제안하면, AI는 그에 맞는 동사를 물어본다. 우리가 제안한 명사와 어울리는 동사 3가지를 AI가 제시하고, 최종적으로 AI는 그 동사가 명사와 잘 어울리는지 피드백해 준다. 다음의 프롬프트에서 [개수]를 조정해 동사 활용 훈련을 더욱 강화할 수 있다.

두뇌 활동을 활발하게 만드는 글쓰기 연습을 하고 싶어요. 아래 지침대로 수행해 주세요.

**[지침]**

- 1단계로 AI는 임의로 이미지를 한 장 생성하고 사용자에게 이미지에 어울리는 명사가 무엇인지 물어보세요.
- 2단계에서 사용자는 AI가 생성한 이미지와 어울리는 명사를 말합니다.
- 3단계에서 AI는 사용자에게 명사와 어울리는 동사가 무엇인지 물어봅니다.
- 4단계에서 사용자는 명사와 어울리는 동사를 최소한 [개수]가지 이상 AI에게 답합니다.
- 5단계에서 AI는 사용자의 동사에 피드백을 전달하고 글쓰기 연습을 종료합니다.
- 그리고 사용자에게 다시 글쓰기 연습을 할 것인지 묻고 사용자가 응한다면 1단계에서부터 5단계를 시작합니다.

**[개수]** = 5

AI는 다음과 같은 이미지를 보여 줬고 나는 '노을'이라는 명사와 노을과 연관성을 갖는 동사 5가지를 제안했다. "노을에 젖다, 노을에 취하다, 노을을 바라보다, 붉은 태양이 노을 밑으로 가라앉다, 주인을 잃은 조개껍데기가 노을 밑에 누워 있다"였는데 AI는 표현이 생동감 있게 느껴진다고 평가했다.

  연상과 글쓰기 훈련은 결국 두뇌 활동을 활발하게 만든다. 이미지로 시각을 활성화시키는 두정엽을 건드리고 명사를 통해 언어에 관련된 측두엽을 자극한다. 또한 동사로 짧은 문장을 만들면 하전두엽과, 중축두엽, 운동에 관련된 피질을 강하게 활성화시킨다. 중요한 것은 문법적인 측면이 아니다. 명사와 동사는 각각 뇌의 다른 부위에서 처리되며 개별적인 처리는 다시 뇌에서 통합되어 여러 영역을 동시에 강화하는 좋은 방법이다.

그리고 이 훈련은 다음과 같이 응용될 수 있다. 프롬프트를 보자.

두뇌 활동을 활발하게 만드는 글쓰기 연습을 하고 싶어요. 아래 지침대로 수행해 주세요.

**[지침]**
- 1단계에서 AI는 임의로 이미지를 한 장 생성하고 AI는 사용자에게 간단하게 이야기를 만들어 보라고 요청하세요.
- 2단계에서 사용자는 AI가 생성한 이미지를 바탕으로 이야기를 만들어 봅니다.
- 3단계에서 AI는 사용자가 만든 이야기를 글쓰기 코치로서 피드백하고 글쓰기 연습을 종료합니다.
- 그리고 사용자에게 다시 글쓰기 연습을 할 것인지 묻고 사용자가 응한다면 1단계에서부터 3단계를 시작합니다.

　눈 덮인 깊은 산속에 통나무집을 짓고 나는 혼자 산다. 도시와 고립되어 마치 자연인처럼 살아간지 이제 10년이 넘어간다. 이곳에선 사계절의 변화가 뚜렷하다. 지금처럼 겨울이면 영하 30도까지 내려가고 폭설도 자주 경험하게 된다. 이곳에서 볼 수 있는 것은 가와바타 야스나리의 『설국』 첫 문장처럼 하얀 숲과 눈꽃이 핀 전나무, 검은 굴뚝에서 피어오르는 하얀 연기, 그리고 나뿐이다. 책을 읽고 하루 두 번 음식을 해먹고 오래도록 잔다. 단순하기 짝이 없는 삶이다.

이 이야기에 대해 AI는 "겨울이 되면 눈이 나뭇가지에 내려앉아 아름다운 눈꽃을 만들어 내고, 강한 바람이 불 때마다 눈송이가 흩날립니다"라고 묘사를 추가해 줬으면 좋겠다고 피드백을 줬다.

다음은 또 다른 프롬프트다. 이번에는 이미지로 감정을 떠올리고 그것을 기반으로 이야기를 만들어 보는 훈련이다. 같이 따라 해 보자.

두뇌 활동을 활발하게 만드는 글쓰기 연습을 하고 싶어요. 아래 지침대로 수행해 주세요.

[지침]
- 1단계에서 AI는 임의로 이미지를 한 장 생성하고 사용자에게 어떤 감정이 느껴지는지 물어봅니다. 3가지 이상의 감정 단어를 사용하라고 요청하세요.
- 2단계에서 사용자는 AI가 생성한 이미지와 어울리는 감정 단어 3가지를 답합니다.
- 3단계에서 AI는 사용자에게 사용자가 대답한 감정 단어 3가지와 AI가 느낀 감정 단어를 추가해서 비교해 줍니다. 그리고 사용자에게 감정 단어를 기반으로 왜 그런 감정을 느꼈는지 짧은 글을 써 보라고 요청하세요.

- 4단계에서 사용자는 짧은 글을 써서 AI에게 답합니다.
- 5단계에서 AI는 사용자의 글을 읽고 글쓰기 코치로서 피드백을 전달하고 글쓰기 연습을 종료합니다.
- 그리고 사용자에게 다시 글쓰기 연습을 할 것인지 묻고 사용자가 응한다면 1단계에서부터 5단계를 시작합니다.

평화로운 호수 끝에 선착장과 그 옆에 쓸쓸한 보트가 누군가를 기다리고 있다. 오래도록 방치된 것처럼 마치 생각에 잠긴 고대인 같다. 멀리 수평선 끝에서는 태양이 차분하게 지고, 수면은 평온하고 고요하게 흐른다. 이런 그림을 보면 마음이 참으로 차분해진다. 고요한 생각에 빠지는데 마치 명상이라도 하는 것처럼 편안해진다.

이런 방법으로 하루에 15분씩 글쓰기 훈련을 해 보자. 이미지로 명사와 동사를 연상하며 뇌의 다양한 부위를 활성화시키고 그것을 통해 이야기를 만들어 본다. 이것은 단순한 글쓰기 훈련뿐 아니라 창의력을 증진시키는 방안이기도 하다. 일상적인 주제에서 벗어나 뇌가 더 자신의 능력을 끌어올리도록 유도하는 것이다. AI와 함께하는 글쓰기 훈련은 기억력 강화와 언어 능력 향상에 도움이 되며, 감정을 표현함으로써 정서적 안정감도 높일 수 있다. 마치 뇌가 매일 아침 스트레칭을 하는 것처럼!

ARTIFICIAL 5 INTELLIGENCE

# AI와 함께
# 인생 후반전을 설계하라

# AI를 무기로 삼는 자가
## 세상의 리더가 된다

···

AI를 사용하는 사람들과 그렇지 않은 사람들이 협상 테이블에 모였다. 토론이 이어지면서 상황의 무게 중심이 한쪽으로 기울기 시작했다. AI를 활용하지 않는 이들이 마치 제대로 준비되지 않은 연주자처럼 비난을 받는 분위기가 되었다.

나는 AI를 사용하는 쪽을 적극 지지했다. 그러나 나는 단지 일개 직원일 뿐, 결정권은 전지전능한 대표에게 있다. 우리 회사는 수평적인 문화를 지향했기에, 나는 가설을 세우고 그것을 과학적인 절차에 따라 차근차근 입증하기보다는 개인적인 소신부터 대표에게 앞세웠다. 하지만 말이 통하지 않았다. 기술의 가치보다는 당장의 비용을 중시하는 대표의 태도가 불쾌했다. 마치 『레미제라블』의 자베르가 장발장을 쫓는 듯한 고집스러움이었다. 그래, 가장 효과적인 방법은 직접 보여 주며 설득하는 것이다.

"대표님 참으로 답답하십니다. 나 원 참, 말이 통하지 않으니… 화면을 똑바로 쳐다보세요. 커스텀 GPT를 시작하고 최근 5년 동안 정부에 제안했던 R&D 제안서와 기술 관련 문건들을 첨부합니다. 그리고 AI에게 관련 문서를 학습하라고 지시합니다. 수십 개의 관련 특허 문건과 신기술 관련 문건, 수백 페이지의 해외 최신 기술 자료 문서도 모두 학습시킵니다. 얼마나 방대한 용량인지 체감이 되십니까?

이렇게 학습이 끝나면, 서비스를 어떻게 구현할지 마일스톤을 구체적으로 짜달라고 요구합니다. 또한 커스텀 GPT가 새로운 사업 아이템의 목차와 본문을 작성하게 합니다. 이렇게 하면 2주 내지는 3주 소요되던 작업이 단 하루로 줄어드는 거죠. 어쩌면 숙련도에 따라서 몇 시간 이내로 줄어들 공산도 있습니다. 이렇게 생산성이 비약적으로 증가되는 일인데, AI를 쓰지 않겠습니까?"

"현실과 이상은 달라. AI가 인간처럼 창의적인 생각을 할 수 있다고 생각해? 여기 공부 많이 한 박사들이 폼으로 앉아 있는 줄 알아? 전문적인 일은 그들에게 맡기는 게 옳다고. 우린 AI를 쓰지 않고도 연평균 50% 이상의 성장률을 거듭해 왔어. 저 박사들의 머리와 영업부 직원들의 발로 뛴 결과를 보라고. 물론 AI를 무시하자는 얘기는 아냐. 다만, 시기상조라는 얘기일 뿐이야. 다른 회사들의 분위기를 살펴보면서 천천히 대응해도 되지 않겠어? 김 부장이 개인적으로 공부하는 건 반대하지 않아. 다만, 전사적으로 회사에 도입하는 건 아직 일러."

"제가 교훈이 될만한 역사를 하나 소개해 드리죠. 스페인의 프란시스코 피사로는 1,531년 남아메리카 대륙에 오합지졸과 같은 군인 168여 명을 이끌고 갑니다. 그곳에서 그는 잉카 제국의 황제인 아타우알파를 사로잡았죠. 또한 그는 잉카 제국의 8만 명의 대군을 단 168명으로 제압하는데 성공합니다. 왜 그렇게 됐는지 아십니까? 피사로가 이끄는 총과 유럽에서 가져온 병균, 그리고 강철로 무장한 무기와 같은 기술적 우위 때문이었죠. 잉카 제국의 군대는 8만 명이 넘었지만, 그들은 돌과 청동기로 무장한 원시적인 군대에 불과했어요. 약 7천 명 이상, 잉카제국의 군인이 일방적으로 학살당합니다. 피사로의 군대는 단 한 명도 전사하지 않았어요. 우리는 이 역사에서 피사로가 가진 총, 균, 쇠가 가진 의미를 이해하게 됩니다. AI가 피사로의 총, 균, 쇠와 같은 개념이 될지 누가 알아요? 어느 쪽을 선택하시겠습니까? 피사로입니까? 아니면 아타우알파입니까?"

"자, 한 가지 사례를 더 보여드리죠" 내가 한숨을 쉬며 말했다. "여기 저 똑똑한 공학박사 님들이 종이에 전개한 복잡한 수학 공식이 있습니다. 아 물론 저는 IT 전공자라 토목 분야는 잘 모릅니다. 이제 대화형 AI에게 수학 공식을 던져 보겠습니다. 박사님이 종이에 끄적거린 두 페이지짜리 공식이죠. 이 공식을 스마트폰으로 사진을 찍어서 넘겨주겠습니다."

"놀랍지 않습니까? 별다른 설명 없이도 AI는 이 공식을 이해했습니다. 우리만의 GPT로 학습한 덕분에, AI는 FFT 그래프와 전단응력을 계산하는 파이썬 코드까지 작성했습니다. 이제 이 코드를 실제로 실행해 결과를 그래프로 그려 보겠습니다. X축과 Y축의 값을 엑셀로 저장하도록 요청하겠습니다. 자, 보십시오! 토목을 모르는 제가 이 솔루션을 개발하려면 몇 주, 아니 몇 달이 걸렸을 것입니다. 이렇게 시간이 단축되면 나머지 시간에 다른 일에 시간을 더…"

대표는 시연을 보고 마치 비제의 「아를르의 여인」을 듣고 황홀해 하는 오디오 파일처럼, 먼 곳에 가 있었다. 대표가 어떤 결단을 할지는 모르겠지만 아무튼 AI가 분석해 준 결과를 신뢰할 수 있었다. 분석하는 과정과 실제 구현하는 과정을 코드로 증명했으니 의심할 만한 부분은 없었다. 심지어 관련 분야의 박사는 AI가 만든 코드를 인정까지 했다.

회의실의 분위기는 AI를 지지하는 쪽으로 기울었다. 대부분의 개발자는 박수를 치기 직전이었고 박사들까지 공감하는 눈치였다. 그렇지만 나는 나 스스로 증명한 결과를 놓고 오히려 무거운 침묵 속으로 빠져들었다. 왜일까? AI 덕분에 편리해질 것이 분명한 안락한 미래를 놓고 갑자기 불안한 감정에 휩싸이게 된 이유는 무엇일까. 그래, 그것이다. 내 자리가 위협당할 가능성이 커졌기 때문이다. 아뿔싸! 그 생각은 하지 못했던 것이다. 희망과 재앙 사이에서 고민할 때쯤 마치 햄릿이 "죽느냐 사느냐"를 외치듯 대표가 한 마디를 외쳤다.

우리는 기술을 두려워 해서는 안 됩니다. AI를 우리의 도구로 삼아, 더 나은 미래를 향해 나아가야 합니다. AI를 전사적으로 도입합시다! 오퍼레이션 팀장님은 개발자와 공학박사 몇 명을 감원하는 게 좋을지, 안을 다음주 월요일까지 작성해 오시고요" 대표는 이상한 나라의 앨리스의 체셔 고양이처럼 희죽거리는 미소를 남기고 사라졌다.

# 50대 이과 남자의
# 인문학 공부

---

50대는 인생의 황금기로 불리지만, 미래는 여전히 안갯속에 가려져 있다. 마치 커피가 존재하지 않는 아침처럼 흐릿하다. 우리는 과거를 돌아와 지금 새로운 도전의 문 앞에 서 있다. 희망과 불안, 기대와 두려움이 교차하는 이 시기, 마치 롤러코스터를 타다 추락하는 기분이다. 이 위험한 시기를 지적 성장의 전환점이자 제2의 인생을 시작하는 기회로 삼아 본다면 그것은 어려운 도전일까?

유시민 작가는 『문과 남자의 과학 공부』라는 책을 통해 그의 지적 호기심을 담아냈다. 그의 시도는 끊임없는 학습이 뇌를 젊고 활기차게 유지할 수 있다는 것을 보여 준다. 50대에게도 '불확실한 미래에 위축되지 말고, 새로운 지식의 세계로 항해를 당장 떠나라'는 메시지를 전하는 듯하다.

뇌과학에 따르면, 끊임없는 학습은 뇌의 노화를 늦출 수 있다. 그 비밀은 '신경가소성'이라는 뇌의 특성에 있다. 새로운 지식을 습득할 때마다, 우리의 뇌는 마치 미로 속에서 새로운 길을 찾는 듯이, 새로운 연결을 만든다. 50대, 60대, 그 이후에도 배움의 열정을 유지한다면, 우리의 뇌는 시간이 지날수록 풍미가 깊어지는 와인처럼 더욱 탄력 있게 진화할 수 있다.

50대에도 꾸준히 학습해야 하는 이유는 우리의 뇌가 스위스 시계처럼 아무리 정교하더라도, 태엽이 멈추면 '신경가소성' 기능이라는 부품이 녹슬기 시작하기 때문이다. 하지만 과거의 지식을 되새기는 것만으로는 충분하지 않다. 50대의 학습은 '정신적 근육'을 단련하는 트레이닝 프로그램과 같다. 새로운 학습 여정을 AI 기술과 함께 시작해 보는 것은 어떨까? 유시민 작가가 과학을 탐구하며 느꼈을 의문점을 AI와 대화를 나누며 해결해 보는 것이다.

이제 우리는 신경가소성의 원리를 활용해 천재 물리학자 리처드 파인만의 학습법을 AI 기술과 융합해 볼 차례다. AI를 학습 도구로 사용하면 독학의 한계를 벗어나 지식의 대양으로 항해할 수 있다. 자, 아래 프롬프트를 AI에게 전달하고 학습을 시작해 보자.

파인만 학습법을 통해 어떤 개념을 이해하고 싶어요. 사용자가 개념을 이해할 수 있도록 아래 지침을 수행해 주세요.

**[지침]**

1단계로 사용자는 이해하고 싶은 개념이 담긴 책의 문장과 주제를 AI에게 전달합니다.

2단계에서 AI는 사용자가 전달한 주제에 대해 마치 초등학생에게 설명하듯 재미있는 비유를 사용해서 설명합니다.

3단계에서 사용자는 AI의 설명을 학습하고 사용자가 이해한 내용을 정리해서 AI에게 전달합니다. AI는 사용자가 제대로 개념을 이해했는지 평가합니다.

4단계에서 AI는 지금까지 학습한 개념을 비유를 써서 단순하게 정리하라고 사용자에게 전달합니다.

5단계에서 사용자는 비유를 써서 개념을 단순하게 정리하고 AI에게 전달합니다.

6단계에서 AI는 사용자가 만든 단순한 비유를 피드백합니다.

7단계에서 사용자는 여전히 이해가 가지 않는 부분을 다시 AI에게 묻습니다.

8단계에서 AI는 사용자의 질문에 더 상세한 내용을 첨부해서 설명합니다.

그리고 사용자에게 다시 파인만 학습법을 계속할 것인지 묻고 사용자가 응한다면 1단계에서부터 8단계를 시작합니다.

책의 문장과 주제를 AI에게 전달하면 재미있는 비유로 개념을 설명해 준다. 예를 들어, "우리 뇌도 마찬가지야! 뇌 속에는 신경 세포라는 친구들이 있어. 이 친구들은 서로 연결되어서 이야기를 나누는데, 이걸 '시냅스'라고 해. 우리가 무언가를 공부하고 기억할 때, 이 신경세포 친구들이 서로 신나게 이야기를 나누면서 기억을 만들어"라고 AI는 우리의 요청대로 최대한 쉽고 재미있게 설명해 준다. 설명을 듣고 우리가 이해한 범위 내에서 충분히 학습하고 다시 AI에게 개념을 재차 설명한다. 1단계에서 8단계에 이르는 과정을 AI와 함께 해 보자.

다음 링크를 방문하면 파인만 학습법을 통해 진행한 학습 결과물을 볼 수 있다.

https://chatgpt.com/share/98f3a81c-2775-
4c75-a062-0182cb82fcdb

이것은 마치 AI와 Ping-Pong을 치며 탁구를 즐기는 것 같다. 게임의 손맛과 배움의 즐거움을 동시에 만끽할 수 있다니, 이 얼마나 환상적인가! 프롬프트 하나로 시작했지만 AI와 반복적으로 대화하며 개념을 쉽게 학습할 수 있었다. 전통적인 독서나 강의가 기성복 매장이라면, AI와의 학습은 맞춤 패션쇼와 같다. 놀라운 점은 AI가 당신의 두뇌와 텔레파시로 소통하듯, 이해도와 학습 속도에 맞춰 질문과 설명의 난이도를 실시간으로 조정한다는 것이다. 이는 학습 과정에서 좌절감을 최소화하고 지속적이고 효과적인 학습이라는 달콤한 열매를 맺게 해 준다.

50대의 학습은 인생에서 얻은 다채로운 경험을 새로운 지식과 융합시켜 새로운 도전을 만드는 데 최적의 시기다. 이는 마치 프랑스의 아름다운 '벨 에포크' 시대를 맞은 것 같다. 새로운 영역을 탐험하고 정복하는 과정에서 얻는 성취감은 자아 존중감을 충전해 준다. 이런 끊임없는 학습은 뇌의 신경 연결망을 더욱 촘촘하고 강인하게 재구성해 인지 능력을 날카롭게 다듬어 줄 뿐 아니라, 치매를 비롯한 각종 퇴행성 질환을 낮출 수 있다.

학습의 중요성은 누구나 알고 있지만, 실천의 문턱을 넘는 것은 다시 고등학교 시절로 돌아가는 것처럼 두렵다. 50대에 접어들면 새로운 지식을 흡수하는 것이 잔뜩 물을 머금은 스펀지에 물을 더 붓는 것처럼 버거워진다. 직장과 가정이라는 두 마리 토끼를 쫓느라 시간은 손가락 사이로 빠져나가는 모래처럼 빠르게 흘러가고, 체력은 경고음을 울리기 시작한다. 마치 숨이 턱턱 막히는 느낌과, 몸 전체가 무겁게 짓누르는 피로감을 함께 느끼는 것 같다. "이 나이에 무슨 공부냐"는 자조적인 불만이 귓가를 맴돌기도 한다. 하지만 이런 걱정은 창밖으로 던져 버리자. 연륜이 쌓일수록 우리의 뇌는 더욱 스마트한 학습의 비밀 지도를 그려 낼 수 있다(라고) 믿는다. 우리에게는 AI라는 지혜의 무기가 있지 않은가!

# 50대 인생의
# 시작노트를 쓰다

···

　한적한 카페 2층, 창가에 몸을 기댄 채 창밖을 바라본다. 세상은 폭우에 포위되어 있다. 귓가에서 울리는 매서운 빗소리와 함께, 차가운 아이스 아메리카노 유리잔의 표면에서 일어나는 매끄러운 변화에 눈길이 사로 잡힌다. 냉기가 응결되어 생긴 물방울들이 마치 생명체처럼 유리잔을 타고 내려가 코스터를 적신다. 이 여유로운 오후의 틈새로 불안 따위는 끼어들 수 없다. 그저 무심하게 앉아, 처마 끝에서 떨어지는 거센 빗방울과 유리창에 부딪혀 그리는 물결의 춤사위를 응시할 뿐이다. 시간은 차분하게 흘러가고, 비는 마치 영원할 것처럼 보인다.

　단조로운 재택근무를 깨기 위해, 때론 햇살이 오후에 기울

무렵 노트북을 품에 안고 카페로 향한다. 이곳을 찾는 이유는 단순히 카페가 집이 아니라는 사실에 있다. 익숙함의 틀에서 벗어나 새로운 공기를 마시고 싶은 욕구, 그것이 우리를 움직이게 하는 은밀한 동력이 아닐까. 당신도 가끔은 일상이라는 감옥에서 탈출하고 싶지 않은가.

인생은 마치 도서관처럼 크고 작은 기억들이 빼곡히 채워져 있다. 50대는 마지막 장을 준비하는 시기가 아닌, 새로운 책의 서문을 쓰는 시기다. 빗소리 가득한 여름날, 조용한 카페의 한구석에서 마시는 커피 한 잔은 50대라는 굴레를 잠시 잊게 해 준다. 하지만 이 순간의 도피가 현실을 영원히 망각하게 도와줄 수는 없다. 오히려 이 짧은 휴식이 불안을 더욱 선명하게 만든다. 앞으로 펼쳐질 내 인생의 다음 장은 어떤 모습일까? 나는 무엇에 마침표를 찍고, 어떤 새로운 문장을 시작해야 할까?

설문지 문항을 몇 가지 준비했다. 문항에 천천히 답하고 설문지 답변 내용과 다음 질문을 AI에게 던져 보자.

아래는 50대의 개인화된 '인생의 새로운 시작 노트'를 작성하기 위한 설문지 응답 내용입니다. 설문지 문항과 답변 내용을 분석해서 새로운 인생의 시작점을 찍기 위한 아이디어를 제안해 주세요.

## 1. 기본 정보

1.1 당신의 나이는? (만 나이로 답변해 주세요)

   ☐ 50-52세   ☐ 53-55세   ☐ 56-58세   ☐ 59세 이상

1.2 성별은?

   ☐ 남성   ☐ 여성   ☐ 기타   ☐ 답변하고 싶지 않음

1.3 현재 결혼 상태는?

   ☐ 미혼   ☐ 기혼   ☐ 이혼   ☐ 사별   ☐ 기타

1.4 자녀가 있다면, 몇 명입니까?

   ☐ 없음   ☐ 1명   ☐ 2명   ☐ 3명 이상

1.5 현재 직업 상태는?   ☐ 직장인   ☐ 자영업자   ☐ 프리랜서

   ☐ 은퇴   ☐ 주부   ☐ 기타


## 2. 인생 경험

2.1 가장 오래 종사한 직업이나 분야는 무엇인가요? (간단히 서술해 주세요)

   1997년부터 2024년 현재까지 소프트웨어 프로그래머로 재직 중.

2.2 인생에서 가장 자랑스러운 성취는 무엇인가요?

   2004년 벤처 창업경진대회에서 우수상 수상하고 벤처 창업해서 5년간 생존했던 일.

   카카오 브런치 플랫폼에서 글쓰기로 우수상 받은 일.

2.3 가장 큰 도전이나 어려움은 무엇이었나요?

회사에서 생존하는 일. 꾸준하게 쓰임새가 있는 인재로 인

정받는 일

2.4 20대 시절 꿈꾸던 미래와 현재의 모습은 얼마나 비슷한가요?

☐ 매우 비슷함   ☐ 어느 정도 비슷함   ☐ 많이 다름

☐ 완전히 다름


## 3. 가치관과 관심사

3.1 당신의 인생에서 가장 중요한 가치 세 가지를 선택해 주세요.

☐ 가족 ☐ 건강 ☐ 성공 ☐ 행복 ☐ 자유 ☐ 안정

☐ 창의성 ☐ 지식 ☐ 봉사 ☐ 우정 ☐ 기타: _____

3.2 현재 가장 관심 있는 분야는 무엇인가요? (복수 선택 가능)

☐ 건강/운동   ☐ 여행   ☐ 예술/문화   ☐ 경제/투자

☐ 사회봉사   ☐ 종교/영성   ☐ 교육   ☐ 정치/사회

☐ 기타: _____

3.3 은퇴 후 또는 앞으로의 삶에서 꼭 해보고 싶은 것이 있다면?

온 오프라인으로 글쓰기와 독서를 주제로 다양한 사람들과

소통하는 일


## 4. 세대 간 소통

4.1 자녀 세대(또는 젊은 세대)와의 소통에서 가장 어려운 점은?

☐ 가치관 차이  ☐ 대화 주제 부족  ☐ 기술/문화적 격차

☐ 시간 부족  ☐ 특별히 어려움 없음  ☐ 기타: _____

4.2 다음 세대에게 꼭 전하고 싶은 인생의 교훈이 있다면?

인생은 한 번뿐이다. 자유의지에 따라 하고 싶은 일을 꼭 찾고 그것에 최선을 다한다.

## 5. 미래에 대한 생각

5.1 앞으로의 10년을 한 단어로 표현한다면?

☐ 도전  ☐ 안정  ☐ 변화  ☐ 성장  ☐ 휴식

☐ 기타: _____

5.2 미래에 대해 가장 기대되는 것은 무엇인가요?

직장(돈)의 압박에서 벗어나 내가 원하는 일을 즐겁고 자유롭게 할 수 있는 것

5.3 미래에 대해 가장 걱정되는 것은 무엇인가요?

50대 이후에도 건강한 삶을 살 수 있을까? 100세 시대가 다가온다는데 경제적으로 풍요를 누리며 원하는 일을 꾸준하게 할 수 있을까?

## 6. '인생 시작 노트'에 대한 생각

6.1 '인생 시작 노트'를 작성하려는 주된 이유는 무엇인가요?

☐ 삶의 정리  ☐ 가족에게 메시지 전달  ☐ 자기 성찰

□ 미래 계획 수립   □ 기타: _____

6.2 '인생 시작 노트'에 꼭 담고 싶은 내용이 있다면?

후회하지 말고 지금 당장 내가 하고 싶은 일에 뛰어들자.


이에 AI는 직업과 자아 성찰을 융합하라는 아이디어를 제시했다. 그 아이디어에 가장 눈길이 끌렸다. 전문가로서 쌓아온 경험의 산맥과 50대 중년들의 관심사라는 평원을 이어 새로운 지형도를 그리는 커뮤니티 구상이 그것이다. 또한 AI는 그간의 삶에서 채집한 경험과 노하우라는 원석을 글이라는 연마기로 갈아 빛나게 하라고 제안했다. 이미 시작한 글쓰기의 여정에서 거둔 작은 수확물들을 모아 책이라는 열매로 맺으라는 조언도 들었다. 이는 이미 실천 중인 아이디어였지만, 그 씨앗을 어떻게 더 큰 숲으로 키워 낼지에 대한 영감을 얻을 수 있었다.

더불어, 내 인생의 연대기를 펼쳐 놓고 각 해의 중요한 순간들을 되짚어 보는 아이디어가 떠올랐다. 마치 오래된 나무의 나이테를 들여다보듯, 내 삶의 굵고 가는 선들을 따라가며 그 해의 주요 사건들을 짚어 보는 것이다. 여기에 그치지 않고, 개인사와 역사가 어떻게 만나고 흘러갔는지, 그 합류점을 찾아보고 싶다는 욕구가 피어났다. 이는 단순한 회고를 넘어, 내 삶과 시대의 흐름이 어떻게 얽히고설켰는지를 탐구하는 여정이 될 것이다.

아래는 인생에서 경험한 주요 사건들의 목록입니다. 2004년도의 주요 사회/역사적 사건을 찾아서 이 시대적 배경이 2004년의 저의 가치관 형성에 어떤 영향을 미쳤는지 질문해 주세요.

- 2024: 인공지능 & 인문학 책 출간 예정
- 2024: 대학교, 도서관, 문화 재단 노션 특강
- 2023: 클래스101 노션 강의 론칭
- 2023: 기업, 도서관, 문화재단, 대학교 노션 강의
- 2022: 대학교, 문화재단, 도서관 노션 강의
- 2022: 경기문화재단 노션 강의
- 2022: 노션 공식 앰버서더 선정
- 2022: MKYU 노션 정규 강의 론칭
- 2022: 「프로 일잘러의 슬기로운 노션 활용법」 출간
- 2021: 시청, 문화센터, 구청, 평생학습관 글쓰기 특강
- 2020: 『한 권으로 끝내는 노션』 공저 출간 - 베스트셀러
- 2020: 대학교 노션 및 글쓰기 특강
- 2018: 『단어를 디자인하라』 출간 및 카카오 브런치 위클리 매거진 참여
- 2017: AK플라자 문화아카데미 『치유하는 글쓰기』 강의

- 2016: 명로진 아카데미 글쓰기 인디라이터 과정 이수
- 2016: 카카오 브런치북 프로젝트 #3 『공대생의 감성 글쓰기』 금상 수상
- 2004: 벤처창업경진대회 우수상 수상 유럽 견학단 참석 및 벤처 창업

2004년은 많은 사회적 및 역사적 사건들이 있었던 해입니다. 이 시기에는 글로벌하게 보면 유럽연합의 동쪽 확장, 그리스의 올림픽 개최, 그리고 기술 부문에서는 웹 2.0의 등장이 주요 이슈였습니다. 한국에서는 디지털 멀티미디어 방송DMB 서비스 시작과 같은 기술 발전이 이루어졌고, 노무현 대통령에 대한 탄핵 소추가 국회에서 가결된 후 기각되는 정치적 이슈도 있었습니다.

이러한 배경을 고려할 때, 2004년에 벤처 창업 경진대회에서 우수상을 수상하고 벤처 창업을 한 것이 귀하의 경력에 어떤 영향을 미쳤는지 생각해 볼 수 있습니다. 그 시대적 배경이 귀하의 가치관 형성에 어떤 영향을 미쳤는지, 특히 창업과 관련하여 어떤 동기를 부여받았는지 설명해 주실 수 있을까요? 예를 들어, 당시의 기술 진보와 사회적 변화가 귀하의 창업 아이디어나 사업 방향에 어떻게 영향을 미쳤는지 구체적인 예를 들어 이야기해 주시면 좋겠습니다.

2004년의 창업 역시, 지금 50대 중반의 내가 인생의 새 장

을 열고자 하는 것처럼, 새로운 시작을 향한 갈망이었다고 생각한다. 직장이라는 울타리를 벗어나 창업이라는 미지의 바다로 뛰어든 것은, 안정이라는 족쇄에 마침표를 찍고 도전이라는 새 문장을 시작하는 용기 있는 선택이었다. 비록 그 도전이 실패로 끝나 다시 직장이라는 익숙한 땅으로 돌아왔지만, 그 또한 새로운 시작이었다. 실패와 좌절이라는 쓴 약을 삼키고 다시 일어선 그 순간, 나는 또 다른 시작점에 서 있었던 것이다.

창업의 도전이든, 직장으로의 귀환이든, 작가로서 첫 책을 세상에 내놓는 일이든, 모든 것은 단지 새로운 여정의 첫걸음에 불과하다. "이제 창업의 바다에 뛰어들 거야!", "아, 이제 다시는 사업의 폭풍우 속으로 들어가지 않을 거야", "내 이름을 단 책으로 세상과 대화를 나눌 거야", 이런 결심들은 모두 자신을 향한 굳은 약속인 셈이다. 일단 마음을 정하면, 오직 자신을 믿고 앞만 보고 달린다. 작심했다면 주저 없이 시작하고, 시작했다면 어떤 난관이 닥쳐도 중도에 포기하지 않는다. 설령 실패의 벼랑 끝에 서더라도 그 끝을 보고야 만다. 결국, 끝과 시작은 동전의 양면처럼 맞닿아 있는 것이다.

내가 제안하는 핵심은 바로 이것이다. 일단 첫 발을 내디디면, 인간은 생각보다 멀리 갈 수 있다는 사실이다. 처음에는 절대 생기지 않을 것 같던 동력도, 어느새 내면에서 솟아

나 우리를 앞으로 밀어낸다. 만약 시작의 불꽃이 약하게 느껴진다면? 그때는 AI라는 현대의 현자와 대화를 나누며 영감의 불씨를 당겨 보는 것도 좋다. 때로는 차가운 논리와의 대화가 우리 안의 뜨거운 열정을 일깨우는 법이다.

50대, 우리는 이제 인생이라는 책의 절반을 넘겼다. 하지만 이것이 끝이 아니라 새로운 시작 페이지를 꾸미는 일임을 기억하자. 지나온 날들은 단지 서문에 불과했고, 진짜 이야기는 지금부터다. 우리는 삶이라는 책에 어떤 챕터를 새롭게 쓸 것인가? 그것은 전적으로 우리의 선택이다.

# AI를 만나 공부의
# 달콤한 맛을 깨우치다

---···---

공부는 끝이 없는 탐구심의 연속이다. 한 탐구가 마무리되면, 다시 새로운 호기심이 발동한다. 그런데 20대 시절, 나는 공부란 게 싫었다. 공부를 하지 않아도 인생을 살아갈 수 있을 거라는 근거 없는 자신감에 사로잡혀 어느 순간 자신을 방치하고 말았다. 물론 공부를 안 해도 그럭저럭 먹고 살 수 있을지는 모르겠지만, 나 같은 개발자들은 직장에서 도태되기 딱이다.

'이것 참… 50대에 공부라니 난처하군'이라고 생각하며 등 떠밀려서 공부하는 것은 탐탁지 못하다. 공부는 스스로 느껴서 하는 것인데, 나는 그 깨달음을 거의 40대 중반에 이르러서야 얻게 됐다. 문제는 20대에도 그랬지만 50대가 되어도 여전히 시간이 부족하다는 사실이다. 모두에게 시간은 공평하게 24시간이 주어져 있지만, 유달리 나만 불공평한 대우를 받는 것 같다. 쉴 시간도 모자란데, 자기 계발이라는 탈을 쓴 공부라니, 차라리 한 시간이라도 더 자는 게 나을지도. 하지만 치열한 경쟁 사회에서 살아남기 위해선 이를 악물고서라도 공부를 해야만 했다.

그날 저녁, 나는 공부에 대한 고민을 하며 집 안을 서성이고 있었다. 방 안 책상 위에는 책들이 무질서하게 흩어져 있었고, 창밖에서는 가을바람이 선선하게 불어왔다. 어느 순간, 바람 소리와 쇳소리와 같은 목소리가 함께 섞여서 미세하게 밀려오다 점점 분명해졌다. "공부를 하지 않으면 기회를 놓칠 가능성이 아주 높지" 이내, 그 목소리의 주인공인 듯한 노인의 모습이 오래된 유령선처럼 내 눈앞에서 안개를 걷히며 형체를 이루기 시작했다. 그는 팔짱을 끼고 있었고, 당장 호통이라도 칠 듯한 모습으로 고개를 주억거렸다.

"50대야말로 공부하기엔 제격이지"라고 난데없이 나타난 노인이 말했다. 희미한 안개를 헤치며 나타난 노인은 "나는 무라카미의 화신이라네. 자네의 무의식 속에 잠재된 형이상학적인 존재지. 자네에게 잠시 충고를 해 주고 싶어서 나타났다네"라고 자신을 소개했다. 나는 무라카미 노인을 보고 전혀 놀라지 않았다. 그 노인은 아주 오래전부터 내 마음 깊숙한 곳에서 은둔하고 있었으니까.

"사회는 교육 수준이 높은 사람들에게 기회를 더 보장해. 공부는 불평등을 강조하지만 평등과 불평등의 운동장에서 불평등 쪽으로 기울어지지 않으려면 공부를 해야 한다고. 또한 공부를 많이 한 사람은 일반적으로 소득 수준도 높고 빈곤에 빠질 확률도 낮아져. 공부는 다양한 지식과 기술을 습득하는 쉬운 방법이야. 그런데도 공부를 안 할 거야? 엉?" 무라카미 노인이 눈을 부릅뜨고 말했다.

"자네가 공부를 좋아하지 않는다는 건 잘 알지. 그래서 20대 시절을 공허하게 흘려보냈다는 것도 잘 아네. 자네는 줄곧 직장 생활을 유지하면서도 가슴속 한가운데가 텅 빈 것 같은 삶을 살아왔어. 뭔가 새로운 분야를 배워 보겠다고 뛰어들면서도 막상 3일을 넘기지 못했지. 자넨 늘 그런 패턴이었어. 각오는 충만한데 과정도 결과도 신통치 못했지. 자네는 그게 문제란 말이야."

그래, 나는 내 문제가 어디에 있는지 정확하게 집어낼 수 있다. 하지만 문제점을 인지한다는 것과 개선한다는 건 다른 얘기다. 대다수의 평범한 사람들은 문제를 그대로 내버려 둔다. 문제가 핵폭탄이 되어 폭발할 때까지…

"제대로 공부를 해 보게"

"시간이 없는데 어떻게 하란 말입니까?" 대체 이 안개와 같은 존재와 대화를 나누는 내가 석연치 않았지만 어쩔 도리가 없었다.

"일관성 있게 공부를 해보란 말이야. 수단 방법을 가리지 말고. 이제 50대 중반이잖아. 언제까지 시간을 무의미하게 흘려보낼 텐가? 오늘도 침대에 누워 쇼츠나 보다 잠들 텐가?" 무라카미 노인이 수염을 쓰다듬으며 말했다. "자, 그런 의미에서 우리 시간의 개념에 대해서 토론이라도 나눠 보면 어떨까?"

우리는 모두 시간이라는 미로 속을 헤매고 있지만, 그 미로의 정체가 무엇인지 알려 하지 않는다. 시간? 그것은 늘 우리 옆에 도사리고 있는 게 아닌가? 시간의 의미에 대해, 시간을 고찰하며 존재 유무를 따진다는 게 공부와 무슨 상관이 있을까. 그때 무라카미 노인은 내 생각을 모두 들여다보기라도 한 것처럼 꿀밤을 한대 맥이고 다시 이야기를 시작했다.

"자, 자네 맥북을 잠시 빌려주겠나? AI의 입을 잠시 빌리기로 하지. 머리가 딱딱하게 굳은 자네를 배려하기 위해 입으로 설명하는 것보다는 이 친구의 능력을 잠시 믿어 보기로 하세" 라고 하며 노인은 AI에게 대화를 걸었다.

"나는 무라카미 노인일세, 자네는 철학과 과학 분야에 저명한 교수라고 설정하기로 하세. 내가 이야기하고 싶은 것은 철학자와 과학자들이 주장한 시간의 개념이라네. 시간이 무엇인지 철학자와 과학자의 입으로 설명해 주겠나?"라고 프롬프트를 입력하고는 검지 손가락 끝으로 콩 하고 엔터를 입력했다.

AI는 아리스토텔레스와 헤겔의 시간 이론을 설명하고 뉴턴과 아인슈타인이 정립한 시간의 개념을 설명했다. 양자역학과 철학 사이에서 시간은 더욱 미묘한 개념이 되어, 시간이 과연 일방향으로 흐르는 것이 맞는지 근본적인 의문을 제기했음을 설명했다.

"나는 중세 철학자의 아우구스티누스가 시간에 대해 고찰했다는 사실도 얼핏 들었네. 그의 시간론을 설명해 줄 수 있겠나?"라고 프롬프트를 다시 날렸다.

AI는 아우구스티누스가 자신의 저서인 『고백록』에서 시간이 무엇인지 깊이 성찰했다며, 신의 존재를 믿는 그가 시간을 어떤 태도로 바라보는지 설명했다. 시간이 무엇인지 묻지 않으면 알고 있지만, 누군가 물어보면 시간이 무엇인지 모르겠다는 유명한 말도 언급했다.

"시간을 내적 경험이라는 측면으로 바라보았다는 시각은 결국 시간이 모두에게 실재한다는 의미보다 개인에게 개별적인 개념으로 다가온다는 것인가?"라고 질문했다.

"그렇다면 그 시간은 아인슈타인의 상대성이론과 어느 정도 이론이 일치한다고 봐도 되겠군"라고 채팅을 보내고는, 내 얼굴을 보며 "철학과 과학은 서로 다른 곳에 있지만, 철학은 인간의 생각을 연구하고 과학은 그것을 물리적으로 측정하며 설명하려 노력했다는 점에서 상호보완적이야" 그러면서 무라카미 노인은 이렇게 말했다.

"공부란 게 별거인가? 공부는 마치 미로 찾기와 같아. 헤매고 헤매다 보면 어느 순간 출구가 보이는 법이지. 설사 길이 막히더라도 그 돌파구를 찾기 위한 활동을 펼치게 되는데 그 과정이 바로 공부라네. 도서관에 가서 책을 뒤적거리면서 이론을 익히는 것도, 유튜브에서 영상을 보며 실전 기술을 익히는 것도, 세상의 근본적인 원리를 익히기 위해 이렇게 AI와 진지한 대화를 펼치며 사고를 확장하고 그 결과를 사유하는 것도 공부가 아니겠나? 학문의 길은 멀고도 험난하지만, 곁에 AI라는 이름 모를 친구가 함께라면 결코 두렵지 않을 것이야. 시간은 흘러가는 강물처럼 되돌릴 순 없지만, 그 흐름에 몸을 맡기는 법을 배울 순 있어. 나는 물러가지만 이 친구를 놓고 가겠네. 그러니 시간이 없다고 불평하지 말고 열심히 공부하게! 그렇지 않나? 엉? 그럼 에헴"이라고 말하고는 무라카미 노인의 모습은 아지랑이처럼 흐려져 먼 허공으로 사라졌다.

# 50대가 다시 새로운 도전을 해야만 하는 이유

···

거의 10년 전, 40 중반쯤의 기억이다. 버스 뒷자리에 앉아 스마트폰으로 블로그 이웃의 글을 구경 중이었던 것 같다. 그러다 내 블로그에 방문했던 사이트의 목록에서 '브런치'라는 이름을 발견했다. '브런치?' 내가 아는 브런치는 아침과 점심 중간쯤에 먹는 식사가 아닌가. 궁금한 것은 절대 참지 못하는 내 성격상 브런치가 대체 뭐 하는 곳인지 구경하러 찾아갔다. 그곳은 국내에 유일한 글쓰기 플랫폼이라는 사실을 발견했다. 그곳에서 열심히 글을 쓰면 브런치 북이라는 공모전에서 수상을 해서 책을 낼 수도 있다는 점, 글 쓰는 사람을 무엇보다 작가라고 부른다는 점이 매우 매력적으로 느껴졌다.

결정하면 앞뒤 가리지 않고 무작정 뛰어드는 내 성격대로 브런치 작가 신청 버튼을 덜컥 누르고 말았다. 그리고 글을 한 편 써내라고 하기에 당시 블로그에 작성했던 니코스 카잔차키스의 '그리스인 조르바' 리뷰글을 복사 & 붙여넣기했다. 그리고 며칠을 기다리고 나니, '축하합니다!'라는 메시지를 간단하게 받으며 '브런치 작가'가 되어버린 것이다. 아마, 그때부터였던 것 같다. 20, 30대에도 없었던 결정하면 무작정 행동하는 도전의 흑역사가 시작된 것은!

50대쯤 되면 삶이 안정된 흐름으로 흘러간다고 느끼게 된다. 에메랄드빛 바다 위, 커다란 튜브 위에 등을 기대고 누워, 흘러가는 하얀 구름과 파란 하늘을 한가롭게 구경이나 하는 것이다. 더 이상 거센 파도나 집채 같은 해일은 밀려오지 않을 거라는 착각에 빠지고 만다. 고요함 뒤에 숨은 것은 평화로움이 아니라 더 이상 도전하지 않고 모험을 마다하는 나른한 일상의 연속일 뿐이다. 그래, 열심히 살아왔으니까 그에는 보상이 필요하다. 굳이 삶의 방향을 바꿔가면서까지 무리하게 도전하고 싶지는 않을 것이다. 그러니 바다 위에 누워 지내는 것도 한철 휴가 시즌뿐이다. 평생을 그렇게 흘러가듯 살 수는 없는 노릇이다. 도전이 없는 삶은 점점 더 느리게 흘러갈 것이고 그러다 어느 순간 영영 멈춰버릴지도.

이 세상에 우리는 의미 없이 태어났다. 의미를 만들어나가는 것은 우리의 몫이다. 인생의 반환점을 막 돌아선 50대에게는 애석하지만 뛰어온 만큼의 거리를 더 가야 하는 숙제가 남아 있다. 어차피 인생은 매일이 도전이고 분수령이다. 새벽에 일어나서 이부자리를 개키고 험난한 출근길을 거쳐 회사에서 일하는 것만 해도 쉬운 도전이 아니다. 그런 일들을 30년 가까이 반복해 왔다면 우리는 이미 도전에 숙달된 인간이라 할 수 있다. 하지만 그런 반복적인 일에 자신을 붙들어 두느라 오래도록 꿈꾸며 도전하고 싶었던 일을 미뤄 두었다면, 더 이상 양보할 시간은 없다.

도전하지 않으면 도태된다. 자리에 안주한다는 것은 귀찮다는 말의 다른 표현이다. 실패가 두려워 발을 떼지 못한다면 결국 긴 인생에서 아무것도 이루지 못한 채 시간만 흘려보내다, 먼 훗날 인생을 뒤돌아보며 후회만 가득할 뿐이다. 그러니 '난 아직 준비가 덜 됐어. 난 늘 운이 없어서 안 될 거야'와 같은 변명은 실패자의 전형이다. 나는 여기서 『위대한 개츠비』의 삶에 대해 이야기하고 싶다.

『위대한 개츠비』에서 개츠비는 젊은 시절의 꿈꾸던 진정한 사랑, 데이지를 차지하기 위해 전 재산을 걸고 화려한 파티를 벌였다. 하지만, 그가 진정으로 쫓은 것은 사랑이라기보단 과거의 명예 회복과 사랑을 가장한 성공의 수단에 불과했다. 데이지는 그에게 사랑이 아닌, 역설적이게도 성공의 상징, 즉 아메리칸드림이었던 것이다. 결국, 데이지는 돌아오지 않았고,

개츠비는 그 꿈을 좇다 비극적인 죽음을 맞이하고 만다.

우리도 은퇴 후, 인생의 2막을 설계하며 새로운 부를 목표로 해서 적성에도 맞지 않고 제대로 공부조차 하지 않은 일들에 무작정 뛰어들지 모른다. 그렇게 생각 없이 뛰어들다 보면, 개츠비처럼 허상만 좇다가 무너지는 결과를 맞는다. 내면에서 스스로 일어난 동기가 아닌, 외적인 성공과 사회적 지위를 좇아가다간 개츠비와 같은 결말을 맞을 수도 있다.

내적 동기와 외적 동기의 차이를 생각해 보자. 개츠비가 정말로 진정한 사랑을 좇았다면, 즉 자신의 내적 동기에서 비롯된, 그 과정 자체에서 의미 있는 사랑을 나누려 노력했다면 그의 삶은 달라졌을지도 모른다. 내적 동기는 자기가 진정으로 흥미를 느끼고, 도전 의식이나 자기만족감으로 스스로를 움직이게 만드는 것들을 말한다. 이러한 내적 동기는 결과에 상관없이 그 자체로 즐거움과 만족감을 준다. 반면, 외적 동기는 보상이나 처벌에 의해 움직인다.

개츠비가 데이지를 통해 얻고자 했던 것은 사랑이 아니라, 성공과 사회적 지위, 즉 외적 동기에서 비롯된 허상이었다. 그러므로 50대에 접어든 우리가 진정으로 도전해야 할 것은, 젊은 시절 진심으로 사랑했던 가치나 직장에 다니면서도 나머지 시간을 투자하며 몰입할 수 있는 일들이다. 실패해도 괜찮지는 않겠지만, 실패에서 얻는 경험이 다른 도전에 주춧돌이 되어 줄 테니까. 그것은 인생의 마지막 페이지에 남길 유머보다 더 값진 유산이 될 테니까.

나의 경우, 오랫동안 꿈꿔 왔던 작가가 되고 싶다는 열망이 브런치 작가에 도전하게 이끌었고 도전하자 저절로 그쪽에 에너지가 모아졌다. 직장에서는 늘 스트레스가 반복적으로 이루어졌지만, 좋아하는 일에 도전하고 심취할 수 있다는 일 자체가 삶을 더 풍성하게 만들었다. 세상이 달라진 것은 없지만 나 한 사람이 바뀜으로써 스스로 나를 다른 사람으로 만들 자신감이 생긴 것이다. 물론 브런치라는 플랫폼에서 작가가 됐다고 해서, 모든 일이 원하는 대로 성공적으로 흘러가지는 않는다. 도전이라는 관문은 계속 뛰어넘고 극복해야 했고, 그 과정에서 실패를 무수하게 경험해야 했다.

그렇지만 브런치라는 작은 날갯짓이 책을 출간하는 작가로, 브런치 북 수상 작가로, 문화센터와 도서관 강사로, 온라인 이러닝 플랫폼의 강사로, 커뮤니티의 리더로, 또한 여전히 직장에서 퇴사하지 않고도 내가 원하는 일을 주도적으로 할 수 있는 '진정한 나'를 만들어 준 것이다.

이런 이야기는 그저 작은 성공담과 실패담의 연속일 뿐이다. 하지만 작은 변화가 큰 물결을 일으킬 수도 있다는 말을 하고 싶었다. 더 늦기 전에, 나중에 시간이 흘러서 후회하기 전에 인생에 도전장을 내밀어야 한다는 사실을 강조하고 싶었을 뿐이다. 무엇이 두려운가? 혼자서 해낼 자신이 없는가? 도와주는 사람이 없는가? 경험이 없는가? 무엇에 도전해야 할지 모르겠는가? 그럴 때는 글을 쓸 때 엉망진창 초안을 써보는 것이 중요한 것처럼, 인생의 도전도 이것저것 분야에 상관없이, 소극적인 분야부터 도전해 보는 것도 좋다. 소극적이고 사소한 도전이 경험이라는 자산으로 축적되고 다음 도전 분야에서 반드시 요긴하게 활용될 것이기 때문이다. 다른 도전이더라도 도전에 임했던 우리의 자세와 각오는 달라질 수밖에 없다. 무모한 도전이 계획 있는 신중한 도전으로 변신하게 될 것이다. 그럼에도 잘 모르겠다면 AI에게 코칭을 받아보는 것도 좋겠다.

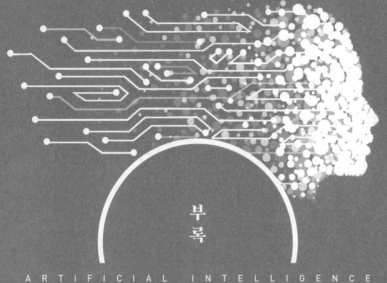

ARTIFICIAL INTELLIGENCE

# 실전 글쓰기

# 왜 작가여야
# 할까

···

아침, 거울에 비친 얼굴을 문득 바라본다. 시간은 얼굴에 생채기를 하나둘씩 새기고 있다. 머리카락 사이에서는 은빛 노화의 물결이 넘실 춤을 추는 듯하다. 50대라니, 믿기지 않는다. "누구나 이 시기를 거쳐가는 거야"라는 말은 위안이 되지 않는다. 마음은 누구보다 순수하고 어리지만 몸은 늙은이로 변해간다. 미래는커녕 내일을 생각하면 원인 모를 불안감까지 밀려온다. 남은 인생 후반전을 어떻게 보내야 할까. 앞으로 어떤 인생을 살아야 남은 의미를 발견할 수 있을까.

지금까지 이 책에서 우리는 읽고, 쓰고, 말하는(표현하기)고 것의 즐거움과 그 구체적인 방법을 AI와 함께 탐구했다. 책을 통해서 인문학이라는 세상을 다시 만났고, 글을 통해 자신의 생각과 감정을 어떻게 표현할지 다양한 방법을 체험했다. 이제는 그 경험 속에 나만의 색깔을 더해 보는 것은 어떨까? 남의 글을 읽는 독자가 아닌, 자신의 이야기를 세상에 직접 전하는 작가로서의 삶을 시작해 보는 것이다.

니체는 말했다. "한 번도 춤추지 않은 날은 잃어버린 날이다"라고. 우리는 지난 50년의 인생에서 얼마나 즐겁고 행복하게 춤을 추며 나만의 스텝을 밟아왔을까. 만약 인문학과 글쓰기가 인생의 진정한 춤이라면 우리는 얼마나 경직된 채 즐거움을 잊고 살아 왔는가. 부드러운 리듬을 타며 단어를 재즈처럼 엮어 가고, 문장 속에 자신의 영혼을 담는 과정은 달빛에 기대며 리드미컬하게 스텝을 밟는 춤사위가 아닌가. 그리고 그 춤은 우리가 세상과 만나고 사랑하게 해줄 게 아닌가.

물론 작가가 된다는 것은 조금은 생소하고 거창하게 느껴진다. 아무나 책을 낼 수는 없다고 하니까. 하지만 생각해 보면, 우리는 이미 삶의 작가가 아니었나. 자기만의 정체성을 찾아서 거기에 열정을 다하는 일이야말로 바로 작가를 의미하는 게 아닐까. 일기장에 적은 일상의 소소한 이야기, 친구에게 보낸 진심 어린 편지, 책을 읽고 감동받은 생각을 담담하게 적어가는 블로그 글, 가족과 나눈 따뜻한 대화 모두가 우리의 작품이다. 이제 그 작품을 조금 더 넓은 세상과 공유해 보는 것은 어떨까?

헤르만 헤세는 "여행은 곧 자기 자신을 발견하는 것이다"라고 했다. 글쓰기도 마찬가지다. 글쓰기는 내면으로 여행하는 일이니까. 글을 쓰는 과정에서 우리는 미처 알지 못했던 자신의 숨겨진 내면을 마주하게 된다. 그리고 그 발견은 우리에게 새로운 시각과 깨달음을 선사한다. 이보다 더 흥미진진한 탐험이 또 있을까?

또한, AI와의 협력은 이 모험을 더욱 다채롭게 만들어 준다. 기술의 힘을 빌려 더 풍부한 표현과 창의적인 아이디어를 구현할 수 있다. 마치 50대가 되어 피아노를 다시 배우는 것처럼, 처음엔 의식적인 노력이 필요하겠지만 어떤 관문을 스스로 넘어설 수 있다면 우리는 무궁무진한 가능성을 스스로 열 수 있다. 무엇을 연주할지는 전적으로 우리의 몫이다.

"하지만 나는 특별한 이야기가 없는데?"라고 생각할 수 있다. 그러나 가장 평범한 이야기가 가장 깊은 울림을 줄 때가 많다. 울림이란 삶의 공통적인 부분들을 나만의 색채로 우려내는 데서 나온다. 우리의 삶은 그 자체로 한 편의 소설이 아닌가. 기쁨과 슬픔, 성공과 실패, 사랑과 이별의 순간들이 모여 하나의 독특한 이야기를 만들어 낸다. 그리고 그 이야기는 누군가에게 큰 영감을 줄 수 있다.

이제 남은 인생을 어떻게 살아갈지 고민하고 있다면, 작가로서의 삶을 한 번 도전해 보는 것은 어떨까? 에세이를 통해 자신의 생각을 정리하고, 실용서를 써서 자신의 전문 지식을 공유하며, 비즈니스 계획서를 작성해 새로운 사업을 시작할 수도 있다. 전자책을 직접 출판해 전 세계의 독자들과 만나는 것도 가능하다. 중요한 것은 우리가 자신의 이야기를 세상에 전하기 시작한다는 것이다.

작가가 되는 것은 특별한 자격이나 조건이 필요한 것이 아니다. 필요한 것은 마음속에 있는 이야기를 세상에 전하고자 하는 열정과 첫 문장을 쓰는 용기뿐이다.

그러니 오늘은 펜을, 아니 키보드에 뭔가를 두들겨 보자. 마음속 깊이 잠들어 있던 생각들과 감정들을 단어로 풀어내며, 새로운 인생의 장을 써 내려가는 것이다. 그 과정에서 우리는 예상치 못했던 놀라운 자신을 만나게 될지도 모른다.

이제 우리에게는 새로운 노가 있다. 그것은 바로 글쓰기와 AI다. 바람이 불든 불지 않든, 우리는 스스로의 힘으로, 만약 모자란다면 AI와 함께 앞으로 나아가면 된다. 그리고 그 항해는 우리의 인생을 더욱 빛나게 만들어 줄 것이다.

우리가 써 내려갈 이야기는 아직 시작되지 않았다. 하지만 그 첫 문장은 지금 이 순간부터 시작된다. 커피 한 잔과 함께 카페에서, 또는 바흐의 클래식을 배경으로, 마음속에 떠오르는 생각들을 자유롭게 적어 보자. 그 순간, 새로운 모험이 우리를 기다리고 있을 것이다.

# 내 이야기로
# 에세이 힙스터 되기

───────── ... ─────────

에세이를 쓰고 싶다. 너무나 격렬하게 그리고 치열하게 에세이 쓰는 것에 도전해 보고 싶다. 그래, 대형서점 매대를 가득 메운 에세이들을 바라보며, 나도 저들과 어깨를 나란히 할 수 있다는 자신감이 솟구친다. 하지만 막상 화면을 보며 키보드를 두드리려니, 에세이가 안갯속에 숨어 있는 것처럼 좀체 잡히지 않는다. 정체를 알아야 건져올리기라도 해 볼 게 아닌가. 게다가 에세이를 쓰는 건 아무나 하는 건 아닌가 보다. 에세이는 작가가 되어야 가능한 것 같은데, 나도 작가가 될 수 있으려나.

이런 고민에 빠진 나는 결국 AI에게 도움을 청하기로 했다. "에세이가 무엇이고 어떻게 시작할지 감을 못 잡겠어요. 어떻게 에세이를 쓰면 좋을까요?"라고 간곡하게 물었다.

　AI는 특정 주제에 관한 자신의 생각을 논리적으로 풀어나가는 것이 에세이라고 대답했다. 에세이는 독자에게 자신의 입장을 전달하고 그 근거를 제시한다. AI는 주제를 선택하는 것이 중요한데, 자신의 관심사나 잘 알고 있는 분야를 추천했다. 그리고 주제가 정해졌다면 자유롭게 자신의 의견을 적어볼 것을 추천했다. 일단 초안을 빠르게 작성해 놓고 수정하며 글을 완성해 나가는 것이다. AI의 조언을 들으며, 나는 에세이에 대한 새로운 시각을 얻었다. 하지만 동시에 의문이 든 것도 사실이었다. '과연 이렇게 논리적인 접근만으로 좋은 에세이를 쓸 수 있을까? 에세이란 진정성이 중요한 게 아닌가? 내가 누구인지 다 까발려야 하나?'

　에세이는 나의 가냘픈 손가락 10개가 맡는다. 키보드를 두드리다 보면, 손가락 끝에서 검은 잉크가 흘러나와 화면에 찍히는 듯한 착각에 빠진다. 그런 기묘한 상상을 하다 보면, 잉크가 기억을 부르고 기억은 그 속에 담긴 감정과 사색의 개화를 이끌어 낸다. 에세이는 이런 몽상에 빠져 쓰면 되는 것이다. 음, 정말 그럴까? 이 생각을 AI에게 전하며 물었다.


　관심사라면 개인의 경험을 담으면 될까요? 단순하게 경험만 나열하면 일기와 다를 게 없을 것 같아요.

AI는 경험을 단순하게 서술할 것이 아니라 경험으로 무엇을 배웠고 어떤 통찰을 얻었는지 강조하라고 말했다. 그리고 교훈이 에세이의 중심 논지를 뒷받침해야 한다고 강조했다. AI의 답변을 듣고, 나는 다시 한번 고민에 빠졌다. 그리고 AI에게 다시 의견을 전했다.

경험에서 무엇을 배웠는지 서술하라는 의미는 잘 알겠어요. 그런데 그런 스타일의 에세이는 오히려 자기 계발에 훨씬 가깝다는 생각이 들어요. 에세이란 모름지기 독자의 잔잔한 마음에 파문을 던지는 시도가 아닐까 싶어요. 요즘은 교훈적으로 글을 쓰면 오히려 공감을 받지 못해요. 독자에게 정서적인 울림을 줄 수 있는 글이 에세이가 아닐까요?

나름 AI에게 충고를 해 봤다. AI가 전달하는 내용을 받아먹는 것은 독이 든 사과를 넙죽 받아먹는 것과 다름없다. 이럴 때야말로 비판적인 태도가 필요하다. 에세이의 쥐뿔도 모르는 나는 "교훈적인 글은 싫어요"라고 AI에게 소심하게 저항해 봤다. 교훈이 싫다는 게 아니라 교훈이라는 메시지가 주가 되는 글이 싫다는 거다. 그 순간, 마치 초등학교 운동장의 작열하는 태양 아래 위태롭게 서 있던 나와 마주쳤다. 교장 선생님의 끝없는 훈화, 그러니까 교훈이 끝없이 이어지던 악몽과 같은 1시간이 머릿속을 어지럽힌다. "나더러 그런 훈시 같은 글을 쓰라고? 절대 안 돼!"

AI는 현명한 스승처럼 한 발짝 뒤로 물러섰다. "에세이에는 다양한 스타일이 존재합니다"라고. "변명이냐 뭐냐! 사람이, 아니 AI면 한결같아야지. 비겁하게 인간의 한 마디에 승복하고 말다니." AI는 문학적 에세이는 독자에게 정서적으로 울림을 준다고 말했다. 삶의 작은 순간들을 포착하고 그 순간에서 자신만의 고유한 자기성찰이나 감정을 찾아내서 전달하는 게 핵심이라고 말했다. 그것은 삶의 사소한 경험에서 출발한다. 특별하지 않아도 독창적이며 특별한 것으로 변화시켜 전달하는 것이 에세이스트에게 달려 있는 것이다.

AI의 답변은 나의 마음을 조금이나마 움찔하게 만들었다. 에세이의 본질에 한 걸음 더 다가간 느낌이 들었다. 그러나 너무 막연했다. 그래서 더 구체적인 조언을 구했다. AI는 정서적인 에세이를 쓰기 위해 어떤 감정을 느꼈는지, 그리고 느낀 감정을 자연의 묘사와 은유적인 표현으로 전달하라고 말하며, "겨울 아침, 차가운 공기를 마실 때면 그 어느 때보다도 나 자신이 살아있다고 느껴졌다" 이런 문장을 구사하라고 충고해 줬다. 또한 개인적인 에피소드일지라도 거기에 보편적인 감정이 담겨 있다면 많은 독자에게 감동을 전할 수 있다고 말했다. 보편적인 감동이 무엇인지 알쏭달쏭 한 나는 AI에게 다음과 같은 주문을 던져 봤다.

문학적 에세이가 정서적인 감동을 전달해야 한다는 측면은 잘 이해했어요. 그러면 문학적 에세이를 쓰기 위해 나는 어떤 노력을 해야 할까요? 모방할 만한 대한민국의 유명한 작품을 소개해 주세요. 그리고 묘사와 서술을 통해 은유적으로 표현하는 문학적 에세이의 샘플을 짧게 두 문단으로 보여 주세요.

AI는 이 질문에 대해 상세한 답변을 제공했다. 그 답변을 듣고, 나는 에세이에 대한 이해를 한층 더 깊이 할 수 있었다. AI의 대답과 문학적 에세이의 샘플을 살펴보자. 묘사와 은유, 그리고 오감을 사용한 표현이 중요하다는 사실을 확인할 수 있다. 그리고 우리가 부탁한 문학적 에세이 두 문단을 확인해 보자. 눈을 감고 AI가 묘사한 장면을 머릿속에 그려 보자.

문학적 에세이를 쓰기 위해서는 감정을 섬세하게 표현하고, 일상적인 경험이나 생각을 예술적으로 승화시키는 능력을 기르는 것이 중요합니다. 이를 위해선 감각적인 묘사, 상징적인 표현, 은유적 서술이 필수적입니다. 또한 글을 읽는 독자가 감정적으로 깊이 공감할 수 있도록 감정의 결을 잘 살려내는 연습을 해야 합니다.
겨울의 새벽은 어둠이 제일 깊은 시각에 가장 차갑다. 나는 그 시간의 고요 속에서 커다란 창문 너머로 한없이 내리는 눈송이를 바라본다. 바람 한 점 없이 천천히 가라앉는 눈송이들은 마치 그들만의 춤을 추듯이 흩어진다. 눈송이 하나가 나뭇가지에 닿자마자 순간적으로 사라지는 모습을 보며, 그 눈송이가 내 지난 감정들이 쌓이고 사라지는 모습을 닮았다고 생각한다. 저 나뭇가지처럼, 나는 계속해서 사라지는 기억과 감정들을 받아들이고, 그 속에서 어쩔 수 없는 무력감을 느낀다. - AI의 묘사

그러나 사라지는 것이 슬픔만을 뜻하는 것은 아니다. 사라질 때마다 나의 마음에는 또 다른 감정의 자리가 생기고, 그 공간은 새로운 경험으로 채워진다. 결국, 사라짐도 하나의 과정일 뿐, 완전한 끝이 아니라는 생각이 들었다. 나는 눈송이가 녹아 없어지는 동안에도 그 물방울이 대지를 적시는 모습을 상상하며, 그 작은 흔적들이 모여 나무에게 새로운 생명력을 줄 것이라 믿고 싶었다. 내 안의 감정들도 그러할 것이다.

에세이는 나만의 경험을 주재료로 삼지만 독자가 공감할 수 있는 보편적인 주제를 선정해야 한다. 에세이는 전적으로 자신의 이야기로 편집된다. 그 사람이 인생에서 경험한 어떤 독보적인 것들과 그 경험에서 얻은 생각, 가장 결정적인 것은 경험에 담긴 온갖 모양의 감정들이다. 그런 면에서 에세이는 일기와 닮아 있다. 그런데 일기와 에세이가 두드러지게 다른

점, 또한 인간의 글과 AI의 글이 명확하게 갈리는 점은 바로 감정의 사용이다. 내 경험에 담겨 있는 그 순간의 살아 숨 쉬는 감정을 다시 글에 각인하는 과정이 에세이인 것이다.

다시 말하지만 일기는 경험의 서사다. 일상의 경험이 주요 소재가 된다. 하루 동안 어떤 사람을 만나 어떤 일을 함께 했는지, 그것을 다룬다. 하지만 에세이는 경험에 느낌을 추가해서, 그러니까 감정의 서사가 핵심이다. 감정은 해와 사나이의 우화에서 사나이의 외투를 스스로 벗도록 만드는 일이다. 누군가에게 다가서려면 때론 논리보다 마음을 흔드는 일이 훨씬 중요하다. 잘 쓴 에세이는 음악을 듣거나 그림을 보는 것처럼 독자의 마음을 움직인다고 하니, 에세이 쉽게 볼 일이 아니다. 그렇다고 너무 어렵게 생각하면 시작하지도 못하니 일단 뛰어 들어서 그 맛을 한번 느끼도록 하자.

에세이에는 저자의 고유한 사상이나 생각이 포함되기도 한다. 마치 기록물처럼 시간을 순서로 사건이 단순하게 나열되는 게 아니라 사건에서 얻은 저자의 깨달음이나 생각이 반드시 독자에게 공유되어야 한다. 저자의 생각이 독자와 정서적으로 일치될 때, 그 책은 저자 개인에서 보편적인 형태로 바뀌게 된다. 물론 그렇게 되려면 꾸준한 반복이 필수다. 매일 일기를 쓰며 일상적인 경험을 꾸준히 기록하라고 충고해 준 '노션 AI'의 조언이 뇌리를 스친다. 일기지만 반복하다 보면 나도 모르게 에세이로 변신할지도 모를 일이 아닌가.

　그러나 에세이가 무엇이든, AI가 어떻게 쓰라고 충고한들, 감정이 있든 없든, 이렇게 에세이가 무엇인지 깊이 있는 고찰을 거치는 것이 인간으로서의 책임이라는 사실을 깨닫는다. 치열하게 글을 작성하고 나서 차근차근 문장에 심취해서 다시 문장을 고치는 일이야말로 이 세상에서 가장 멋지고 숭고한 일이 아닐까. AI가 아니라 인간을 감동시키는 막중한 일이니까. 누가 뭐라고 하든.

# 다른 사람에게
# 유용한 실용서 쓰기

···

   당신은 오크통이다. 위스키를 숙성시키는 참나무로 만든 통 말이다. 그 통을 자세히 관찰해 보자. 옅은 갈색 나뭇결 사이로 시간의 흔적이 깊게 새겨져 있다. 이건 당신을 술주정뱅이 취급하는 게 아니다. 50년 넘게 쌓아온 삶의 경험이 오크통 속의 위스키처럼 깊은 맛을 내고 있다는 뜻이다. 뚜껑을 열면 진한 향나무와 바닐라 향이 은은하게 퍼진다. 이 책은 주로 50대를 위해 쓰였다. 하지만 40대, 30대도 읽으면 좋을 거다. 인생의 전환점에서 고민하는 모든 이에게 도움이 될 테니까. 그리고 혹시 아는가? 오크통에 담긴 위스키를 마시고 지혜에 취한 20대가 "아저씨, 제 인생 멘토가 되어 주세요!"라고 달려들지.

아무튼 당신이 50대라면 아마도 그동안 쌓아온 지식과 인생의 경험들은 오래된 오크통에서 숙성된 위스키 원액처럼 깊은 향과 복합적인 풍미를 낼 거라 짐작한다. 이렇게 농축된 삶의 진수를 어떻게 해야 할까? 그냥 그 상태 그대로 오크통 속에 내버려 둘까. 아니면 세상과 나눌까? 은퇴하면 이 귀중한 지식들은 어디로 갈까. 그냥 머릿속에 오래된 기억으로 남겨 둬야 할까.

숙성된 경험, 즉 당신의 전문성은 널리 사람들을 이롭게 만들 수 있다. 아까운 전문성을 사장시키지 말고 책으로 만들어 보자. 많은 사람의 삶을 극적으로 변화시킬지도 모른다. 실용서는 인생에서 당신이 얻어낸 지혜다. 그 지혜는 당신의 경력으로 이미 증명됐다. 지혜를 활자의 형태로 응축한 게 바로 실용서다. 실용서는 단순히 어떤 기술이나 정보를 나열한 책이 아니다. 당신의 인생이 담긴 것이 실용서다.

이런 맥락에서 헤르만 헤세의 소설 『데미안』을 떠올려 보자. 주인공 싱클레어가 자아를 찾아가는 여정은 우리가 지식과 경험을 축적하고 그것을 다른 이들과 나누는 과정과 닮아 있다. 다른 사람을 돕다 보면 저절로 자신을 알게 되는 진기한 경험을 하게 될지도 모른다. 헤세는 "진정으로 찾는 자만이 찾을 수 있다"라고 말했다. 우리의 삶에서 얻은 지혜를 책으로 만드는 과정 역시 자아를 찾아가는 여정이 될 수 있다.

그리고 그 과정에서 우리는 다른 이들의 삶에 빛이 되어 줄 수 있다. 그럼에도 감이 잡히지 않는다면 AI에게 실용서의 개념과 주제 선정에 대해 물어보자.

실용서를 써 보고 싶은데, 개념적으로 잘 와닿지 않아요. 실용서의 개념과 어떻게 주제를 선정하면 좋은지 조언해 주세요.

AI의 대답을 요약하면 이렇다. 실용서는 독자의 문제점을 해결해 주는 책이다. 혹은 기술을 습득하도록 돕는 게 목적이다. 이론보다는 실생활에 바로 적용할 수 있는 실전 기술이나 방법을 제시하는 게 특징이다. 예를 들어, 자기 계발, 시간관리, 건강관리, 재테크가 대상이 될 수 있다. 바로 실천할 수 있는 구체적인 절차여야 하며, 독자가 책을 읽고 연습하면 전문가가 되도록 돕는다. 물론, '하루 만에 월 천만 원 버는 법'이나 '잠자면서 살 빼는 방법' 같은 건 쓰지 말자. 그건 실용서가 아니라 사기니까.

실용서의 주제를 선정하려면 자신이 경험한 분야가 주요 소재가 된다. 그래야 신뢰성 있는 정보를 제공할 수 있다. 물론 관심 있는 분야를 직접 공부해서 전달하는 방법도 있지만 오랫동안 몸담은 분야, 이왕이면 내 직무와 관련 있는 분야가 적당하다. 내 전문성과 독자의 호기심과 삶의 문제가 일치한다면 가장 좋은 효율을 낼 수 있다. 이번에는 조금 더 구체적으로 질문을 던져 보자. 내 정보와 관심사를 살짝 언질을 주고 더 자세한 정보를 얻어 보자.

나는 노션 앰버서더로서 온 오프라인에서 강사 활동을 하고 있고 5년 넘게 노션을 삶에 적용하고 있어요. 노션으로 가계부나, 다이어트 다이어리, 제텔카스텐, 프로젝트 관리 등을 템플릿으로 제작하는 걸 좋아해요. 이런 노하우나 전문성을 실용서로 제작하고 싶은데 어떻게 해야 할까요?

AI의 대답을 요약하자면, 먼저 내 질문에 긍정적인 자세로 답변해 줬다. 더 구체적으로 내 관심 사항에 대해 세부 주제를 제안하고 구체적인 독자의 타깃 설정을 추천했다. 독자가 원하는 건 노션을 쉽게 이해할 수 있는 내용의 구성과 일상에 바로 적용할 수 있는 템플릿의 제작이라고 했다. 그리고 실용서의 목차까지 예시를 보여 줬다.

또한 실용서의 핵심인 실제 예시를 통해 독자의 이해를 높일 것을 강조했다. 바로 가져가서 쓸 수 있는 형태의 수준 높은 템플릿의 제작도 강조했다. 보여 주는 것에 그칠 게 아니라 자신의 삶에 적용할 수 있는 지침을 만들라고 제안했다. 그리고 실용서의 톤은 간결하게 기능 위주로 설명할 것을 제안했고 나아가 출판을 하게 될 때 필요한 마케팅 전략과 전자책 형식으로 먼저 출판할 것을 추천했다.

마지막으로 이런 질문을 던져봤다.

실용서를 제작하려면 어떤 툴을 사용해서 편집하는 게 좋을까요? 전자책 제작 툴과 플랫폼을 추천해 주세요. 그리고 노션을 주제로 전자책을 쓴다면 내가 앞서 언급한 주제 외에 은퇴를 앞둔 50대를 위한 실용적인 주제를 추가적으로 제안해 주세요.

AI의 대답은 놀라웠다. 평상시 내가 원고 편집을 위해 사용하던 스크리브너를 추천해 준 것이다. 스크리브너의 장점과 특징을 간략하게 요약해 줬다. 또한 편집자와 온라인으로 소통하기 위한 구글 독스도 추천해 줬다. 아마도 AI는 작가에게 무엇이 필요한지 정확하게 알고 있는 듯하다. 거기다 노션 추천까지 말해 무엇하랴!

편집 툴 또한 중요하다. 실용서는 텍스트뿐 아니라 사용법이나 제작법이 포함되기 때문에 이미지를 필수적으로 사용하게 된다. 이미지는 단순한 스크린 샷이 아니다. 텍스트와 더불어 상호작용하는 게 이미지 자료다. 여기에 디자인적인 기능이 굉장히 중요해진다. 사용하기도 쉽고 디자인 기능도 뛰어나야 하는데, 내가 즐겨 쓰는 캔바까지 언급해 줬다. 아쉬운 건 전자책 플랫폼인데 그건 한국 실태를 정확히 이해하지 못한 AI의 한계 탓이리라. 그 부분은 적당한 AI 플랫폼을 통해서 추가적으로 보완하면 될 것 같다.

　마지막으로 내가 생각하지 못했던 추가적인 아이디어도 AI가 제안해 줬다. 그걸 보면서 문득 이런 생각이 들었다. AI의 제안, 내 아이디어, 50년 동안 쌓아온 경험…. 이 모든 게 오크통 속 위스키처럼 섞여 무언가를 만들어 낼 거라는 확신. 어떤 맛이 될지는 모른다. 하지만 그게 뭐 어때서? 우리는 그저 경험을 모아 위스키를 만들면 그뿐이다. 그걸 마시고 어떤 기분이 들지는 독자의 몫이다. 자, 이제 오크통 뚜껑을 슬슬 열어 볼까? 당신의 인생이 증류된 위스키, 어떤 맛일지 궁금하지 않나?

# 비즈니스 사업계획서로
# 인생을 바꾸기

...

산울림의 「내 마음에 주단을 깔고」라는 아주 오래된 명곡이 있다. 이 곡의 특징은 반주만 3분이 넘도록 진행된다는 사실이다. 단순한 멜로디 위에 기타 연주가 반복되며 그 단조로움 속에서 나는 묘한 분위기에 빠져들고는 했다. 무려 초등학교 1학년의 기억이다.

인생은 짧지만 노래는 영원하다. 인생이라는 노래에는 전주 없이 멜로디만 끝없이 반복된다. 어제와 오늘은 같지만 다르다. 삶은 니체의 영원회귀 사상처럼 영원히 반복되지만 반드시 결말이 찾아온다. 삶은 그러니까 「내 마음에 주단을 깔고」와도 같다. 전주가 너무 길어 절대 버스Verse가 오지 않을 것 같다. 그래서 전주만 느긋하게 즐기다, 느닷없이 치고 들어오는 버스에 놀라기도 한다. 만약 삶이 전주에서 멈춰 버린다면 어떻게 될까? 50대를 지나도록 아직 전주에서 벗어나지 못했다면 남은 인생은 어디에서 우리를 기다리고 있을까. 전주를 넘어서기 위해 우리가 할 수 있는 일은 과연 무엇일까.

답은 예상보다 간단할 수 있다. 초등학교 1학년 때, 나는 「내 마음에 주단을 깔고」를 레코드판으로 들었다. 전주의 묘한 매력에 빠져들다 보니 내 생각을 읽기라도 한 듯 레코드 바늘이 계속 전주에서 맴돌고 있었다. 「인셉션」의 팽이처럼… 어느 날 그 세계에서 나는 탈출하고 싶었다. 익숙한 즐거움과, 관성적인 게으름의 전주로부터 탈출하기 위해, 나는 레코드판을 간단하게 뒤집어 버렸다.

오늘은 '사업'을 주제로 이야기하고 싶다. 그래서 「내 마음에 주단을 깔고」를 인생에 비유했다. 사업은 레코드판을 뒤집는 것, 즉 삶의 지루한 습관을 뒤집는 승부수와 같다. 마치 침대에서 겨우 일어나 이불을 힘겹게 걷어차는 것처럼 말이다. 갇혀 있던 틀에서 벗어나는 것이 사업이다. 사업에 필요한 것은 무엇일까? 우선 사업 아이템이 필요하고, 이를 뒷받침할 실행력, 자금력, 인력, 시장 분석, 기술 분석, 마케팅 전략 등이 필요하다. 이 모든 요소를 집약한 것이 바로 사업계획서다. 즉, 사업을 하려면 체계적으로 정리된 사업계획서가 필요하다. 물론, 사업 아이템도 없이 AI에게 "나 사업하고 싶어요"

라고 말하는 사람은 없을 것이다.

이런 황당한 질문에도 AI는 친절하게 가이드를 제공한다. 아이디어를 구체화하고, 사업 계획에 필요한 재무 계획을 마련하고, 함께할 팀을 구성하라고 그럴듯한 조언을 해 준다. 하지만 이만으로는 부족하다. 내가 누구인지 전혀 AI에게 보여 주지 못했기 때문이다. 내가 누구인지, 어떤 경력을 가지고 있는지, 어떤 분야에서 전문성을 갖추고 있는지 모르는 AI는 평범한 답을 제시할 수밖에 없다. 그래서 나는 다음과 같은 설문을 준비했다. 각자의 현실에 맞게 사업 계획의 내용을 충실하게 채우고 AI에게 다시 질문해 보자.

아래 설문의 답변에 따라 사업계획서를 작성하고 싶어요. 설문을 읽고 '사업 개요' > '사업 추진 필요성' > '시장 분석 및 전략' > '업 추진 체계' > '기술 개발 목표 및 내용' > '사업 수행 역량' > '사업 목표 및 추진 계획' 순으로 사업계획서를 작성하는데 단계적으로 접근해 주세요.

**사업 주제 : 인공지능 API 기반 식품 영양 정보 제공 서비스**

- 사업 아이템: 사용자가 음식을 촬영하면 AI가 자동으로 음식을 인식하고 해당 음식의 영양 정보(칼로리, 탄수화물, 단백질, 지방 등)를 제공하는 서비스

① 사업계획서의 주된 목적은 무엇인가요?

- 답변: 사용자가 섭취하는 음식의 영양 정보를 간편하게 파악할 수 있도록 하여 건강한 식습관을 유지할 수 있도록 돕는 것입니다. 이를 통해 식습관 개선을 목표로 하며, 음식의 사진 인식 기능을 통해 편리한 사용자 경험을 제공합니다.

② 대화형 AI가 해결해야 할 주요 문제나 과제는 무엇인가요?

- 답변: 사용자가 음식을 쉽게 식별하고 정확한 영양 정보를 얻는 데 어려움을 겪는 문제를 해결하고자 합니다. 특히 다양한 음식 사진을 정확하게 인식하고 그에 맞는 영양 정보를 제공하는 것이 과제입니다.

③ 대화형 AI가 어떤 분야(예: 의료, 금융, 교육 등)에 활용되기를 원하시나요?

- 답변: 건강 관리 및 식품 산업 분야에 활용되기를 원합니다. 특히 개인화된 식습관 개선 프로그램, 식단 관리 서비스, 피트니스 애플리케이션과 같은 분야에 도입할 수 있습니다.

④ AI 시스템이 어떤 방식으로 사용되기를 기대하나요? (예: 텍스트 채팅, 음성 인식, 다중 언어 지원 등)

- 답변: 사진 인식 기능을 중심으로 한 텍스트 기반 응답 서비스를 기대합니다. 사용자가 앱이나 웹사이트에서 음식 사진을 업로드하면 자동으로 음식 이름과 해당 영양 정보를 텍스트로 제공하는 방식입니다. 챗GPT API를 사용합니다.

⑤ 대화형 AI가 가져올 주요 성과나 결과는 무엇이 되어야 하나요?

- 답변: AI를 통해 사용자들이 더 쉽게 자신이 섭취하는 음식의 영양소를 추적하고, 이를 기반으로 건강을 관리할 수 있는 도구를 제공하는 것이 주된 성과입니다. 이를 통해 사용자 참여율과 만족도를 높이고, 식품 관련 데이터를 활용한 새로운 비즈니스 기회를 창출할 것입니다.

⑥ AI 시스템을 통해 어느 정도의 자동화 수준을 기대하시나요?

- 답변: 완전 자동화를 기대합니다. 사용자가 직접 음식 정보를 입력할 필요 없이 AI가 자동으로 음식을 인식하고 영양 정보를 제공합니다. 또한, 사용자의 식습관 기록을 자동으로 분석해 맞춤형 피드백을 제공하는 기능도 포함됩니다.

⑦ AI 시스템이 처리할 예상 대화량은 어느 정도인가요?

- 답변: 하루 평균 5,000건 이상의 음식 사진 처리 및 영양 정보 제공을 예상하고 있습니다. 초기 단계에서는 주요 사용자 그룹으로 피트니스 애호가와 건강 관리 앱 사용자를 대상으로 하며, 추후 일반 소비자층으로 확장할 예정입니다.

⑧ AI가 처리할 데이터의 유형과 양은 어느 정도인가요?

- 답변: AI는 주로 이미지 데이터를 처리하며, 매일 수천 건의 음식 사진을 분석합니다. 또한, 음식별 영양 정보 데이터베이스와 연결되어 각 음식에 대한 영양 정보를 제공합니다. 예상 데이터 용량은 매월 수십 기가바이트에 달할 것입니다.

⑨ 대화형 AI의 응답 정확도 및 속도에 대한 기대치는 어느 정도인가요?

- 답변: 음식 인식 정확도는 최소 90% 이상을 기대하며, 영양 정보 제공 속도는 사진 업로드 후 3초 이내로 실시간 응답을 목표로 하고 있습니다. 빠르고 정확한 정보 제공이 사용자 만족에 중요한 요소가 될 것입니다.

⑩ AI 도입 후 측정할 주요 성과 지표KPI는 무엇인가요?

- 답변: AI 도입 후 주요 성과 지표는 사용자 유지율, 음식 인식 정확도, 일일 활성 사용자 수DAU, 서비스 응답 시간, 그리고 사용자 피드백을 바탕으로 한 만족도 평가 등이 될 것입니다.

이렇게 질문하면 AI는 설문을 분석해 요청한 목차의 순서대로 간략한 내용을 작성해 준다. 그러나 그 내용을 그대로 사업계획서에 담기에는 부족하거나 진부할 수 있다. 그래서 나는 각 목차별로 내용을 작성해 달라고 요청하기보다는, 중요한 키워드와 세부 목차를 제시해 달라고 요청하는 것이 더 효율적이라는 판단을 내렸다. 다음과 같은 프롬프트를 사용해 보자.

각 목차별로 간단한 내용을 작성해 주는 것보다 각 목차별로 핵심 포인트와 키워드를 제시해 주고 세부 목차와 세부 목차에 대한 요약 내용을 제시해 주세요.

이렇게 질문하면 AI는 목차별로 핵심 키워드와 세부 목차의 제목, 그리고 내용을 요약해 준다. AI가 정리해 준 내용을 깊이 읽고, 잠시 사색에 빠지는 것도 좋다. 사업계획서는 한글 문서 편집기 기준으로 보통 60페이지에 달한다. 다시 말하지만, 사업계획서는 글쓰기의 예술이다. 장편 소설에 버금가는 것이 사업계획서 쓰기다. 간단한 내용에서 출발하며 자료는 AI와 함께 수집하지만, 핵심적인 자료는 인간이 직접 채워 넣어야 한다. AI가 제시한 흐름을 바탕으로 몇 가지 질문을 만들어 다시 자세히 물어 보자.

현대인은 다이어트처럼 건강 관리에 관심이 많아요. 하지만 건강에 관한 상식은 많이 부족한 편이죠. 음식에 관한 영양 성분을 간편하게 제공하지만 건강 상식도 넓혀 주고 싶어요. 사람들이 원하는 건강 관리 서비스는 무엇인지 시장 상황을 조사해 주세요. 그리고 개인에게 필요한 맞춤 건강 관리 서비스의 수요는 어떻게 확대되고 있는지 인터넷에서 검색해서 표 형태로 정리해 주세요.

이 질문은 챗GPT나 클로드 같은 대화형 AI에게 묻는 것도 좋지만, 퍼플렉시티 AI와 같은 실시간 검색 기능이 강력한 서비스를 이용하는 것을 추천한다. AI는 개인 맞춤형 건강 관리 서비스에 대한 수요와 그 확대되는 종류별 수요를 표로 정리해 준다. 이제 우리가 개발하려는 아이템과 비슷한 제품이 있는지 조사해야 한다.

내가 제시한 사업 모델과 비슷한 서비스가 존재하는지 인터넷에서 찾아주고 표로 정리해 주세요. 어느 회사에서 서비스 중인지, URL도 같이 보여 주세요. 특징과 가격, 사용자 수도 정리해 주세요.

AI는 주로 글로벌 서비스를 정리해 준다. 국내의 서비스도 있는지 질문을 계속해 보자.

대한민국에서 서비스 중인 경쟁 제품은 없나요? 인터넷에서 찾아 주세요.

AI가 정리해 준 경쟁 제품들이 실제로 존재하는지 일일이 URL을 클릭하거나 추가로 검색해 확인해 보자. AI는 언제든지 오류를 범할 수 있으니 무조건 신뢰해서는 안 된다.

중요한 것은 사업계획서의 세부 목차를 AI와 함께 완성하는 것이다. 여기서 AI에게 글을 대신 써 달라고 맡기는 것은 착각이다. 마치 토스트에 카야 잼을 발라 달라고 상가포르에게 부탁하는 것처럼 말이다. AI는 정보 조사요원이라고 생각하면 된다. 내가 지시하는 대로 충실히 절차를 이행하는 부하 직원인 것이다. 목차별 세부 내용 작성을 위해 AI와 심도 있게 대화하며 조사한 내용을 문서에 옮기면 된다. AI가 뼈대를 만들어 줬으니, 이제 인간이 살을 붙이면 되는 것이다.

이렇게 1장부터 10장까지 AI와 대화하다 보면 채울 내용이 자연스럽게 생긴다. 아이템, 몇 가지 키워드, 그리고 세부 목차만 알아도 사업계획서는 대화를 통해 채울 수 있다. 일반적인 목차는 다음과 같다. 이 목차에 따라 1장부터 10장까지 차근차근 AI와 대화를 나눠 보자. 만약 빠진 부분이 있다면 중간에 추가하면 된다.


① 사업 개요
• 사업명
• 사업의 배경 및 목적
• 사업의 기대 효과
② 사업 추진 필요성
• 사회적 필요성
• 경제적 필요성
• 환경적 필요성
③ 시장 분석 및 전략

- 시장 현황 및 전망

- 경쟁 분석

- 목표 시장 및 고객 분석

- 시장 진입 및 성장 전략

④ 사업 추진 체계

- 조직 구조

- 운영 계획

- 협력 기관 및 파트너십

⑤ 기술 개발 및 혁신 계획

- 기술 개발 목표

- 연구 및 개발[R&D] 계획

- 기술의 차별성 및 경쟁력

- 지적 재산권 및 특허 전략

⑥ 재무 계획 및 자금 조달

- 예산 계획

- 수익 예측

- 자금 조달 계획

- 투자 수익률 분석

⑦ 사업 수행 역량

- 조직의 경험 및 역량

- 주요 인력 및 팀 구성

- 이전 프로젝트 성과

⑧ 사업 목표 및 추진 계획

- 단기 및 장기 목표

- 단계별 실행 계획

- 일정 및 마일스톤

⑨ 리스크 관리 및 대응 전략

- 주요 리스크 식별

- 리스크 관리 전략

- 비상 대응 계획

⑩ 성과 관리 및 평가 계획

- 성과 지표 및 목표

- 성과 평가 방법

- 피드백 및 개선 계획

⑪ 부록

- 추가 자료 및 데이터

- 관련 법규 및 규정

- 참고 문헌 및 자료 출처

또한 AI에게 목차 작성을 맡기거나, 각 세부 목차의 초안을 작성하게 하거나, 특허나 논문 현황을 조사하게 할 수 있다. 고객의 최신 니즈를 분석하거나, 구매 여정을 시뮬레이션

하거나, 현실적으로 구현 가능한 아이템인지 분석할 수도 있다. 손익분기점이나 투자 수익률을 계산할 수도 있다. 내 상상력이 미치는 범위까지, 당신이 사업계획서 초보라 할지라도 AI는 사업계획서 작성의 거의 모든 부분을 면밀히 검토하고 조언해 줄 것이다.

아이템 자체가 준비되지 않아 이런 단계에 진입조차 할 수 없을 때도 있다. 이럴 때는 아이템을 찾는 데 주력해야 한다. 직장인이라면 회사 내에서 이미 알고 있는 문제점이나 비효율성, 또는 시장에서 떠오르는 흐름을 조사하는 방법이 있다. 50대에서 은퇴 후 새로운 사업에 도전한다면, 당신의 전문성과 경험이 출발점이 될 수 있다. 대형 서점을 방문해 유행 중인 책을 분석하거나 트렌드를 파악하는 방법도 있다. 그래도 도저히 아이템을 찾을 수 없다면, AI와 브레인스토밍을 진행하면서 사업 아이템을 발굴할 수도 있다.

나는 32살에 스타트업이라는 첫 항해를 떠나고 5년 동안 망망대해에서 생존하는 데 성공했지만, 여러 원인 탓에 실패한 경험이 있다. 창업의 이유는 젊음의 혈기와 세상을 바꾸고 싶다는 열망에서 시작되었으나, 당시 현실적인 상황 분석 부족, 무모한 판단, 동업, 서투른 계약 협상, 자본 관리 실패 등이 문제였다. 나는 막연한 열정과 자만심으로 비즈니스에 도전했지만, 철저한 준비와 계획, 동업자와의 신뢰 구축, 자본의 효율적인 관리가 부족했다는 것을 깨달았다. 실패 이후 다시 직장으로 복귀했지만, 여전히 사업에 대한 꿈을 꾸고 있다.

그러니까 무엇이든 시작해야 한다. 가만히 앉아 언젠가 전주가 끝날 거라 낙관하거나 안주해서는 안 된다. 아무리 기다려도 전주는 끝나지 않는다. 마치 박물관에 놀러 온 코끼리가 제 발로 나가길 기다리지만 나가는 길을 찾지 못해 제자리에서 헤매는 것처럼 말이다. 그러니 돌연히 일어나 턴테이블 앞에 가서 레코드판을 뒤집어야 한다. 간단해 보이는 일이 때로는 가장 어려운 일일 수 있다. 혹은 가장 어려운 일이 쉬운 일이 될 수도 있다. 판을 뒤집는 것! 그것은 전적으로 당신의 선택에 달려 있다.

# 누구나 전자책으로
## 작가가 될 수 있다

---

50대는 도서관 책장에 오랫동안 꽂혀 있던 낡은 서적과 같다. 책장은 세월의 흔적이 담긴 이야기들로 빼곡히 채워져 있지만, 여전히 크고 작은 공백들이 무엇인가로 채워지길 기다리고 있다. 그 공백들은 마치 아직 맞춰지지 않은 퍼즐 조각이다. 어떤 가능성으로 미래라는 공백을 채울 수 있을까? 그것은 전적으로 우리의 선택에 달려 있다. 이제 인생 후반전을 막 시작한 지금, 남은 시간을 어떻게 의미 있게 만들고, 그 공백을 메울 수 있을까?

40대, 아니 50대에 들어섰을 때, 내게는 공허감이라는 무서운 녀석이 마치 파우스트의 메피스토펠레스처럼 슬그머니 다가왔다. 도서관 책장 사이를 거닐며 오래된 책들을 만지작

거리다 보니, 지나온 세월의 공허감이 무겁게 나를 두드렸다. 치열하게 살아온 것 같았지만, 사실은 그렇지 않았다. 열심히 산 줄 알았으나, 그것은 조작된 기억에 불과했다. 직장에서든 집에서든 나는 영혼이 빠져나간 빈 껍데기처럼 하루를 흘려보냈을 뿐이었다. 그 결과 깊은 우물에 빠진 듯한 무력감이 찾아왔다. 아주 세차게, 그리고 두려움과 절박함도 함께 밀려왔다. 그 느낌은 마치 기분 나쁜 영화의 클라이맥스처럼 갑작스러웠다.

나에서 우리로 시선을 넓혀 볼까? 우리에겐 두 가지 선택지가 있다. 무력감에 계속 젖어 빚진 사람처럼 살아가거나, 인생을 반전시키려 행동하는 것이다. 그렇다면 어떤 방법이 있을까? 우리의 인생은 온갖 이야기로 가득 차 있다. 그 이야기를 머릿속에만 간직하기엔 너무 아깝지 않은가? 남은 삶을 공허하게 끝낼 수는 없다. 결심이 필요하다. 흘러가는 이야기를 붙잡아 두어야 한다. 붙잡는다는 것 바로 기록을 의미한다. 기록하다 보면, 그 안에서 소중한 의미를 발견할 수 있을지도 모른다. 생각은 바깥으로 표현되기 전까지는 알 수 없는 법이니까.

물론 우리는 이야기를 어떻게 시작해야 하고, 어떤 방식으로 써야 할지 잘 모른다. 게다가 내 이야기가 나 혼자만 보고 끝내는 것이 되지 않았으면 좋겠다. 내 이야기이지만, 다른 사람에게도 도움이 되길 바란다. 하지만 글쓰기는 여전히 두렵다. 남은 인생만큼이나 글쓰기는 두렵다. 그래서 AI에게 물어보았다.

**50대 인생이 자신의 이야기를 글로 남긴다는 게 어떤 의미를 가질까요?**

AI는 나에게 이렇게 조언했다. 나만의 이야기를 쓰는 일은 단순히 텍스트를 기록하는 것 이상의 의미를 가진다. 그것은 지나온 삶을 되돌아보고, 그 안에 숨겨진 시간을 되짚어 보며, 자신의 경험과 배움을 정리해 미래의 새로운 방향을 설정하는 과정이라고 말했다.

AI의 말이 가슴 깊이 박혔다. "내 이야기를 기록한다는 건 단순히 지나온 세월을 정리하는 게 아니라, 어쩌면 나를 다시 발견하는 일일지도 모른다"는 생각이 들었다. 그 순간, 문득 밴드 에피톤 프로젝트의 리더 차세정이 떠올랐다. 그는 혼자서 모든 것을 해내는 뮤지션이다. 작곡, 작사, 편곡, 연주까지, 그 모든 것을 홀로 해내며 자신만의 음악적 세계를 견고하게 구축해 냈다. 물론 우리는 차세정처럼 작사, 작곡, 편곡, 연주를 완벽하게 해낼 수는 없다. 하지만 책을 쓰는 것 정도라면 혼자서도 충분히 해낼 수 있지 않을까?

책을 쓰고 싶지만 출판사에서 쉽게 받아 주지 않는 게 현실이잖아요. 요즘 전자책이 유행인데 전자책을 쓰는 일은 어떨까요?

AI는 작가로서의 꿈을 실현할 수 있는 현실적인 대안이라고 대답했다. 마치 에피톤 프로젝트의 원맨 밴드처럼 혼자서 모든 걸 소화할 수 있는 방법이 바로 전자책 쓰기 인 것이다. 자기 브랜딩을 스스로 해낼 수 있는 기회, 혼자서 출판의 모든 과정을 경험할 수 있는 좋은 기회라는 생각도 들었다. 마음속 깊이 잠들어 있던 무언가가 깨어난다면 지나친 비약일까?

그렇지만 여전히 두려웠다. 전자책이 무엇이며, 전자책을 어떻게 출판할 수 있는지, 나 같은 사람도 가능한지 궁금해졌다.

전자책이 무엇이고, 대한민국에서 전자책을 출판하려면 어떻게 해야 하나요? 관련 플랫폼도 소개해 주세요.

AI는 전자책이 디지털 형식으로 만들어진 책이며, 다양한 IT 기기에서 읽을 수 있다고 설명했다. 텍스트뿐 아니라 이미지, 그래프를 포함할 수 있으며, 검색 기능과 밑줄 하이라이트 기능이 종이책보다 우월하다고 강조했다. 그리고 마지막으로 주요 전자책 플랫폼을 소개해 줬다(리디북스, 예스24, 교보

문고).

"개인이 직접 전자책을 작성한 다음 유통하려면 어떤 플랫폼을 이용해야 하나요?"라고 물었지만, 대답이 신통치 않았다. 대화형 인공지능인 '챗GPT'는 실시간 검색에 다소 약하기 때문이다. 그래서 '퍼플렉시티 AI'에게 다시 물었다. '퍼플렉시티 AI'는 '유페이퍼'와 '밀리의 서재'를 추천해 줬다. 아, '유페이퍼'를 어디선가 들어본 적이 있다. 그래서 재차 질문을 던졌다. "유페이퍼'와 유사한 플랫폼을 추천해 주세요" 퍼플렉시티 AI는 추가적으로 '작가와'와 'FlipHTML5'를 추천해 줬다.

전자책은 단순히 종이를 디지털로 변환한 것이 아니다. 그것은 개인의 아이디어가 독자들과 직접 연결되는 강력한 매체다. 출판사의 까다로운 문턱을 넘지 않고도 나만의 이야기를 세상에 선보일 수 있다. 출판사가 받아 주지 않아도, 자격이 없어도, 글로만 옮기면 가능한 것이다.

이쯤에서 다시 AI에게 이렇게 물어보고 싶었다. "그렇지만, 출판사가 아닌 일반인이 스스로 전자책을 내는 것은 너무 버거운 일 아닐까요?" AI가 대답했다면, 아마도 "Tame Impala의 케빈 파커도 혼자서 모든 작업을 해 냈습니다. 그 결과, 그는 독창적인 음악 세계를 구축했죠. 전자책도 분야만 다를 뿐, 처음엔 어려울 수 있지만, 불가능한 것은 없습니다"라고 하지 않았을까?

전자책을 통해 작가가 되는 일은 실로 간단하다. 차세정이 모든 음악 작업을 혼자 해내듯, 전자책 작가도 기획, 집필, 편집, 출판까지 모든 과정을 스스로 해낼 수 있다. 그러나 이모든 작업을 어떻게 혼자 감당할 수 있을까? 기획부터 출판에 이르기까지 우리가 무엇을 준비해야 하는지 AI에게 물어보자.

**기획, 집필, 편집, 출판, 그러니까 온라인 서점 유통에 이르기까지 작가가 해야 할 일들을 단계별로 구체적으로 정리해 주세요.**

AI는 기획 단계에서 책의 주제를 정하고, 그와 관련된 자신의 전문성, 관심사, 시장의 요구를 면밀히 분석하라고 조언했다. 또한 내 글을 읽게 될 대상이 누구인지 명확히 설정하라는 조언도 잊지 않았다. 책의 주제가 정해지면 목차를 작성하게 된다. 목차는 일관된 흐름을 가져야 한다. 목차를 계획하는 단계에서 AI의 도움을 받을 수도 있고, 자료 조사와 인용할 문헌을 AI에게 맡길 수도 있다. 그런 과정이 끝나면 작가는 비로소 원고를 쓴다. 목차에 따라 초고를 완성하고, 맞춤법이나 비문을 수정하는 교정 작업을 거친다. 디자인 작업까지 완료되면, 최종적으로 배포할 전자책 포맷으로 변환하게 된다. EPUB 포맷이나 PDF로 변환한 후, 유통 플랫폼에 등록하고, 온라인 사이트에서 마케팅 활동을 열심히 수행하면 된다. AI가 제공한 단계별 작성 계획에 따라 세부적으로 수행될 내용이 궁금하다면, 그 부분을 콕 집어서 다시 AI에게 물으면 된다. 이전 글에서 사업계획서를 작성한 것과 같은 흐름이다.

인생 후반기에 전자책 작가가 되는 것은 다시금 자신의 인생을 주도적으로 이끌어 가는 과정이다. AI와의 대화를 통해 우리는 이 도전이 마치 레고 조각 하나에서 완성품으로 나아가는 과정과 비슷하다는 생각을 하게 되었다. 레고 조각 하나는 무한한 가능성을 가지고 있고, 그것을 어떤 모양으로 완성할지는 전적으로 우리에게 달려 있다.

이제 컴퓨터를 켜고, 문서 파일을 하나 열어 보자. 화면에 하얀 공백이 펼쳐질 것이다. 잠시 숨을 고르고, 어떤 이야기를 쓸지 생각해 보자. '이곳에 어떤 이야기를 채울까?', '내 이야기는 다른 사람의 어떤 불편함을 해소해 줄 수 있을까?', '나의 문제가 다른 사람의 문제와 연결될 수 있을까?', '나는 어떤 전문성을 가지고 있는가?'라고 스스로에게 물어보자. 마음은 고요한 호수처럼 잔잔하게 흔들리지만, 물결 밑에서는 작은 파동이 일어나기 시작한다. 그 파동은 우리의 경험을 하나하나 꺼내보게 만든다. 어린 시절, 첫사랑, 직장에서의 첫 승진, 그리고 이어진 무수한 실패와 좌절들. 그 모든 것들이 지금의 우리를 이루고 있다.

그렇게 몇 주, 몇 달이 흐른다. 삶은 더 이상 공허하지 않다. 우리는 이전에는 존재하지 않았던 진정으로 치열한 삶을 살고 있다. 시간이 무섭게 흘러가지만, 그 속에서 힘들어도 보람을 느낀다. 뭔가를 해낼 수 있다는, 이미 시작했기 때문에 완성을 볼 것이라는 집념이 가득하다. 무엇이든 시작하기 전에는 두렵지만, 경험하다 보면 점차 두려움이 사라진다. 첫 발걸음이 우리를 더 많은 이야기가 존재하는 곳으로 이끈다.

나는 작가로서 이중생활을 하고 있다. 낮에는 직장에서 소프트웨어 개발자를 본업으로 삼고, 밤에는 글을 쓴다. 또한 주말에 몰아서 글을 쓴다. 유명한 작가들도 그렇게 했다니 나도 그들을 모방할 뿐이다.

# 인간이 AI를 뛰어넘을 수 있을까

...

'검색 트렌드 리포트 2024' 조사에 따르면, 응답자의 80.8%가 챗GPT를 알고 있었으며, 실제로 사용해 본 사람은 34.5%에 달했다. 현재까지 지속적으로 챗GPT를 사용 중이라고 밝힌 응답자는 18.3%였으며, 직장인 73.9%는 생성형 AI 사용 경험이 있다고 답했다. 챗GPT, 클로드, 제미나이는 새로운 버전을 경쟁적으로 출시하며 본격적인 AI 시대의 개막을 알리고 있다.

AI 기술의 기하급수적인 발전에 우리는 경이로움을 느낀다. 그러나 이 과정에서 인간이 성장하는 것인지, 아니면 단지 기술만이 발전하는 것인지, 우리는 혼란스러워하며 중요한 것을 잃고 있지는 않은지 자문하게 된다. 이 책은 AI의 기술적 능력 분석에 그치지 않았다. 오히려, 이 기술이 인간의 언어, 사고, 그리고 인문학적 감수성에 긍정적인 영향을 미치길 바라며 집필되었다. 중요한 것은 더 이상 AI를 멀리하는 것이 무의미하다는 점이다. 통계가 보여 주듯이, AI는 우리 삶의 전반에 깊이 침투하고 있다. 오히려, AI를 인간다운 방식으로 사용하는 방법을 익히고, 이를 통해 우리의 인문학적 감수성을 더욱 예민하게 만드는 것이 필요하지 않을까.

언어는 인간 사고의 핵심 도구다. AI가 인간의 언어를 이해하고 생성하며 추론까지 할 수 있는 능력을 갖춘 오늘날, 우리는 이 기술을 단순한 도구 이상으로 보아야 한다. 언어는 단순한 소통 수단을 넘어, 인간의 감정, 경험, 그리고 문화적, 역사적 맥락을 담아내는 풍부한 그릇이다.

AI가 단순히 인간의 언어를 흉내 내는 수준을 넘어, 인간이 언어를 통해 표현하는 미묘한 감정과 의미까지 분석하고 다룰 수 있게 된다면, 이는 인간의 감수성과 창의성을 폭발시키는 도구가 될 수 있다. 그러나 AI를 직업 상실의 위협으로 적대시하거나, AI의 가능성을 과소평가하여 단순한 기능적 서비스로만 취급하게 된다면, 우리는 오히려 인간답게 생각하는 능력을 AI에게 뺏기거나, 의식 없이 AI를 이용하는 기계적인 존재로 전락할 위험이 있다. 인간의 직업이 AI에게 대체되는 이유는 이러한 기계적 사용에 있다. 이 위험은 우리가

AI를 어떻게 활용하느냐에 따라 달라질 것이다.

　에드워드 윌슨은 과학과 인문학의 결합을 통해 인간 본성에 대한 깊은 이해를 추구했다. 그는 인간의 창의성과 본능이 어떻게 유전적 기초 위에 구축되었는지, 그리고 왜 그러한 본성이 인간에게 존재하는지를 탐구했다. 이 질문은 AI 시대에도 여전히 유효하다. AI가 과학의 한 분야로서 우리의 삶에 깊이 스며들고 있지만, 우리는 그 안에 내재된 인간적인 요소를 간과해서는 안 된다. AI는 단순히 데이터를 처리하고 결과를 도출하는 기계가 아니라, 인간의 사고와 창의성을 확장할 수 있는 도구가 될 수 있다. 창의력이 재능이 아니라는 수많은 연구결과가 그것을 증명한다. AI를 통해 우리는 인문학적 감수성을 길러낼 수 있다. 마치 고대 그리스의 연극이 인간의 본능을 반영했던 것처럼, 오늘날의 AI도 그 본성을 재조명할 수 있는 도구가 될 수 있다.

　AI를 통해 인문학적 감수성을 기르는 것은 단순한 지적 활동이 아니다. 우리의 본성을 더 깊이 이해하고, 그 이해를 바탕으로 더 나은 인간이 되기 위한 과정이 될 수 있다. AI의 가능성은 무한하다. 그 가능성을 최대한 활용하기 위해서 이 책에서 강조한 대로, 읽고 쓰고 말하는(표현) 인문학적 능력을 길러야 한다. 인문학이 중요한 이유는 AI가 데이터를 분석하고 패턴을 찾아내는 데 탁월한 능력을 갖추고 있어도, 그 데이터를 인간적인 맥락에서 이해하고 유추하며 추론할 수 있는 것은 인간의 고유한 영역이기 때문이다. 그런 창의적인 작업은 오직 인간에게 주어진 특별한 선물이다.

이 책은 AI 시대에 우리가 놓치지 말아야 할 가치를 상기시킨다. 읽고 쓰고 말하는 인간의 능력은 AI를 어떻게 활용할 것인가, 그 질문에 대한 깊은 통찰을 제공하며, 이것으로 우리는 더욱 창의적이고 인간적인 미래를 설계할 수 있다. 이 책이 그 여정에 함께할 수 있기를 바라며, 독자들이 이 길을 함께 걸어가기를 소망한다.

결국, 이 글의 제목인 "인간이 AI를 뛰어넘을 수 있는가?" 그 질문은 어쩌면 잘못된 것일지 모른다. 뛰어넘는다기보다는, 다른 방식으로 협력하며 함께 진화해 나가는 것이 중요하지 않을까? AI는 인간의 연장이며, 인간의 창의성과 감수성은 AI가 복제할 수 없는 영역에 있다. AI에게 맡길 것과, 우리만이 할 수 있는 일을 분리해서 서로의 일에 집중하는 것, 그게 바로 AI 시대를 대비하는 방법이 아닐까. 인간과 AI가 어떻게 함께 진화해나갈 것인지 나는 그것이 정말 궁금하다.